**2026**

교정·보호직
7·9급 시험대비

# 박상민
# JUSTICE
# 형사정책

박상민 편저

KB217322

[기출문제해설]

메가 공무원

박영사

# 차례

# CONTENTS

박상민 *Justice* 형사정책

# 기출문제

| 2025년 | **보호9급** 형사정책 기출문제

## 01

**형사정책 연구방법에 대한 설명으로 옳은 것은?**

① 실험연구는 실험지역의 모든 변수를 통제하기 때문에 일상적 환경에서도 완벽한 인과관계 검증이 가능하다.

② 참여관찰연구는 연구자가 연구 대상 집단에 직접 참여하여 관찰하기 때문에 연구 대상의 상호작용을 심층적으로 파악하기에 용이하다.

③ 설문조사는 조사 대상자의 태도·인식의 변화를 관찰할 수 없다.

④ 추적조사는 인위적으로 설정된 실험환경에서 범죄기회를 제공하고, 참가자의 반응을 기록하는 방법이다.

## 02

**사이크스(Sykes)와 맛차(Matza)의 중화기술 중 '비난자의 비난'에 해당하는 것은?**

① 자신의 행동으로 인해 타인이 직접적인 피해를 입지 않았다고 주장한다.

② 사회지도층 역시 부패하거나 범죄를 저지르기 때문에 자신의 범죄행위가 특별히 비난받을 이유가 없다고 주장한다.

③ 자신의 행위로 인해 피해자가 발생할 가능성을 인정하면서도, 그 피해자는 마땅히 그런 대우를 받을 만한 사람이라고 주장한다.

④ 범죄자는 자신의 행동이 본인의 책임이 아니라 외부요인에 의해 발생했다고 주장한다.

## 03

**샘슨(Sampson)과 라웁(Laub)의 생애과정이론(연령 – 단계이론)에 대한 설명으로 옳지 않은 것은?**

① 범죄행위의 지속성과 가변성은 인생의 중요한 전환기에 발생하는 사건과 그 결과에 영향을 받는다고 본다.

② 허쉬(Hirschi)의 사회유대이론의 영향을 받아 사회유대의 약화를 범죄행위의 원인으로 본다.

③ 성실한 직장생활, 활발한 대인관계 등의 사회적 자본을 발전시키는 것을 범죄중단의 중요한 요인으로 본다.

④ 범죄를 중단하는 데 있어 결정적인 전환점(turning point)은 체포 혹은 수감(收監) 경험이다.

## 04

「소년법」상 형의 선고에 대한 설명으로 옳지 않은 것은? (다툼이 있는 경우 판례에 의함)
① 「소년법」상 '소년'인지의 여부는 사실심 판결선고 시를 기준으로 판단한다.
② 죄를 범할 당시 18세 미만인 소년에 대하여 사형 또는 무기형으로 처할 경우에는 15년의 유기징역으로 한다.
③ 소년이 법정형으로 장기 3년 이상의 유기형에 해당하는 죄를 범한 경우에는 그 형의 범위에서 장기와 단기를 정하여 선고한다. 다만, 장기는 10년, 단기는 3년을 초과하지 못한다.
④ 소년에 대한 부정기형을 집행하는 기관의 장은 형의 단기가 지난 소년범의 행형성적이 양호하고 교정의 목적을 달성하였다고 인정되는 경우에는 관할 검찰청 검사의 지휘에 따라 그 형의 집행을 종료시킬 수 있다.

## 05

「보호소년 등의 처우에 관한 법률」상 수용·보호에 대한 설명으로 옳은 것은?
① 보호장비에는 수갑, 포승, 가스총, 전자충격기, 머리 및 발목보호장비, 보호복이 있다.
② 소년원장이 필요하다고 판단하는 경우 수갑, 포승 등 보호장비를 필요한 최소한의 범위에서 징벌의 수단으로 사용할 수 있다.
③ 소년원장은 미성년자인 보호소년이 친권자나 후견인이 없거나, 있어도 그 권리를 행사할 수 없을 때에는 법원의 허가를 받아 적당한 자를 지정하여 친권자나 후견인의 직무를 행사하게 하여야 한다.
④ 20일 이내의 기간 동안 지정된 실(室) 안에서 근신하는 징계처분을 받은 보호소년에게 매주 1회 이상 실외운동을 할 수 있도록 개별적인 체육활동 시간을 보장하여야 한다.

## 06

범죄를 바라보는 관점에 대한 설명으로 옳지 않은 것은?
① 합의론적 관점에 따르면, 범죄를 규정하기 위해서는 대다수 구성원의 동의가 있어야 한다고 본다.
② 갈등론적 관점에 따르면, 범죄는 지배계층의 이익을 보호하도록 설계된 정치적 개념으로 본다.
③ 상호작용론적 관점에 따르면, 범죄의 정의는 지배적인 도덕적 가치를 반영한다고 본다.
④ 상호작용론적 관점과 합의론적 관점 모두에 따르면, 법은 모든 시민에게 동등하게 적용된다고 본다.

## 07

회독 ☐ ☐ ☐ | 이해 ○ △ ✕

**클로워드(Cloward)와 올린(Ohlin)의 차별기회이론(differential opportunity theory)에 대한 설명으로 옳지 않은 것은?**

① 불법적 수단에 접근할 수 있는 기회가 각 사회계층·지역별로 상이하게 분포한다고 보았다.
② 머튼(Merton)의 아노미이론(긴장이론)과 서덜랜드(Sutherland)의 차별접촉이론으로 하위문화 형성을 설명하였다.
③ 범죄하위문화(criminal subculture)는 주거가 불안정하고 물리적으로 쇠퇴한 해체지역에서 주로 생겨나며, 폭력과 같은 즉흥적인 범죄가 두드러지는 특징이 있다.
④ 도피하위문화(retreatist subculture)의 구성원을 '이중실패자'로 묘사하기도 하며, 마약중독 등의 도피적 행동에 집중하는 경향이 있다.

## 08

회독 ☐ ☐ ☐ | 이해 ○ △ ✕

**신상공개제도에 대한 설명으로 옳지 않은 것은?**

① 「성폭력범죄의 처벌 등에 관한 특례법」에 따라 공개되는 등록정보 중 성범죄 전과사실은 죄명과 횟수가 포함된다.
② 「특정중대범죄 피의자 등 신상정보 공개에 관한 법률」상 신상정보공개심의위원회는 신상정보 공개 여부에 관한 사항을 심의할 때 피의자에게 의견을 진술할 기회를 주어야 한다.
③ 「성폭력범죄의 처벌 등에 관한 특례법」에 따른 범죄자의 신상공개는 보안처분으로 평가될 수 있다.
④ 검사는 공소제기 시까지 특정중대범죄사건이 아니었으나 재판과정에서 특정중대범죄사건으로 공소사실이 변경된 사건의 성년인 피고인에 대하여 신상정보의 공개를 청구할 수 없다.

## 09

「벌금 미납자의 사회봉사 집행에 관한 특례법」상 사회봉사에 대한 설명으로 옳지 않은 것은?

① 사회봉사는 1일 9시간을 넘겨 집행할 수 없다. 다만, 사회봉사의 내용상 연속집행의 필요성이 있어 보호관찰관이 승낙하거나 사회봉사 대상자가 분명히 동의한 경우에만 연장하여 집행할 수 있다.

② 사회봉사의 집행은 사회봉사가 허가된 날부터 6개월 이내에 마쳐야 한다. 다만, 보호관찰관은 특별한 사정이 있으면 검사의 허가를 받아 6개월의 범위에서 한 번 그 기간을 연장하여 집행할 수 있다.

③ 법원은 사회봉사를 허가하는 경우 그 확정일부터 3일 이내에 사회봉사 대상자의 주거지를 관할하는 보호관찰소의 장에게 사회봉사 허가서, 판결문 등본, 약식명령 등본 등 사회봉사 집행에 필요한 서류를 송부하여야 한다.

④ 보호관찰관은 사회봉사 집행의 전부 또는 일부를 국공립기관이나 그 밖의 단체 또는 시설의 협력을 받아 집행할 수 있다.

## 10

양형에 대한 설명으로 옳은 것은? (다툼이 있는 경우 판례에 의함)

① 「형법」은 양형의 조건으로서 '범행 후의 정황과 범죄전력'을 규정하고 있다.

② 「형법」은 양형원칙으로 양형은 행위자의 불법과 책임의 정도와 비례할 것을 규정하고 있다.

③ 대법원 양형위원회의 양형기준은 법관이 형종을 선택하고 형량을 정함에 있어 법적 구속력을 가진다.

④ 「법원조직법」에 따르면 법원이 양형기준을 벗어난 판결을 하는 경우에는 판결서에 양형의 이유를 적어야 하지만, 약식절차 또는 즉결심판절차에 따라 심판하는 경우에는 그러하지 아니하다.

## 11

회독 ☐ ☐ ☐ | 이해 ○ △ ✕

「소년법」상 보호사건의 조사와 심리에 대한 설명으로 옳지 않은 것은?

① 사건 본인이 보호자나 변호사를 보조인으로 선임하는 경우에는 소년부 판사의 허가를 받지 아니하여도 된다.

② 소년부 판사는 사건의 조사 또는 심리에 필요하다고 인정하면 기일을 지정하여 사건 본인이나 보호자 또는 참고인을 소환할 수 있다.

③ 소년부 판사는 사안이 가볍다는 이유로 심리를 개시하지 아니한다는 결정을 할 때에는 소년에게 훈계하거나 조사관에게 소년을 엄격히 관리하거나 교육하도록 고지할 수 있다.

④ 소년부 또는 조사관이 범죄사실에 관하여 소년을 조사할 때에는 미리 소년에게 불리한 진술을 거부할 수 있음을 알려야 한다.

## 12

회독 ☐ ☐ ☐ | 이해 ○ △ ✕

모피트(Moffitt)의 발달유형론(developmental taxonomy)에 대한 설명으로 옳지 않은 것은?

① 반사회적 범죄자를 청소년기한정형(adolescence-limited)과 생애지속형(life-course-persistent)으로 구분하였다.

② 청소년기한정형 범죄자에 비하여 생애지속형 범죄자가 또래집단과의 유대관계에 더욱 강한 영향을 받는다고 보았다.

③ 개인의 신경심리학적 취약성과 범죄유발적 환경이 상호작용하여 생애지속형 반사회적 행위가 발생하는 것으로 보았다.

④ 생물학적 능력과 사회적 역할의 격차, 즉 성장격차(maturity gap)를 청소년기한정형 범죄자가 반사회적 행위에 가담하는 주요 원인으로 보았다.

## 13

회독 ☐ ☐ ☐ | 이해 ○ △ ✕

생물학적 범죄원인론에 대한 설명으로 옳지 않은 것은?

① 랑게(Lange)는 생물학적 부모의 유전적 영향과 입양부모의 환경적 영향이 상호작용할 때 범죄에 가장 큰 영향을 주는 것을 확인하였다.

② 후튼(Hooton)은 범죄자는 일반인보다 신체적 열등성을 가진다고 주장하였고, 신체적 특징에 따라 범죄유형을 제시하였다.

③ 크레취머(Kretschmer)는 체형과 성격유형, 범죄잠재성은 높은 상관관계가 있다고 주장하였다.

④ 제이콥스(Jacobs)와 동료들은 수용자 집단의 XYY 염색체 비율이 정상집단의 비율보다 높은 것을 확인하였다.

## 14

「보호관찰 등에 관한 법률」상 보호관찰에 대한 설명으로 옳지 않은 것은? (다툼이 있는 경우 판례에 의함)

① 보호관찰은 법원의 판결이나 결정이 확정된 때 또는 가석방·임시퇴원된 때부터 시작된다.

② 「보호관찰 등에 관한 법률」제42조에 따라 유치된 사람에 대하여 보호관찰을 조건으로 한 형의 선고유예가 실효된 경우에는 그 유치기간을 형기에 산입한다.

③ 「근로기준법」을 위반한 피고인에 대하여 형의 집행을 유예함과 동시에 집행유예기간 동안 보호관찰을 받을 것을 명하면서 "보호관찰기간 중 노조지부장 선거에 후보로 출마하는 등 선거에 개입하지 말 것"이라는 내용의 특별준수사항을 부과한 것은 피고인의 자유를 부당하게 제한한 것으로 위법하다.

④ 보호관찰소의 장은 「보호관찰 등에 관한 법률」제39조(구인) 또는 제40조(긴급구인)에 따라 보호관찰 대상자를 구인하였을 때에는 제42조에 따라 유치허가를 청구한 경우를 제외하고는 구인한 때부터 48시간 이내에 석방하여야 한다.

## 15

치료감호와 치료명령제도에 대한 설명으로 옳은 것은? (다툼이 있는 경우 판례에 의함)

① 「형법」제10조 제2항의 심신미약의 피치료감호자를 치료감호시설에 수용하는 때 그 수용기간은 2년을 초과할 수 없다.

② 치료감호와 형이 병과된 경우에는 형을 먼저 집행하며, 이 경우 형의 집행기간은 치료감호 집행기간에 포함한다.

③ 검사는 친고죄에서 고소가 취소된 경우 또는 「형사소송법」제247조(기소편의주의)에 따라 공소를 제기하지 아니하는 결정을 한 경우, 공소제기 없이 치료감호만을 청구할 수 있다.

④ 성폭력범죄를 저지른 정신성적 장애인은 「성충동약물치료법」에 의한 약물치료명령의 대상자가 아니고, 치료감호와 약물치료명령이 함께 청구될 수 없으므로 이에 대하여 치료감호와 함께 약물치료명령을 선고하는 것은 부적법하다.

## 16

「소년법」상 보호처분에 대한 설명으로 옳지 않은 것은? (다툼이 있는 경우 판례에 의함)

① 장기로 소년원에 송치된 소년의 보호기간은 2년으로 하되, 보호관찰관의 신청에 따라 결정으로써 1년의 범위에서 한 번에 한하여 그 기간을 연장할 수 있다.

② 소년보호사건의 보조인에 대한 심리기일의 통지를 하지 아니하여 보조인이 출석하지 아니한 채 심리를 종결하고 보호처분의 결정을 한 경우, 그 보호처분결정은 취소되어야 한다.

③ 소년보호시설에 감호위탁(제6호) 처분을 받은 소년이 시설위탁 후 그 시설을 이탈하였을 때 그 처분기간은 진행이 정지되고 재위탁된 때로부터 다시 진행한다.

④ 보호관찰관의 단기 보호관찰(제4호) 처분을 할 때에 3개월 이내의 기간을 정하여 「보호소년 등의 처우에 관한 법률」에 따른 대안교육을 받을 것을 동시에 명할 수 있다.

## 17

비행청소년의 처벌과 처우에 대한 설명으로 옳은 것은?

① 균형·회복적 사법(balanced and restorative justice)은 비행청소년의 책임, 역량개발, 지역사회 안전이라는 목표에 초점을 둔다.

② 소년범에 대한 형사법원 이송은 전통적인 소년사법 이념인 국친사상에 부합한다.

③ 바톨라스(Bartollas)와 밀러(Miller)의 의료모형에서는 비행청소년은 자유의지로 비행을 저지른다고 가정한다.

④ 소년사법에 있어서 비시설수용(deinstitutionalization)은 구금으로 인한 폐해를 막고자 성인교도소가 아닌 소년전담시설에 별도로 수용하는 것을 말한다.

## 18

「전자장치 부착 등에 관한 법률」상 전자장치 부착에 대한 설명으로 옳은 것은?

① 만 19세 미만의 자에 대해서는 전자장치 부착명령을 선고할 수 없다.

② 검사의 전자장치 부착명령 청구는 공소가 제기된 특정범죄사건의 제1심 판결선고 시까지 하여야 한다.

③ 성폭력범죄, 미성년자 대상 유괴범죄, 살인범죄, 강·절도범죄 및 스토킹범죄가 전자장치 부착대상 특정범죄이다.

④ 보호관찰이 부과된 사람의 전자장치 부착기간은 보호관찰기간을 초과할 수 없으며, 보호관찰이 임시해제된 경우에는 전자장치 부착이 임시해제된 것으로 본다.

## 19

「보호관찰 등에 관한 법률」의 내용으로 옳지 않은 것은?

① 검사가 보호관찰관이 선도함을 조건으로 공소제기를 유예하고 위탁한 선도업무는 보호관찰소의 관장사무에 해당한다.

② 보호관찰을 조건으로 형의 집행유예를 선고받은 사람의 보호관찰기간을 법원이 따로 정한 경우, 보호관찰기간은 그 유예기간이 아니라 법원이 정한 기간으로 한다.

③ 보호관찰소 소속 공무원은 구인 또는 긴급구인한 보호관찰 대상자를 보호관찰소에 인치하는 정당한 직무집행과정에서 필요하다고 인정되는 상당한 이유가 있으면 보호장구 중 전자충격기를 사용할 수 있다.

④ 보호관찰 대상자가 보호관찰기간 중 금고 이상의 형의 집행을 받게 된 때에는 해당 형의 집행기간 동안 보호관찰 대상자에 대한 보호관찰기간은 계속 진행되고, 해당 형의 집행이 종료·면제되거나 보호관찰 대상자가 가석방된 경우 보호관찰 기간이 남아 있는 때에는 그 잔여기간 동안 보호관찰을 집행한다.

## 20

「전자장치 부착 등에 관한 법률」상 스토킹행위자 전자장치 부착에 대한 설명으로 옳은 것은?

① 보호관찰소의 장은 잠정조치 집행을 종료한 날부터 5년이 경과한 때에는 스토킹행위자 수신자료를 폐기하여야 한다.

② 전자장치 부착결정을 받은 스토킹행위자는 결정일부터 30일 이내에 보호관찰소에 출석하여 보호관찰관의 지시에 따라 전자장치를 부착하여야 한다.

③ 스토킹행위자에 대한 전자장치 부착은 잠정조치의 기간이 경과하거나 그 효력을 상실한 때 그 집행이 종료되며, 잠정조치가 변경 또는 취소된 때에는 그 집행이 종료되지 않는다.

④ 법원은 「스토킹범죄의 처벌 등에 관한 법률」상 긴급응급조치 또는 잠정조치로 전자장치의 부착을 결정한 경우, 그 결정문의 등본을 스토킹행위자의 주거지를 관할하는 보호관찰소의 장에게 지체없이 송부하여야 한다.

## 01

「보호소년 등의 처우에 관한 법률」상 징계에 대한 설명으로 옳지 않은 것은?

① 지정된 실(室) 안에서 근신하는 처분을 받은 보호소년도 매주 1회 이상 실외운동을 할 수 있도록 하여야 한다.

② 소년원장 또는 소년분류심사원장은 보호소년등에게 징계를 한 경우에는 지체 없이 그 사실을 보호자에게 통지하여야 한다.

③ 소년원 및 소년분류심사원에 보호소년등처우·징계위원회를 구성함에 있어 해당 심의·의결사안에 대한 비밀유지를 위하여 민간위원의 참여는 제한된다.

④ 지정된 실 안에서 근신하는 징계를 받은 보호소년에 대한 면회는 그 상대방이 변호인이나 보조인 또는 보호자인 경우에 한정하여 허가할 수 있다.

## 02

「보호관찰 등에 관한 법률」상 보호관찰 심사위원회에 대한 설명으로 옳은 것만을 모두 고르면?

> ㄱ. 「보호관찰 등에 관한 법률」에 따른 가석방과 그 취소에 관한 사항을 심사·결정한다.
> ㄴ. 검사가 보호관찰관의 선도를 조건으로 공소제기를 유예하고 위탁한 선도업무를 관장한다.
> ㄷ. 위원은 판사, 검사, 변호사, 교도소장, 소년원장, 경찰서장 및 보호관찰에 관한 지식과 경험이 풍부한 사람 중에서 보호관찰소장이 임명하거나 위촉한다.
> ㄹ. 위원 중 공무원이 아닌 사람은 「형법」 제127조(공무상 비밀의 누설) 및 제129조(수뢰, 사전수뢰)부터 제132조(알선수뢰)까지의 규정을 적용할 때 공무원으로 본다.

① ㄱ, ㄴ
② ㄱ, ㄹ
③ ㄴ, ㄷ
④ ㄷ, ㄹ

## 03

**암수범죄에 대한 설명으로 옳지 않은 것은?**

① 절대적 암수범죄는 실제로 발생하였으나 수사기관이 인지하지 못하여 범죄통계에 반영되지 못한 범죄를 말한다.

② 상대적 암수범죄의 발생은 수사기관의 검거율과 채증력의 정도뿐만 아니라 법집행과정에서 경찰, 검찰, 법관 등의 개인적 편견에 따른 차별적 취급과도 관련이 있다.

③ 수사기관에 의해서 인지는 되었으나 해결되지 않은 범죄는 암수범죄 개념에서 제외된다.

④ 암수범죄의 조사방법으로 활용되는 피해자조사는 실제 범죄의 피해자가 범죄의 피해경험을 보고하게 하는 것을 말한다.

## 04

**「치료감호 등에 관한 법률」상 치료감호제도에 대한 설명으로 옳지 않은 것은?**

① 금고 이상의 형에 해당하는 죄를 저지른 마약중독자라도 재범위험성이 없는 경우라면 치료감호 대상자에 해당하지 않는다.

② 검사는 성적가학증(性的加虐症) 등 성적 성벽이 있는 정신성적 장애인에 대해 정신건강의학과 등의 전문의의 진단이나 감정 결과에 따라 치료감호를 청구하여야 한다.

③ 치료감호와 형이 병과된 경우 치료감호를 먼저 집행하고, 이 경우 치료감호의 집행기간은 형 집행기간에 포함된다.

④ 피치료감호자에 대한 치료감호가 가종료되면 그 기간이 3년인 「보호관찰 등에 관한 법률」에 따른 보호관찰이 시작된다.

## 05

**양형의 합리화를 위한 방안과 그에 대한 설명을 옳게 짝지은 것은?**

> (가) 양형기준표의 마련
> (나) 양형위원회의 설치 및 운영
> (다) 판결 전 조사제도
> (라) 공판절차이분론

> A. 공판절차를 사실인정절차와 양형절차로 분리하자는 주장
> B. 판결 전 피고인의 성향과 환경을 과학적으로 조사하여 이를 양형의 기초자료로 이용하는 제도
> C. 법관의 양형을 일정 부분 통제할 수 있도록 양형기준표를 개발하는 것을 주된 임무로 삼는 제도
> D. 특정 범죄에 대해 어떤 형벌과 어느 정도의 형량이 선고될지를 예측할 수 있게 만드는 업무지침

   (가) (나) (다) (라)
① B　　C　　D　　A
② C　　B　　A　　D
③ D　　B　　C　　A
④ D　　C　　B　　A

## 06

**「특정중대범죄 피의자 등 신상정보 공개에 관한 법률」상 신상정보 공개에 대한 설명으로 옳지 않은 것은?**

① 수사 및 재판단계에서 신상정보의 공개에 대하여는 다른 법률의 규정에도 불구하고 「특정중대범죄 피의자 등 신상정보 공개에 관한 법률」을 우선적용한다.
② 특정중대범죄사건의 피의자가 미성년자인 경우에는 신상정보를 공개하지 아니한다.
③ 검사와 사법경찰관은 피의자의 얼굴을 공개하기 위하여 필요한 경우 피의자를 식별할 수 있도록 피의자의 얼굴을 촬영할 수 있고, 이 경우 피의자는 이에 따라야 한다.
④ 검찰총장 및 경찰청장은 신상정보 공개 여부에 관한 사항을 심의하기 위하여 신상정보공개심의위원회를 두어야 한다.

## 07

형벌과 보안처분의 관계에 대한 설명으로 옳지 않은 것은?

① 일원주의에 따르면, 형벌과 보안처분은 모두 사회방위와 범죄인의 교육 및 개선을 목적으로 하므로, 본질적인 차이가 없다고 본다.

② 이원주의에 따르면, 형벌의 본질은 책임을 기초로 한 과거행위에 대한 응보이고 보안처분은 장래의 위험성에 대한 대책이므로, 양자는 그 기능이 다르다고 본다.

③ 대체주의는 보안처분에 의해서도 형벌의 목적을 달성할 수 있는 경우, 형벌을 폐지하고 이를 보안처분으로 대체해야 한다는 입장이다.

④ 대체주의에 대해서는 책임원칙에 어긋나고 정의관념에 반한다는 비판이 있다.

## 08

「스토킹범죄의 처벌 등에 관한 법률」에 대한 설명으로 옳지 않은 것은? (다툼이 있는 경우 판례에 의함)

① 검사는 기간이 만료된 접근금지 잠정조치를 청구했을 때와 동일한 스토킹범죄사실과 스토킹범죄 재발우려를 이유로 다시 새로운 잠정조치를 청구할 수 있다.

② 법원이 기존에 내려진 잠정조치 결정 당시 스토킹범죄사실과 동일한 스토킹범죄사실만을 이유로 한 새로운 접근금지 잠정조치 결정을 하는 경우, 각 2개월의 범위에서 두 차례에 한정해서만 추가로 가능하다.

③ 행위자가 전화를 걸어 피해자의 휴대전화에 벨소리가 울리게 하거나 부재 중 전화 문구 등이 표시되도록 하여 피해자에게 불안감이나 공포심을 일으키는 행위는 스토킹행위에 해당한다.

④ 상대방을 따라다니는 행위가 객관적 · 일반적으로 볼 때 이를 인식한 상대방에게 불안감 또는 공포심을 일으키기에 충분한 정도라고 평가되더라도 현실적으로 상대방이 불안감 내지 공포심을 갖게 되지 않는 경우에는 스토킹행위에 해당하지 않는다.

## 09

「형법」상 가석방제도에 대한 설명으로 옳지 않은 것은? (다툼이 있는 경우 판례에 의함)

① 가석방은 가석방심사위원회의 허가신청에 의해 법무부장관이 결정하는 행정처분이다.

② 형기에 산입된 판결선고 전 구금일수는 가석방을 하는 경우 집행한 기간에 산입한다.

③ 사형이 무기징역으로 특별감형된 경우, 사형집행 대기기간을 가석방에 필요한 형의 집행기간에 산입할 수 있다.

④ 가석방의 처분을 받은 후 그 처분이 실효 또는 취소되지 아니하고 가석방기간을 경과한 때에는 형의 집행을 종료한 것으로 본다.

## 10

「전자장치 부착 등에 관한 법률」상 전자장치 부착명령에 대한 설명으로 옳지 않은 것은?

① 부착명령의 집행 중 다른 죄를 범하여 구속영장의 집행을 받아 구금되거나 금고 이상의 형의 집행을 받게 된 때에는 부착명령의 집행이 정지된다.

② 법원은 스토킹범죄를 저지른 사람에 대해서 부착명령을 선고하는 경우에는 피해자 등 특정인에의 접근금지를 준수사항으로 반드시 부과하여야 한다.

③ 법원은 특정범죄사건에 대하여 벌금형을 선고하는 때에는 특정범죄사건의 판결과 동시에 부착명령을 선고하여야 한다.

④ 법원은 「형사소송법」에 따른 보석조건으로 전자장치 부착을 명하기 위하여 필요하다고 인정하면 그 법원의 소재지 또는 피고인의 주거지를 관할하는 보호관찰소의 장에게 피고인의 직업, 경제력, 가족상황, 주거상태, 생활환경 및 피해회복 여부 등 피고인에 관한 사항의 조사를 의뢰할 수 있다.

## 11

벌금 미납자의 사회봉사 집행에 관한 특례법령의 내용에 대한 설명으로 옳지 않은 것은?

① 500만원의 벌금 선고와 동시에 벌금을 완납할 때까지 노역장에 유치할 것을 명받은 벌금 미납자는 검사에게 사회봉사를 신청할 수 없다.

② 사회봉사 신청인이 정당한 이유 없이 검사의 출석 요구나 자료제출 요구를 거부한 경우, 검사는 신청을 기각할 수 있다.

③ 법원은 사회봉사를 허가하는 경우 벌금 미납자의 경제적 능력, 사회봉사 이행에 필요한 신체적 능력, 주거의 안정성 등을 고려하여 사회봉사시간을 산정하여야 한다.

④ 사회봉사 대상자가 미납벌금의 일부를 낸 경우 검사는 법원이 결정한 사회봉사시간에서 이미 납입한 벌금에 상응하는 사회봉사시간을 공제하는 방법으로 남은 사회봉사시간을 다시 산정하여 사회봉사 대상자와 사회봉사를 집행 중인 보호관찰소의 장에게 통보해야 한다.

## 12

회독 □□□ | 이해 ○ △ ✕

「보호소년 등의 처우에 관한 법률」상 보호소년등의 수용 및 보호에 대한 설명으로 옳지 않은 것은?

① 보호소년이 사용하는 목욕탕, 세면실 및 화장실에 전자장비를 설치하여 운영하는 것은 자해등의 우려가 큰 때에만 할 수 있다.

② 소년원장은 비행집단과 교제하고 있다고 의심할 만한 상당한 이유가 있는 경우, 보호소년의 면회를 허가하지 않을 수 있다.

③ 소년원에 근무하는 간호사는 야간 또는 공휴일 등 의사가 진료할 수 없는 경우, 대통령령으로 정하는 경미한 의료행위를 할 수 있다.

④ 소년원장은 보호소년의 보호 및 교정교육에 지장이 있다고 인정되는 경우 보호소년의 편지(단, 변호인등과 주고받는 편지는 제외함) 왕래를 제한할 수 있으며, 내용을 검사할 수 있다.

## 13

회독 □□□ | 이해 ○ △ ✕

통제이론에 대한 설명으로 옳지 않은 것은?

① 라이스(A. Reiss)는 개인적 통제 및 사회적 통제의 실패가 범죄의 원인이라고 보고, 가족 등 일차집단의 역할수행에 주목하였다.

② 레클리스(W. Reckless)는 대부분의 사람이 수많은 압력과 유인에도 불구하고 범행에 가담하지 않고 순응상태를 유지하는 이유 중의 하나를 사회화 과정에서 형성되는 내적(자기) 통제에서 찾았다.

③ 나이(F. Nye)는 가정이나 학교에서 소년에게 자신의 행위가 주위 사람에게 실망과 고통을 줄 것이라고 인식시키는 것이 소년비행을 예방할 수 있는 가장 효율적인 방법이라고 하였다.

④ 허쉬(T. Hirschi)는, 전념(commitment)은 참여(involvement)의 결과물로, 장래의 목표성취와 추구에 관한 관심과 열망이 강한 경우 범죄나 비행이 감소한다고 하였다.

## 14

회독 □□□ | 이해 ○ △ ✕

피해자학에서의 피해자 유형에 대한 설명으로 옳지 않은 것은?

① 레클리스(W. Reckless)는 피해자 도발을 기준으로 '가해자 – 피해자 모델'과 '피해자 – 가해자 – 피해자 모델'로 구분하였다.

② 헨티히(H. Hentig)는 사회구조적 요인을 기초로 하여 피해자 유형을 구분하고자 하였으며, 피해자를 크게 '일반적 피해자 유형'과 '심리적 피해자 유형'으로 구분하였다.

③ 멘델존(B. Mendelsohn)은 피해자가 범죄행위에 어떠한 역할을 하는지 파악하기 위해 피해자 유책의 개념을 제시하였고, 피해자를 책임 정도에 따라 구분하였다.

④ 엘렌베르거(H. Ellenberger)는 개인의 심리학적 특성을 기준으로 하여 피해자의 유형을 피해자가 되기 쉬운 특성을 지닌 '잠재적 피해자성'과 그렇지 아니한 '일반적 피해자성'으로 구분하였다.

## 15

회독 □ □ □ | 이해 ○ △ ✕

**레머트(E.M. Lemert)가 주장한 낙인효과에 대한 설명이 바르게 짝지어지지 않은 것은?**

① 오명 씌우기(stigmatization): 일차적 일탈자에게 도덕적 열등아라는 오명이 씌워져서 이후 정상적인 자아정체성을 회복하는 것이 곤란해진다.

② 제도적 강제(institutional restraint)의 수용: 공식적 처벌을 받게 되면 스스로 합리적·독자적 사고를 하지 못하고 사법기관의 판단을 수용할 수밖에 없게 된다.

③ 부정적 정체성의 긍정적 측면(positive side of negative identity): 일차적 일탈자는 자신에 대한 부정적 평가를 거부하는 과정을 통해 긍정적 정체성을 형성한다.

④ 일탈하위문화에 의한 사회화(socialization of deviant subculture): 공식적인 처벌을 집행하는 시설 특유의 일탈하위문화에 의하여 범죄를 옹호하는 가치나 새로운 범죄기술을 습득하게 된다.

## 16

회독 □ □ □ | 이해 ○ △ ✕

**「소년법」상 소년보호사건의 조사·심리절차에서 피해자 참여에 대한 설명으로 옳지 않은 것은?**

① 피해자의 조부모는 피해자에게 법정대리인이나 변호인이 없는 경우에 한하여 의견진술의 기회를 가질 수 있다.

② 피해자의 변호인이 의견진술을 신청하였으나 신청인이 이미 심리절차에서 충분히 진술하여 다시 진술할 필요가 없다고 인정되는 경우에는 의견진술의 기회가 주어지지 않을 수 있다.

③ 소년부 판사는 피해자를 보호하고 소년의 품행을 교정하기 위하여 필요한 경우, 피해자와의 화해를 권고할 수 있다.

④ 소년부 판사의 화해권고에 따라 소년이 피해자와 화해하였을 경우에 소년부 판사는 그 소년에 대한 보호처분의 결정에 이를 고려할 수 있다.

## 17

회독 □ □ □ | 이해 ○ △ ✕

**뒤르켐(E. Durkheim)의 이론에 대한 설명으로 옳지 않은 것은?**

① 자살 유형을 아노미적 자살, 이기적 자살, 이타적 자살, 운명적 자살로 구분하였다.

② 급격한 경제성장기보다 급격한 경제침체기에 아노미적 자살의 빈도가 더 높다고 주장하였다.

③ 범죄는 이에 대한 제재와 비난을 통하여 사회의 공동의식을 사람들이 체험할 수 있도록 함으로써 사회의 유지존속에 중요한 역할을 담당한다고 하였다.

④ 객관적 범죄개념은 존재하지 않으며, 특정 사회에서 형벌의 집행대상으로 정의된 행위가 바로 범죄라고 보았다.

## 18

회독 ☐ ☐ ☐ | 이해 ○ △ ✕

**범죄원인론의 내용과 이론에 대한 설명으로 옳은 것만을 모두 고르면?**

ㄱ. 서덜랜드(E. Sutherland)의 차별적 교제이론(differential association theory)에 따르면, 범죄행위는 학습되며 법 위반에 대한 우호적 정의(definition)가 비우호적 정의보다 클 때 개인은 비행을 저지르게 된다.
ㄴ. 베커(H.S. Becker)의 낙인이론에 따르면, 일탈자라는 낙인은 그 사람의 지위를 대변하는 주 지위(master status)가 되기 때문에 다른 사람들과의 원활한 상호작용에 부정적인 영향을 미치는 장애요인이 된다.
ㄷ. 머튼(R. Merton)의 아노미이론에 따르면, 아노미 상태에 있는 개인의 적응방식 중 혁신형(innovation)은 범죄자들의 전형적인 적응방식으로, 문화적 목표는 수용하지만 제도화된 수단은 거부하는 형태이다.
ㄹ. 타르드(G. Tarde)의 학습이론에 따르면, "사람들이 왜 범죄를 저지르는가?"에 대한 질문보다는 "왜 누군가는 규범에 순응하며 합법적인 행동을 하는가?"라는 질문이 중요하다.

① ㄴ, ㄷ
② ㄱ, ㄴ, ㄷ
③ ㄱ, ㄴ, ㄹ
④ ㄱ, ㄷ, ㄹ

## 19

회독 ☐ ☐ ☐ | 이해 ○ △ ✕

**「소년법」상 보조인 선임과 국선보조인에 대한 설명으로 옳은 것만을 모두 고르면?**

ㄱ. 사건 본인이나 보호자가 변호사를 보조인으로 선임하려면 소년부 판사의 허가를 받아야 한다.
ㄴ. 소년이 소년분류심사원에 위탁되지 아니하였을 때에도 빈곤이나 그 밖의 사유로 보조인을 선임할 수 없는 경우에는 법원은 직권에 의하거나 소년 또는 보호자의 신청에 따라 보조인을 선정할 수 있다.
ㄷ. 소년부 판사는 보호자인 보조인이 소년의 이익에 반하는 행위를 할 우려가 있다고 판단되는 경우, 보조인 선임의 허가를 취소할 수 있다.
ㄹ. 소년이 소년분류심사원에 위탁된 경우 보조인이 없을 때에는 법원은 변호사 등 적정한 자를 보조인으로 선정하여야 한다.

① ㄴ, ㄹ
② ㄷ, ㄹ
③ ㄱ, ㄴ, ㄷ
④ ㄴ, ㄷ, ㄹ

## 20

**형벌이론에 대한 설명으로 옳지 않은 것은?**

① 베카리아(C. Beccaria)는 사형을 폐지하고 종신노역형으로 대체할 것을 주장하였다.

② 헤겔(G.W.F. Hegel)은 절대적 형벌론자였으며, 범죄행위는 법의 부정이며, 형벌은 법의 부정을 부정하는 것이라고 주장하였다.

③ 칸트(I. Kant)는 응보이론을 옹호했으며, 형벌은 일정한 목적을 추구하기 위해 존재하는 것이 아니라 범죄자에게 고통을 주는 그 자체가 가치 있는 것이라고 주장하였다.

④ 포이어바흐(A. Feuerbach)는 일반예방과 특별예방을 구별하고, 재사회화와 관련된 심리강제설을 주장하면서 특별예방을 강조하였다.

## 21

**소년범죄의 형사처분에 대한 설명으로 옳지 않은 것은?**

① 검사가 보호처분에 해당한다고 인정하여 소년부에 송치하였으나 소년부가 금고 이상의 형사처분을 할 필요가 있다고 인정하여 담당 검사에게 다시 송치한 사건은 검사가 이를 다시 소년부에 송치할 수는 없다.

② 소년형사사건에 있어 소년에 대한 구속영장은 부득이한 경우가 아니면 발부할 수 없고, 모든 사건은 필요적 변호 사건에 해당한다.

③ 소년이 법정형으로 장기 2년 이상 유기형에 해당하는 죄를 범한 경우에 그 소년에게 선고할 수 있는 장기형의 상한은 10년이지만, 소년에 대하여 무기형으로 처할 경우에는 장기형의 상한이 15년이 된다.

④ 판결선고 전에 소년분류심사원에 위탁되었을 때에는 그 위탁기간 전부를 유기징역, 유기금고, 벌금이나 과료에 관한 유치 또는 구류에 산입한다.

## 22

「소년법」상 조사와 소년분류심사에 대한 설명으로 옳지 않은 것은?

① 조사관은 소년부 판사의 명을 받아 사건 본인이나 보호자를 심문할 수 있지만, 참고인에 대한 심문은 허용되지 않는다.

② 소년부 판사는 사건의 조사에 필요한 경우 기일을 정하여 보호자 또는 참고인을 소환할 수 있고, 보호자가 정당한 이유 없이 이에 응하지 아니하면 동행영장을 발부할 수 있다.

③ 조사관이 범죄사실에 관하여 소년을 조사할 때에는 미리 소년에게 불리한 진술을 거부할 수 있음을 알려야 한다.

④ 소년부 판사가 소년을 소년분류심사원에 위탁하는 조치를 하는 경우 위탁기간은 1개월을 초과하지 못하지만, 특별히 필요한 경우에는 결정으로 1회 연장할 수 있다.

## 23

코헨(A. Cohen)이 주장한 비행하위문화(delinquent subculture)에 대한 설명으로 옳지 않은 것은?

① 부정성(negativism)은 사회의 지배적 가치체계에 대해 무조건 거부반응을 보이는 것이다.

② 운명주의(fatalism)는 하층계급의 구성원들이 자신의 미래가 스스로의 노력보다는 운명에 달려 있다고 믿는 것이다.

③ 악의성(maliciousness)은 다른 사람이 고통을 당하는 모습에서 쾌감을 느끼는 속성을 의미한다.

④ 비공리성(non-utilitarianism)은 범죄행위로부터 얻는 물질적 이익보다 동료들로부터 얻는 신망과 영웅적 지위 때문에 범죄를 저지른다는 것이다.

## 24

「보호관찰 등에 관한 법령」상 갱생보호제도에 대한 설명으로 옳지 않은 것은?

① 갱생보호의 방법 중 숙식제공은 연장기간을 포함하여 18개월을 초과할 수 없다.

② 갱생보호 신청은 갱생보호사업 허가를 받은 자 또는 한국법무보호복지공단 외에 보호관찰소의 장에게도 할 수 있다.

③ 갱생보호사업 허가를 받은 자가 정당한 이유 없이 허가를 받은 후 6개월 이내에 갱생보호사업을 시작하지 아니하거나 1년 이상 그 실적이 없는 경우, 법무부장관은 그 허가를 취소하여야 한다.

④ 갱생보호는 그 대상자가 자신의 친족 또는 연고자 등으로부터 도움을 받을 수 없거나 그 도움만으로는 충분하지 아니한 경우에 한하여 행한다.

## 25

**보호관찰이 가능한 기간으로 옳지 않은 것은?**

① 형의 선고를 유예하면서 보호관찰을 명받은 자는 1년

② 소년부 판사로부터 장기 보호관찰을 명받은 소년으로, 보호관찰관의 신청에 따른 결정으로 그 기간이 연장된 자는 최대 4년

③ 「가정폭력범죄의 처벌 등에 관한 특례법」상 보호처분으로 보호관찰을 명받은 후 법원의 결정으로 보호처분의 기간이 변경된 자는 종전의 처분기간을 합산하여 최대 1년

④ 「성매매알선 등 행위의 처벌에 관한 법률」상 보호처분으로 보호관찰을 명받은 후 법원의 결정으로 보호처분의 기간이 변경된 자는 종전의 처분기간을 합산하여 최대 1년

## 2024년 **보호9급** 형사정책 기출문제

### 01

**암수범죄에 대한 설명으로 옳지 않은 것은?**

① 피해자의 개인적 사정이나 신고에 따른 불편·불이익뿐만 아니라 수사기관의 자유재량도 암수범죄의 원인이 된다.

② 암수조사의 방법 중 '자기보고식조사'는 중범죄보다는 경미한 범죄의 현상을 파악하는 데에 유용하다.

③ 암수조사의 방법 중 '피해자 조사'는 암수범죄에 대한 직접적 관찰방법에 해당한다.

④ 암수범죄는 피해자와 가해자의 구별이 어려운 범죄에 비교적 많이 존재한다.

### 02

**「보호관찰 등에 관한 법률」상 보호관찰기간에 대한 설명으로 옳지 않은 것은?**

① 보호관찰을 조건으로 형의 선고유예를 받은 사람의 경우, 보호관찰기간은 1년이다.

② 보호관찰을 조건으로 형의 집행유예를 선고받은 사람의 경우, 집행유예기간이 보호관찰기간이 되지만, 법원이 보호관찰기간을 따로 정한 때에는 그 기간이 보호관찰기간이 된다.

③ 소년 가석방자의 경우, 6개월 이상 2년 이하의 범위에서 가석방 심사위원회가 정한 기간이 보호관찰기간이 된다.

④ 소년원 임시퇴원자의 경우, 퇴원일로부터 6개월 이상 2년 이하의 범위에서 보호관찰 심사위원회가 정한 기간이 보호관찰기간이 된다.

### 03

**다이버전(diversion)에 대한 설명으로 옳지 않은 것은?**

① 범죄학 이론 중 낙인이론의 정책적 함의와 관련이 있다.

② 소년범에 대해 그 필요성이 강조되고 있다.

③ 검찰 단계의 대표적 다이버전으로서 훈방과 통고처분이 있다.

④ 형사사법기관의 업무량을 줄여 상대적으로 더 중요한 범죄사건에 집중할 수 있게 해 준다.

## 04

**프로이트(Freud)의 정신분석학적 범죄이론에 대한 설명으로 옳지 않은 것은?**

① 일탈행위의 원인은 유아기의 발달단계와 관련이 있다.
② 인간의 무의식은 에고(ego)와 슈퍼에고(superego)로 구분된다.
③ 이드(id)는 생물학적 충동, 심리적 욕구, 본능적 욕망 등을 요소로 하는 것이다.
④ 슈퍼에고는 도덕적 원칙을 따르고 이드의 충동을 억제한다.

## 05

**사회해체이론에 대한 설명으로 옳지 않은 것은?**

① 범죄를 예방하기 위해서는 도시의 지역사회를 재조직함으로써 사회통제력을 증가시키는 것이 중요하다.
② 버제스(Burgess)의 동심원이론에 따르면, 도시 중심부로부터 멀어질수록 범죄발생률이 높아진다.
③ 쇼우(Shaw)와 맥케이(McKay)는 사회해체가 높은 범죄율과 상관관계가 있다고 보았다.
④ 버제스의 동심원이론은 소위 변이지역(zone in transition)의 범죄율이 거주민들의 국적이나 인종의 변화에도 불구하고 지속해서 높다는 것을 보여 준다.

## 06

**「보호관찰 등에 관한 법률」상 보호관찰 대상자의 구인 및 유치에 대한 설명으로 옳은 것은?**

① 보호관찰관은, 보호관찰 대상자가 준수사항을 위반하였다고 의심할 상당한 이유가 있고 조사에 따른 소환에 불응하는 경우, 관할 지방검찰청의 검사에게 구인장을 신청할 수 있다.
② 유치된 보호관찰 대상자에 대하여 보호관찰을 조건으로 한 형의 선고유예가 실효된 경우에 그 유치기간은 형기에 산입되지 않는다.
③ 구인한 대상자를 유치하기 위한 신청이 있는 경우, 검사는 보호관찰 대상자가 구인된 때부터 48시간 이내에 관할 지방법원 판사에게 유치허가를 청구하여야 한다.
④ 보호관찰부 집행유예의 취소청구를 하려는 경우, 보호관찰소의 장은 유치허가를 받은 때부터 48시간 이내에 관할 지방검찰청의 검사에게 그 신청을 하여야 한다.

## 07

**부정기형제도에 대한 설명으로 옳지 않은 것은?**

① 소년이 법정형으로 장기 2년 이상의 유기형에 해당하는 죄를 범한 경우에는 그 형의 범위에서 장기와 단기를 정하여 선고한다.

② 「특정강력범죄의 처벌에 관한 특례법」 소정의 특정강력범죄를 범한 소년에 대하여 부정기형을 선고할 때에는 장기는 15년, 단기는 7년을 초과하지 못한다.

③ 소년교도소의 장은 부정기형을 선고받은 소년이 단기의 3분의 1을 경과한 때에는 소년교도소의 소재지를 관할하는 보호관찰소의 장에게 그 사실을 통보하여야 한다.

④ 판례에 따르면, 상고심에서의 심판대상은 항소심판결 당시를 기준으로 하여 그 당부를 심사하는 데에 있는 것이므로 항소심판결 선고 당시 미성년이었던 피고인이 상고 이후에 성년이 되었다고 하여 항소심의 부정기형의 선고가 위법이 되는 것은 아니다.

## 08

**범죄이론에 대한 설명으로 옳지 않은 것은?**

① 에이커스(Akers)의 사회학습이론에 따르면, 비행이나 일탈은 사회구성원 간의 상호작용을 통해 학습된다.

② 라이스(Reiss)와 나이(Nye)의 내적·외적 통제이론에 따르면, 애정·인정·안전감 및 새로운 경험에 대한 청소년의 욕구가 가족 내에서 충족될수록 범죄를 저지를 확률이 낮아진다.

③ 허쉬(Hirschi)의 사회유대이론에 따르면, 모든 사람은 잠재적 범죄자로서 자신의 행위로 인해 주변인과의 관계가 악화되는 것을 두려워하기 때문에 범죄를 저지르게 된다.

④ 사이크스(Sykes)와 맛차(Matza)의 중화(기술)이론에 따르면, 자신의 비행에 대하여 책임이 없다고 합리화하는 것도 중화기술의 하나에 해당한다.

## 09

**소년보호의 원칙에 대한 설명으로 옳지 않은 것은?**

① 개별주의: 소년보호조치를 취할 때 소년사건을 형사사건과 병합하여 1개의 사건으로 취급한다.

② 인격주의: 소년보호사건에서는 소년의 행위에서 나타난 개성과 환경을 중시한다.

③ 과학주의: 소년범죄인의 처우를 법률가의 규범적 판단에만 맡기지 않고 여러 전문가의 조언·협조를 받아 그 과학적 진단과 의견을 바탕으로 행한다.

④ 협력주의: 소년사법에서는 국가가 전담하는 사법뿐만 아니라 보호자와 관계기관은 물론 사회 전반의 상호부조와 연대의식이 뒷받침되어야 한다.

## 10

회독 ☐☐☐ | 이해 ○ △ ✕

「소년법」상 보호관찰처분에 대한 설명으로 옳은 것은?

① 1개월 이내의 소년원 송치처분을 하는 경우, 이 처분과 장기보호관찰을 병합할 수 없다.

② 단기 보호관찰을 받은 보호관찰 대상자가 준수사항을 위반하는 경우, 1년의 범위에서 보호관찰 기간을 연장할 수 있다.

③ 장기 보호관찰의 기간은 2년 이내로 한다.

④ 보호관찰처분을 할 때는 1년 이내의 기간을 정하여 야간 등 특정 시간대의 외출을 제한하는 명령을 보호관찰 대상자의 준수사항으로 부과할 수 있다.

## 11

회독 ☐☐☐ | 이해 ○ △ ✕

베카리아(Beccaria)의 주장으로 옳지 않은 것은?

① 형벌의 목적은 범죄를 억제하는 것이다.

② 범죄를 억제하는 효과를 높이기 위해서는 처벌의 신속성뿐만 아니라 처벌의 확실성도 필요하다.

③ 형벌이 그 목적을 달성하기 위해서는 형벌로 인한 고통이 범죄로부터 얻는 이익을 약간 넘어서는 정도가 되어야 한다.

④ 인도주의의 실천을 위하여 사형제도는 폐지되어야 하고 사면제도가 활용되어야 한다.

## 12

회독 ☐☐☐ | 이해 ○ △ ✕

「소년법」상 보호처분의 취소에 대한 설명으로 옳지 않은 것은?

① 보호처분이 계속 중일 때에 당해 보호사건 본인에 대하여 새로운 보호처분이 있었을 때에는 그 처분을 한 소년부 판사는 이전의 보호처분을 한 소년부에 조회하여 이전의 보호처분을 취소하여야 한다.

② 보호처분이 계속 중일 때에 당해 보호사건 본인이 처분 당시 19세 이상인 것으로 밝혀진 경우, 법원이 소년에 대한 피고사건을 심리한 결과 보호처분에 해당할 사유가 있다고 인정하여 결정으로써 관할 소년부에 송치한 사건에 대해서는 소년부 판사는 결정으로써 그 보호처분을 취소하고 송치한 법원에 이송한다.

③ 보호처분이 계속 중일 때에 당해 보호사건 본인에 대하여 유죄판결이 확정된 경우에 보호처분을 한 소년부 판사는 그 처분을 존속할 필요가 없다고 인정하면 결정으로써 보호처분을 취소할 수 있다.

④ 보호처분이 계속 중일 때에 당해 보호사건 본인이 처분 당시 19세 이상인 것으로 밝혀진 경우, 검사·경찰서장의 송치에 의한 사건에 대해서는 소년부 판사는 결정으로써 그 보호처분을 취소하고 관할 지방법원에 대응하는 검찰청 검사에게 송치한다.

## 13

**보호관찰, 사회봉사, 수강(受講)에 대한 설명으로 옳지 않은 것은?**

① 「보호관찰 등에 관한 법률」상 보호관찰은 법원의 판결이나 결정이 확정된 때 또는 가석방·임시퇴원된 때부터 시작된다.

② 사회봉사명령 대상자가 사회봉사명령 집행 중 금고 이상의 형의 집행을 받게 된 때에는 해당 형의 집행이 종료·면제되거나 사회봉사명령 대상자가 가석방된 경우, 잔여 사회봉사명령을 집행한다.

③ 판례에 따르면, 형의 집행을 유예하는 경우에 명해지는 보호관찰은 장래의 위험성으로부터 행위자를 보호하고 사회를 방위하기 위한 조치이다.

④ 판례에 따르면, 「보호관찰 등에 관한 법률」 제32조 제3항이 보호관찰 대상자에게 과할 수 있는 특별준수사항으로 정한 '범죄행위로 인한 손해를 회복하기 위하여 노력할 것(제4호)'은 수강명령 대상자에 대해서도 부과할 수 있다.

## 14

**갈등이론에 대한 설명으로 옳지 않은 것은?**

① 터크(Turk)는 법제도 자체보다는 법이 집행되는 과정에서 특정 집단의 구성원이 범죄자로 규정되는 과정에 주목하였다.

② 셀린(Sellin)은 이질적인 문화 사이에서 발생하는 갈등을 일차적 문화갈등이라고 하고, 하나의 단일문화가 각기 독특한 행위규범을 갖는 여러 개의 상이한 하위문화로 분화될 때 일어나는 갈등을 이차적 문화갈등이라고 하였다.

③ 스핏처(Spitzer)는 후기 자본주의사회에서는 생산활동에서 소외되는 인구가 양산됨에 따라 이로 인해 많은 일탈적 행위가 야기될 것이라고 보았다.

④ 봉거(Bonger)는 법규범과 문화적·사회적 규범의 일치도, 법 집행자와 저항자 간의 힘의 차이, 법규범 집행에 대한 갈등의 존재 여부가 범죄화에 영향을 미친다고 보았다.

## 15

**범죄예방에 대한 설명으로 옳지 않은 것은?**

① 적극적 일반예방이론은 형벌이 사회의 규범의식을 강화해 주는 효과를 가짐으로써 범죄가 예방된다고 보는 것이다.

② 브랜팅햄(Brantingham)과 파우스트(Faust)가 제시한 범죄예방 구조모델에 따르면, 사회환경 가운데 범죄의 원인이 될 수 있는 것을 정화하는 것은 3차 예방에 해당한다.

③ 환경설계를 통한 범죄예방(CPTED)모델은 사전적 범죄예방을 지향한다.

④ 일상활동이론(routine activity theory)에서는, 범죄예방에 관하여 범죄자의 범죄 성향이나 동기를 감소시키는 것보다는 범행기회를 축소하는 것이 강조된다.

## 16

**벌금형에 관하여 현행법상 허용되는 것은? (다툼이 있는 경우 판례에 의함)**

① 벌금형에 대한 선고유예

② 1,000만 원의 벌금형에 대한 집행유예

③ 범죄자의 경제력을 반영한 재산비례벌금제(일수벌금제)

④ 500만 원의 벌금형을 선고하면서 300만 원에 대해서만 집행유예

## 17

**성범죄자의 신상정보 등록·공개·고지에 대한 설명으로 옳지 않은 것은?**

① 신상정보 등록의 원인이 된 성범죄로 형의 선고를 유예받은 사람이 선고유예를 받은 날부터 2년이 경과하여 면소된 것으로 간주되면 신상정보 등록을 면제한다.

② 성범죄자의 신상정보 등록·공개·고지에 관한 제도는 성범죄자의 교화·개선에 중점을 두기보다는 성범죄자의 정보를 제공하여 지역사회의 안전을 강화하고자 하는 것이다.

③ 신상정보의 등록은 여성가족부장관이 집행하고, 신상정보의 공개·고지는 법무부장관이 집행한다.

④ 판례에 따르면, 공개명령 및 고지명령제도는 범죄행위를 한 자에 대한 응보 등을 목적으로 그 책임을 추궁하는 사후적 처분인 형벌과 구별되어 그 본질을 달리한다.

# 18

회독 □ □ □ | 이해 ○ △ ✕

「성폭력범죄자의 성충동 약물치료에 관한 법률」상 치료명령의 집행에 대한 설명으로 옳지 않은 것은?

① 치료명령은 범죄예방정책국장의 지휘를 받아 보호관찰관이 집행한다.

② 치료명령을 받은 사람은 주거이전 또는 7일 이상 국내여행을 하거나 출국할 때에는 미리 보호관찰관의 허가를 받아야 한다.

③ 치료명령을 받은 사람이 형의 집행이 종료되거나 면제·가석방 또는 치료감호의 집행이 종료·가종료 또는 치료위탁으로 석방되는 경우, 보호관찰관은 석방되기 전 2개월 이내에 치료명령을 받은 사람에게 치료명령을 집행하여야 한다.

④ 치료명령의 집행 중 구속영장의 집행을 받아 구금된 때에는 치료명령의 집행이 정지되며, 이 경우 구금이 해제되거나 금고 이상의 형의 집행을 받지 아니하는 것으로 확정된 때부터 그 잔여기간을 집행한다.

# 19

회독 □ □ □ | 이해 ○ △ ✕

「전자장치 부착 등에 관한 법률」상 '특정범죄'에 관한 형집행종료 후의 전자장치 부착에 대한 설명으로 옳지 않은 것은?

① 검사는, 19세 미만의 사람에 대하여 성폭력범죄를 저지른 때에 성폭력범죄를 다시 범할 위험성이 있다고 인정되는 사람에 대하여 전자장치를 부착하도록 하는 명령을 법원에 청구할 수 있다.

② 검사는, 스토킹범죄를 2회 이상 범하여(유죄의 확정판결을 받은 경우를 제외한다) 그 습벽이 인정된 때에 스토킹범죄를 다시 범할 위험성이 있다고 인정되는 사람에 대하여 전자장치를 부착하도록 하는 명령을 법원에 청구할 수 있다.

③ 검사는, 미성년자 대상 유괴범죄를 저지른 사람으로서 미성년자 대상 유괴범죄를 다시 범할 위험성이 있다고 인정되는 사람에 대하여 전자장치를 부착하도록 하는 명령을 법원에 청구할 수 있다. 다만, 유괴범죄로 징역형의 실형 이상의 형을 선고받아 그 집행이 종료 또는 면제된 후 다시 유괴범죄를 저지른 경우에는 전자장치를 부착하도록 하는 명령을 청구하여야 한다.

④ 검사는, 강도범죄로 「전자장치 부착 등에 관한 법률」에 따른 전자장치를 부착하였던 전력이 있는 사람이 다시 강도범죄를 저지른 때에 강도범죄를 다시 범할 위험성이 있다고 인정되는 경우, 전자장치를 부착하도록 하는 명령을 법원에 청구할 수 있다.

## 20

「스토킹범죄의 처벌 등에 관한 법률」상 조치에 대한 설명으로 옳지 않은 것은?

① 사법경찰관리는 진행 중인 스토킹행위에 대하여 신고를 받은 경우, 즉시 현장에 나가 '스토킹행위자와 스토킹행위의 상대방의 분리 및 범죄수사' 조치를 하여야 한다.

② 사법경찰관은, 스토킹행위 신고와 관련하여 스토킹행위가 지속적 또는 반복적으로 행하여질 우려가 있고 스토킹범죄의 예방을 위하여 긴급을 요하는 경우, 직권으로 스토킹행위자에게 '스토킹행위의 상대방으로부터 100미터 이내의 접근금지' 조치를 할 수 있다.

③ 법원은 스토킹범죄의 피해자 보호를 위하여 필요하다고 인정하는 경우, 결정으로 스토킹행위자에게 '피해자의 주거로부터 100미터 이내의 접근금지' 조치를 할 수 있다.

④ 사법경찰관은 스토킹범죄의 원활한 조사·심리를 위하여 필요하다고 인정하는 경우, 직권으로 스토킹행위자에게 '국가경찰관서의 유치장 또는 구치소에의 유치' 조치를 할 수 있다.

## 01

범죄측정에 대한 설명으로 옳은 것은?

① 참여관찰 연구는 조사자의 주관적 편견이 개입할 수 있고, 시간과 비용이 많이 들며, 연구결과의 일반화가 어렵다.

② 인구 대비 범죄발생건수를 의미하는 범죄율(crime rate)은 각 범죄의 가치를 서로 다르게 평가한다.

③ 자기보고식조사(self-report survey)는 경미한 범죄보다는 살인 등 중대한 범죄를 측정하는 데 사용된다.

④ 피해 조사(victimization survey)는 개인적 보고에 기반하는 점에서 조사의 객관성과 정확성을 확보할 수 있다.

## 02

비범죄화에 대한 설명으로 옳지 않은 것은?

① 비범죄화는 형법의 보충적 성격을 강조한다.

② 비범죄화는 형사처벌에 의한 낙인의 부정적 효과를 감소시킨다.

③ 「형법」상 간통죄의 폐지는 비범죄화의 예라고 할 수 없다.

④ 피해자 없는 범죄는 비범죄화의 주요 대상으로 논의된다.

## 03

회복적 사법에 대한 설명으로 옳지 않은 것은?

① 범죄로 인한 피해에는 지역사회가 겪는 피해가 포함된다.

② 시민에게 갈등과 사회문제의 해결에 참여하는 기회를 제공함으로써 공동체의식을 강화하는 것을 목표로 한다.

③ 지역사회 내에서 범죄자와 그 피해자의 재통합을 추구한다.

④ 가해자는 배상과 교화의 대상으로서 책임을 수용하기보다는 비난을 수용하여야 한다.

## 04

회독 □□□ | 이해 ○ △ ×

**행태이론(behavior theory)에 대한 설명으로 옳지 않은 것은?**

① 버제스(Burgess)와 에이커스(Akers)의 차별적 강화이론에 의하면, 범죄행동은 고전적 조건형성의 원리에 따라 학습된다.

② 범죄행위는 어떤 행위에 대한 보상 혹은 처벌의 경험에 따라 학습된 것이다.

③ 행태이론은 범죄의 원인을 설명하면서 개인의 인지능력을 과소평가한다.

④ 반두라(Bandura)는 직접적인 자극이나 상호작용이 없어도 미디어 등을 통해 간접적으로 범죄학습이 이루어질 수 있다는 이론적 근거를 제시하였다.

## 05

회독 □□□ | 이해 ○ △ ×

**심리학적 범죄이론에 대한 설명으로 옳지 않은 것은?**

① 프로이트(Freud) 이론에 의하면, 성 심리의 단계적 발전 중에 필요한 욕구가 충족되지 못함으로써 야기된 긴장이 사회적으로 수용되지 못할 때 범죄행위를 유발하는 것으로 설명할 수 있다.

② 아이젠크(Eysenck)는 저지능이 저조한 학업성취를 가져오고, 학업에서의 실패와 무능은 비행 및 범죄와 높은 관련성을 갖는다고 하였다.

③ 고다드(Goddard)는 적어도 비행청소년의 50%가 정신적 결함을 갖고 있다고 하였다.

④ 콜버그(Kohlberg)의 도덕발달이론에 의하면, 인간의 도덕발달과정은 전관습적(pre-conventional), 관습적(conventional), 후관습적(post-conventional)이라는 3개의 수준으로 구분되고, 각 수준은 2개의 단계로 나뉜다.

## 06

회독 □□□ | 이해 ○ △ ×

**갓프레드슨(Gottfredson)과 허쉬(Hirschi)의 낮은 자기통제(low self-control)에 대한 설명으로 옳지 않은 것은?**

① 폭력범죄부터 화이트칼라 범죄에 이르기까지 모든 범죄를 낮은 자기통제의 결과로 이해한다.

② 순간적인 쾌락과 즉각적 만족에 대한 욕구가 장기적 관심보다 클 때 범죄가 발생한다.

③ 비효율적 육아와 부적절한 사회화보다는 학습이나 문화전이와 같은 실증적 근원에서 낮은 자기통제의 원인을 찾는다.

④ 자기통제가 결여된 자도 범죄기회가 주어지지 않는 한 범죄를 저지르지 않는다.

## 07

회독 □ □ □ | 이해 ○ △ ×

「형법」상 벌금에 대한 설명으로 옳지 않은 것은? (다툼이 있는 경우 판례에 의함)

① 벌금을 감경하는 경우에는 5만 원 미만으로 할 수 있다.

② 벌금을 선고하는 재판이 확정된 후 그 집행을 받지 아니하고 5년이 지나면 형의 시효가 완성된다.

③ 60억 원의 벌금을 선고하면서 이를 납입하지 아니하는 경우의 노역장 유치기간을 700일로 정할 수 있다.

④ 「형법」 제55조 제1항 제6호의 벌금을 감경할 때의 '다액의 2분의 1'이라는 문구는 '금액의 2분의 1'을 뜻하므로 그 상한과 함께 하한도 감경되는 것으로 해석하여야 한다.

## 08

회독 □ □ □ | 이해 ○ △ ×

「스토킹범죄의 처벌 등에 관한 법률」의 내용에 대한 설명으로 옳지 않은 것은?

① 스토킹행위가 지속적 또는 반복적으로 이루어진 경우가 아니라면 스토킹범죄에 해당하지 않는다.

② 법원이 스토킹범죄를 저지른 사람에 대하여 형의 선고를 유예하는 경우에는 200시간의 범위에서 재범예방에 필요한 수강명령을 병과할 수 있다.

③ 상대방의 의사에 반하여 정당한 이유 없이 상대방 또는 그의 동거인, 가족을 따라다님으로써 상대방에게 불안감을 일으켰다면 스토킹행위에 해당한다.

④ 법원이 스토킹범죄를 저지른 사람에 대하여 벌금형의 선고와 함께 120시간의 스토킹 치료프로그램의 이수를 명한 경우, 그 이수명령은 형 확정일부터 6개월 이내에 집행한다.

## 09

회독 □ □ □ | 이해 ○ △ ×

「보호관찰 등에 관한 법률」상 보호관찰의 종료와 임시해제에 대한 설명으로 옳은 것은?

① 보호관찰을 조건으로 한 형의 선고유예가 실효되더라도 보호관찰은 종료되지 않는다.

② 보호관찰의 임시해제 결정이 취소된 경우, 그 임시해제기간을 보호관찰기간에 포함한다.

③ 보호관찰 대상자는 보호관찰이 임시해제된 기간 중에는 그 준수사항을 계속하여 지키지 않아도 된다.

④ 임시퇴원된 보호소년이 보호관찰이 정지된 상태에서 21세가 된 때에는 보호관찰이 종료된다.

## 10

회독 ☐☐☐ | 이해 ○ △ ✕

**「사면법」상 사면에 대한 설명으로 옳지 않은 것은?**

① 특별사면은 형을 선고받은 자를 대상으로 한다.

② 일반사면이 있으면 특별한 규정이 없는 한 형을 선고받지 아니한 자에 대하여는 공소권이 상실된다.

③ 형의 집행유예를 선고받은 자에 대하여는 형선고의 효력을 상실하게 하는 특별사면을 할 수 없다.

④ 일반사면은 죄의 종류를 정하여 대통령령으로 한다.

## 11

회독 ☐☐☐ | 이해 ○ △ ✕

**법률상 소년 등의 연령기준으로 옳지 않은 것은?**

① 「형법」상 형사미성년자는 14세가 되지 아니한 자이다.

② 「소년법」상 소년은 19세 미만인 자를 말한다.

③ 「청소년 기본법」상 청소년은 8세 이상 24세 이하인 사람을 말한다. 다만, 다른 법률에서 청소년에 대한 적용을 다르게 할 필요가 있는 경우에는 따로 정할 수 있다.

④ 「아동·청소년의 성보호에 관한 법률」상 아동·청소년은 19세 미만의 자를 말한다. 다만, 19세에 도달하는 연도의 1월 1일을 맞이한 자는 제외한다.

## 12

회독 ☐☐☐ | 이해 ○ △ ✕

**사이코패스에 대한 설명으로 옳지 않은 것은?**

① 감정, 정서적 측면에서 타인에 대한 공감능력이 부족하며, 죄의식이나 후회의 감정이 결여되어 있다.

② 헤어(Hare)의 사이코패스 체크리스트 수정본(PCL-R)은 0~2점의 3점 척도로 평가되는 총 25개 문항으로 구성된다.

③ 모든 사이코패스가 형사사법제도 안에서 범죄행위가 드러나는 형태로 걸러지는 것은 아니다.

④ 공감, 양심, 대인관계의 능력 등에 대한 전통적 치료프로그램의 효과를 거의 기대하기 어렵다.

## 13

생물학적 범죄이론에 대한 설명으로 옳지 않은 것은?

① 입양아 연구는 쌍생아 연구를 보충하여 범죄에 대한 유전의 영향을 조사할 수 있지만, 입양환경의 유사성을 보장할 수 없기 때문에 연구결과를 일반화하기 어렵다.

② 가계연구는 범죄에 대한 유전과 환경의 영향을 분리할 수 없는 단점을 갖는다.

③ 롬브로조(Lombroso)는 격세유전이라는 생물학적 퇴행성에 근거하여 생래성 범죄인을 설명하였다.

④ 셸던(Sheldon)은 크고 근육질의 체형을 가진 자를 외배엽형(ectomorph)으로 분류하고, 비행행위에 더 많이 관여하는 경향이 있다고 주장하였다.

## 14

「보호소년 등의 처우에 관한 법률」상 수용과 보호 등에 대한 설명으로 옳지 않은 것은?

① 소년원장은 분류수용, 교정교육상의 필요, 그 밖의 이유로 보호소년을 다른 소년원으로 이송하는 것이 적당하다고 인정하면 법무부장관의 허가를 받아 이송할 수 있다.

② 소년원장은 14세 미만의 보호소년에게는 20일 이내의 기간 동안 지정된 실(室) 안에서 근신하게 하는 징계를 할 수 없다.

③ 소년원장은 미성년자인 보호소년이 친권자나 후견인이 없거나 있어도 그 권리를 행사할 수 없을 때에는 법무부장관의 허가를 받아 그 보호소년을 위하여 친권자나 후견인의 직무를 행사할 수 있다.

④ 소년원장은 품행이 타인의 모범이 되는 보호소년에게 포상을 할 수 있고, 이에 따른 포상을 받은 보호소년에게는 특별한 처우를 할 수 있다.

## 15

다음 글에서 설명하는 이론은?

> 공동체의 사회통제에 대한 노력이 무뎌질 때 범죄율은 상승하고 지역의 응집력은 약해진다. 이에 지역사회 범죄를 줄이기 위해서는 이웃 간의 유대강화와 같은 비공식적 사회통제가 중요하며, 특히 주민들의 사회적 참여는 비공식적 사회통제와 밀접하게 관련되어 있다.

① 샘슨(Sampson)의 집합효율성(collective efficacy)

② 쇼(Shaw)와 맥케이(Mckay)의 사회해체(social disorganization)

③ 머튼(Merton)의 긴장(strain)

④ 뒤르켐(Durkheim)의 아노미(anomie)

## 16

「범죄피해자 보호법」상 형사조정에 대한 설명으로 옳지 않은 것은?

① 검사는 피의자와 범죄피해자 사이에 형사분쟁을 공정하고 원만하게 해결하여 범죄피해자가 입은 피해를 실질적으로 회복하는 데 필요하다고 인정하면 직권으로 수사 중인 형사사건을 형사조정에 회부할 수 있다.

② 형사조정위원회는 필요하다고 인정하면 직권으로 형사조정의 결과에 이해관계가 있는 사람을 형사조정에 참여하게 할 수 있다.

③ 검사는 형사사건을 수사하고 처리할 때 형사조정이 성립되지 아니하였다는 사정을 피의자에게 불리하게 고려하여서는 아니 된다.

④ 검사는 기소유예처분 사유에 해당함이 명백한 형사사건을 형사조정에 회부하여서는 아니 된다.

## 17

「소년법」상 보호처분과 그 변경 등에 대한 설명으로 옳지 않은 것은?

① 수강명령 및 장기 소년원 송치의 처분은 12세 이상의 소년에게만 할 수 있다.

② 소년부 판사는 보호관찰관의 장기 보호관찰의 처분을 할 때에 1년 이내의 기간을 정하여 야간 등 특정 시간대의 외출을 제한하는 명령을 보호관찰 대상자의 준수사항으로 부과할 수 있다.

③ 소년부 판사는 보호관찰관의 단기 보호관찰의 처분을 할 때에 3개월 이내의 기간을 정하여 「보호소년 등의 처우에 관한 법률」에 따른 대안교육을 받을 것을 동시에 명할 수 있다.

④ 보호처분을 집행하는 자의 신청이 없더라도 소년부 판사는 직권으로 1개월 이내의 소년원 송치의 처분을 변경할 수 있다.

## 18

「소년법」상 형사사건의 심판 등에 대한 설명으로 옳지 않은 것은?

① 소년에 대한 부정기형을 집행하는 기관의 장은 형의 단기의 3분의 1이 지난 소년범의 행형성적이 양호하고 교정의 목적을 달성하였다고 인정되는 경우에는 관할 검찰청 검사의 지휘에 따라 그 형의 집행을 종료시킬 수 있다.

② 무기징역을 선고받은 소년에 대하여는 5년의 기간이 지나면 가석방을 허가할 수 있다.

③ 징역 또는 금고를 선고받은 소년에 대하여는 특별히 설치된 교도소 또는 일반 교도소 안에 특별히 분리된 장소에서 그 형을 집행한다. 다만, 소년이 형의 집행 중에 23세가 되면 일반 교도소에서 집행할 수 있다.

④ 죄를 범할 당시 18세 미만인 소년에 대하여 사형 또는 무기형으로 처할 경우에는 15년의 유기징역으로 한다.

## 19

「소년법」상 보호사건의 조사와 심리에 대한 설명으로 옳지 않은 것은?

① 소년부 또는 조사관이 범죄사실에 관하여 소년을 조사할 때에는 미리 소년에게 불리한 진술을 거부할 수 있음을 알려야 한다.

② 소년부는 조사 또는 심리를 할 때에 정신건강의학과의사 등 전문가의 진단, 소년분류심사원의 분류심사 결과와 의견, 보호관찰소의 조사 결과와 의견 등을 고려하여야 한다.

③ 소년부 판사는 조사 또는 심리에 필요하다고 인정하여 기일을 지정해서 소환한 사건 본인의 보호자가 정당한 이유 없이 소환에 응하지 아니하면 동행영장을 발부할 수 있다.

④ 소년부 판사가 사건을 조사 또는 심리하는 데에 필요하다고 인정하여 소년의 감호에 관한 결정으로써 병원이나 그 밖의 요양소에 위탁하는 조치를 하는 경우, 그 위탁의 최장기간은 2개월이다.

## 20

「범죄피해자 보호법」상 범죄피해의 구조에 대한 설명으로 옳지 않은 것은?

① 범죄피해 구조금을 받을 권리는 그 구조결정이 해당 신청인에게 송달된 날부터 2년간 행사하지 아니하면 시효로 인하여 소멸된다.

② 구조대상 범죄피해를 받은 사람이 해당 범죄피해의 발생 또는 증대에 가공한 부적절한 행위를 한 때에는 범죄피해 구조금의 일부를 지급하지 아니한다.

③ 범죄피해구조심의회에서 범죄피해 구조금 지급신청을 일부기각하면 신청인은 결정의 정본이 송달된 날부터 2주일 이내에 그 범죄피해구조심의회를 거쳐 범죄피해구조본부심의회에 재심을 신청할 수 있다.

④ 범죄피해 구조금을 받은 사람이 거짓이나 그 밖의 부정한 방법으로 범죄피해 구조금을 받은 경우, 국가는 범죄피해구조심의회 또는 범죄피해구조본부심의회의 결정을 거쳐 그가 받은 범죄피해 구조금의 전부를 환수해야 한다.

## 21

아바딘스키(Abadinsky)가 제시한 조직범죄의 특성에 대한 설명으로 옳지 않은 것은?

① 정치적 목적이나 이해관계가 개입되지 않는 점에서 비이념적이다.

② 내부구성원이 따라야 할 규칙을 갖고 있고, 이를 위반한 경우에는 상응한 응징이 뒤따른다.

③ 조직의 활동이나 구성원의 참여가 일정 정도 영속적이다.

④ 조직의 지속적 확장을 위하여 조직구성원이 제한되지 않고 배타적이지 않다.

## 22

「형법」상 형의 선고유예에 대한 설명으로 옳지 않은 것은? (다툼이 있는 경우 판례에 의함)

① 주형의 선고유예를 하는 경우, 몰수의 요건이 있더라도 몰수형만의 선고를 할 수는 없다.

② 피고인이 범죄사실을 자백하지 않고 부인할 경우에는 언제나 선고유예를 할 수 없다고 해석할 것은 아니다.

③ 형의 선고를 유예하는 경우에 재범방지를 위하여 지도 및 원호가 필요한 때에는 보호관찰을 받을 것을 명할 수 있는데, 이에 따른 보호관찰의 기간은 1년으로 한다.

④ 형의 선고유예 판결이 확정된 후 2년을 경과한 때에는 면소된 것으로 간주하고, 그 뒤에는 실효의 대상이 되는 선고유예의 판결이 존재하지 않으므로 선고유예 실효의 결정을 할 수 없다.

## 23

「소년법」상 사건의 송치 및 통고 등에 대한 설명으로 옳지 않은 것은?

① 형벌 법령에 저촉되는 행위를 한 10세 이상 14세 미만인 소년이 있을 때에는 경찰서장은 직접 관할 소년부에 송치하여야 한다.

② 법원이 소년에 대한 피고사건을 심리한 결과 보호처분에 해당할 사유가 있다고 인정하여 결정으로써 사건을 관할 소년부에 송치한 경우, 해당 소년부는 조사 또는 심리한 결과 사건의 본인이 19세 이상인 것으로 밝혀지면 결정으로써 송치한 법원에 사건을 다시 이송하여야 한다.

③ 소년부는 송치받은 보호사건이 그 관할에 속하지 아니한다고 인정하더라도 보호의 적정을 기하기 위하여 필요하다고 인정하면 그 사건을 관할 소년부에 이송하지 않을 수 있다.

④ 정당한 이유 없이 가출하고 그의 성격이나 환경에 비추어 앞으로 형벌 법령에 저촉되는 행위를 할 우려가 있는 10세의 소년을 발견한 보호자는 이를 관할 소년부에 통고할 수 있다.

## 24

범죄예방에 대한 설명으로 옳지 않은 것은?

① 생활양식이론에 의하면, 범죄예방을 위하여 체포가능성의 확대와 처벌의 확실성 확보를 강조한다.

② 브랜팅햄(Brantingham)과 파우스트(Faust)는 질병예방에 관한 보건의료모형을 응용하여 단계화한 범죄예방모델을 제시하였다.

③ 일상활동이론에 의하면, 동기부여된 범죄자와 매력적인 목표물, 보호능력의 부재나 약화라는 범죄의 발생조건의 충족을 제지함으로써 범죄를 예방할 수 있다.

④ 이웃감시는 일반시민을 대상으로 한 1차적 범죄예방모델의 예에 해당한다.

## 25

회독 ☐ ☐ ☐ | 이해 ○ △ ×

밀러(Miller)의 하류계층 문화이론(lower class culture theory)에 대한 설명으로 옳지 않은 것은?

① 밀러는 하류계층의 문화를 고유의 전통과 역사를 가진 독자적 문화로 보았다.

② 하류계층의 여섯 가지 주요한 관심의 초점은 사고치기(trouble), 강인함(toughness), 영악함(smartness), 흥분추구(excitement), 운명(fate), 자율성(autonomy)이다.

③ 중류계층의 관점에서 볼 때, 하류계층 문화는 중류계층 문화의 가치와 갈등을 초래하여 범죄적·일탈적 행위로 간주된다.

④ 범죄와 비행은 중류계층에 대한 저항으로서 하류계층 문화 자체에서 발생한다.

## 01

「보호소년 등의 처우에 관한 법률」이 보호소년에 대하여 수갑, 포승 또는 보호대 외에 가스총이나 전자충격기를 사용할 수 있는 경우로 명시하지 않은 것은?

① 이탈·난동·폭행을 선동·선전하거나 하려고 하는 때
② 다른 사람에게 위해를 가하거나 가하려고 하는 때
③ 위력으로 소속 공무원의 정당한 직무집행을 방해하는 때
④ 소년원·소년분류심사원의 설비·기구 등을 손괴하거나 손괴하려고 하는 때

## 02

**다음 사례에서 甲에 대한 「소년법」상 처리절차로 옳지 않은 것은?**

> 13세 甲은 정당한 이유 없이 가출한 후 집단적으로 몰려다니며 술을 마시고 소란을 피움으로써 주위 사람들에게 불안감을 조성하였고, 그의 성격이나 환경에 비추어 앞으로 형벌 법령에 저촉되는 행위를 할 우려가 있다.

① 경찰서장은 직접 관할 소년부에 송치하여야 하며, 송치서에 甲의 주거·성명·생년월일 및 행위의 개요와 가정상황을 적고, 그 밖의 참고자료를 첨부하여야 한다.
② 보호자 또는 학교·사회복리시설·보호관찰소의 장은 甲을 관할 소년부에 통고할 수 있다.
③ 소년부 판사는 사건의 조사 또는 심리에 필요하다고 인정하면 기일을 지정하여 甲이나 그 보호자를 소환할 수 있으며, 정당한 이유 없이 소환에 응하지 아니하면 소년부 판사는 동행영장을 발부할 수 있다.
④ 소년부 판사는 심리 결과 보호처분의 필요성이 인정되더라도 甲에게 수강명령과 사회봉사명령은 부과할 수 없다.

## 03

회독 ☐☐☐ | 이해 ○ △ ✕

「소년법」상 보조인제도에 대한 설명으로 옳지 않은 것은?

① 소년이 소년분류심사원에 위탁된 경우, 보조인이 없을 때에는 법원은 변호사 등 적정한 자를 보조인으로 선정하여야 한다.

② 소년이 소년분류심사원에 위탁되지 아니하였을 때에도 소년에게 신체적·정신적 장애가 의심되는 경우에는 법원은 직권으로 보조인을 선정하여야 한다.

③ 소년이 보호자나 변호사를 보조인으로 선임하는 경우에 소년부 판사의 허가 없이 보조인을 선임할 수 있다.

④ 보조인의 선임은 심급마다 하여야 한다.


## 04

회독 ☐☐☐ | 이해 ○ △ ✕

「소년법」 제32조에 따른 소년보호처분에 대한 설명으로 옳지 않은 것은?

① 제1호 처분은 보호자 또는 보호자를 대신하여 소년을 보호할 수 있는 자에게 감호위탁하는 것이다.

② 제6호 처분은 「아동복지법」에 따른 아동복지시설이나 그 밖의 소년보호시설에 감호위탁하는 것이다.

③ 제4호 처분을 할 때 6개월의 기간을 정하여 야간 등 특정 시간대의 외출을 제한하는 명령을 보호관찰 대상자의 준수사항으로 부과할 수 있다.

④ 제5호 처분을 할 때 6개월의 기간을 정하여 「보호소년 등의 처우에 관한 법률」에 따른 대안교육 또는 소년의 상담·선도·교화와 관련된 단체나 시설에서의 상담·교육을 받을 것을 동시에 명할 수 있다.


## 05

회독 ☐☐☐ | 이해 ○ △ ✕

형법학과 형사정책에 대한 설명으로 옳지 않은 것은?

① 19세기 말 리스트(Liszt)는 '형법에서의 목적 사상'을 주장하여 형이상학적 형법학이 아니라 현실과 연계된 새로운 형사정책 사상을 강조하였다.

② 형법학과 형사정책학은 상호의존적인 동시에 상호제약적인 성격을 가지며, 리스트(Liszt)는 '형법은 형사정책의 극복할 수 없는 한계'라고 주장하였다.

③ 포이에르바흐(Feuerbach)는 형사정책을 '입법을 지도하는 국가적 예지'로 이해하고, 형사정책은 정책적 목적을 유지하기 위한 형법의 보조수단으로서 의미가 있다고 주장하였다.

④ 공리주의적 형벌목적을 강조한 벤담(Bentham)에 의하면, 형벌은 특별예방 목적에 의해 정당화될 수 있고, 사회방위는 형벌의 부수적 목적에 지나지 않는다.

## 06

**「보호소년 등의 처우에 관한 법률」상 퇴원 등에 대한 설명으로 옳지 않은 것은?**

① 위탁소년 또는 유치소년의 소년분류심사원 퇴원은 법원소년부의 결정서에 의하여야 한다.

② 소년법 제32조 제1항 제8호의 보호처분을 받은 보호소년의 경우에 소년원장은 해당 보호소년이 교정성적이 양호하고 교정목적을 이루었다고 인정되면 보호관찰심사위원회에 퇴원을 신청하여야 한다.

③ 퇴원 또는 임시퇴원이 허가된 보호소년이 질병에 걸리거나 본인의 편익을 위하여 필요하면 본인의 신청에 의하여 계속 수용할 수 있다.

④ 출원하는 보호소년에 대한 사회정착지원의 기간은 6개월 이내로 하되, 6개월 이내의 범위에서 한 번에 한하여 그 기간을 연장할 수 있다.

## 07

**갈등이론에 대한 설명으로 옳지 않은 것은?**

① 셀린(Sellin)은 이민집단의 경우처럼 특정 문화집단의 구성원이 다른 문화의 영역으로 이동할 때에 발생할 수 있는 갈등을 이차적 문화갈등으로 보았다.

② 볼드(Vold)는 이해관계의 갈등에 기초한 집단갈등론을 주장하였으며, 특히 집단 간의 이익갈등이 가장 첨예한 상태로 대립하는 영역으로 입법정책 부문을 지적하였다.

③ 터크(Turk)는 사회를 통제할 수 있는 권력 또는 권위의 개념을 범죄원인과 대책 분야에 적용시키고자 하였다.

④ 퀴니(Quinney)는 노동자계급의 범죄를 자본주의체제에 대한 적응범죄와 대항범죄로 구분하였다.

## 08

**중화기술이론의 사례에서 '책임의 부정'에 해당하는 것은?**

① 기초수급자로 지정받지 못한 채 어렵게 살고 있던 중에 배가 고파서 편의점에서 빵과 우유를 훔쳤다고 주장하는 사람

② 성매수를 했지만 성인끼리 합의하여 성매매를 한 것이기 때문에 누구도 법적 책임을 질 필요가 없다고 주장하는 사람

③ 부정한 행위로 인하여 사회적 비난을 받는 사람의 차량을 파손하고 사회정의를 실현한 것이라고 주장하는 사람

④ 교통범칙금을 부과하는 경찰관에게 단속실적 때문에 함정단속을 한 것이 아니냐고 따지는 운전자

## 09

「형법」상 형벌제도에 대한 설명으로 옳지 않은 것은?

① 유기징역 또는 유기금고는 1개월 이상 25년 이하로 하되, 형을 가중하는 때에는 50년까지로 한다.

② 유기징역 또는 유기금고에 자격정지를 병과한 때에는 징역 또는 금고의 집행을 종료하거나 면제된 날로부터 정지기간을 기산한다.

③ 벌금을 납입하지 아니한 자는 1일 이상 3년 이하, 과료를 납입하지 아니한 자는 1일 이상 30일 미만의 기간 노역장에 유치하여 작업에 복무하게 한다.

④ 벌금에 대한 노역장 유치기간을 정하는 경우, 선고하는 벌금이 1억 원 이상 5억 원 미만인 경우에는 300일 이상, 5억 원 이상 50억 원 미만인 경우에는 500일 이상, 50억 원 이상인 경우에는 1천일 이상의 유치기간을 정하여야 한다.

## 10

서덜랜드(Sutherland)의 차별적 접촉이론에 대한 설명으로 옳지 않은 것은?

① 차별접촉은 빈도, 기간, 우선순위 그리고 강도(强度) 등에 의하여 차이가 발생한다고 주장한다.

② 범죄학습이 신문·영화 등 비대면적인 접촉수단으로부터도 큰 영향을 받는다는 점을 간과하고 있다.

③ 범죄원인으로는 접촉의 경험이 가장 큰 역할을 한다고 보아, 나쁜 친구들을 사귀면 범죄를 저지를 것이라는 단순한 등식을 제시했다.

④ 범죄인과 가장 접촉이 많은 경찰·법관·형집행관들이 범죄인이 될 확률이 높지 않다는 비판이 있다.

## 11

환경설계를 통한 범죄예방(CPTED)에 대한 설명으로 옳지 않은 것은?

① 자연적 감시(natural surveillance) : 건축물이나 시설을 설계함에 있어서 가시권을 최대한 확보하고, 범죄행동에 대한 감시기능을 확대함으로써 범죄발각 위험을 증가시켜 범죄기회를 감소시키거나 범죄를 포기하도록 하는 원리

② 접근통제(access control) : 일정한 지역에 접근하는 사람들을 정해진 공간으로 유도하거나 외부인의 출입을 통제하도록 설계함으로써 접근에 대한 심리적 부담을 증대시켜 범죄를 예방하는 원리

③ 영역성 강화(territorial reinforcement) : 레크레이션 시설의 설치, 산책길에의 벤치 설치 등 당해 지역에 일반인의 이용을 장려하여 그들에 의한 감시기능을 강화하는 전략

④ 유지·관리(maintenance·management) : 시설물이나 장소를 처음 설계된 대로 지속해서 이용할 수 있도록 관리함으로써 범죄예방 환경설계의 장기적·지속적 효과를 유지

## 12

**부정기형제도에 대한 설명으로 옳지 않은 것은?**

① 부정기형은 범죄인의 개선에 필요한 기간을 판결선고 시에 정확히 알 수 없기 때문에 형을 집행하는 단계에서 이를 고려한 탄력적 형집행을 위한 제도로 평가된다.

② 부정기형은 범죄자에 대한 위하효과가 인정되고, 수형자자치제도의 효과를 높일 수 있으며, 위험한 범죄자를 장기구금하게 하여 사회방위에도 효과적이다.

③ 부정기형은 형벌개별화원칙에 반하고, 수형자의 특성에 따라서 수형기간이 달라지게 되는 문제점이 있으며, 교도관의 자의가 개입할 여지가 있고, 석방결정과정에서 적정절차의 보장이 결여될 위험이 있다.

④ 소년법 제60조 제1항은 "소년이 법정형으로 장기 2년 이상의 유기형에 해당되는 죄를 범한 경우에는 그 형의 범위 내에서 장기와 단기를 정하여 형을 선고하되, 장기는 10년, 단기는 5년을 초과하지 못한다."고 규정하여 상대적 부정기형제도를 채택하였다.

## 13

**「전자장치 부착 등에 관한 법률」상 형기종료 후 보호관찰명령의 대상자가 아닌 것은?**

① 성폭력범죄를 저지른 사람으로서 성폭력범죄를 다시 범할 위험성이 있다고 인정되는 사람

② 미성년자 대상 유괴범죄를 저지른 사람으로서 미성년자 대상 유괴범죄를 다시 범할 위험성이 있다고 인정되는 사람

③ 살인범죄를 저지른 사람으로서 살인범죄를 다시 범할 위험성이 있다고 인정되는 사람

④ 절도범죄를 저지른 사람으로서 절도범죄를 다시 범할 위험성이 있다고 인정되는 사람

## 14

**사회 · 문화적 환경과 범죄에 대한 설명으로 옳지 않은 것은?**

① 체스니−린드(Chesney−Lind)는 여성범죄자가 남성범죄자보다 더 엄격하게 처벌받으며, 특히 성(性)과 관련된 범죄에서는 더욱 그렇다고 주장하였다.

② 스토우퍼(Stouffer), 머튼(Merton) 등은 상대적 빈곤론을 주장하면서 범죄발생에 있어 빈곤의 영향은 단지 빈곤계층에 국한된 현상이 아니라고 지적하였다.

③ 매스컴과 범죄에 대하여 '카타르시스가설'과 '억제가설'은 매스컴의 역기능성을 강조하는 이론이다.

④ 서덜랜드(Sutherland)는 화이트칼라 범죄를 직업활동과 관련하여 존경과 높은 지위를 가지고 있는 사람이 저지르는 범죄라고 정의했다.

## 15

**미결구금에 대한 설명으로 옳지 않은 것은? (다툼이 있는 경우 판례에 의함)**

① 미결구금의 폐해를 줄이기 위한 정책으로는 구속영장실질심사제, 신속한 재판의 원칙, 범죄피해자보상제도, 미결구금 전용수용시설의 확대 등이 있다.

② 미결구금된 사람을 위하여 변호인이 되려는 자의 접견교통권은 변호인의 조력을 받을 권리의 실질적 확보를 위해서 헌법상 기본권으로서 보장되어야 한다.

③ 판결선고 전 미결구금일수는 그 전부가 법률상 당연히 본형에 산입되므로 판결에서 별도로 미결구금일수 산입에 관한 사항을 판단할 필요가 없다.

④ 재심재판에서 무죄가 확정된 피고인이 미결구금을 당하였을 때에는 국가에 대하여 그 구금에 대한 보상을 청구할 수 있다.

## 16

**다음 개념을 모두 포괄하는 범죄이론은?**

○ 울프강(Wolfgang)의 폭력사용의 정당화
○ 코헨(Cohen)의 지위좌절
○ 밀러(Miller)의 주요 관심(focal concerns)

① 갈등이론
② 환경범죄이론
③ 하위문화이론
④ 정신분석이론

## 17

**뉴먼(Newman)과 레피토(Reppetto)의 범죄예방모델에 대한 설명으로 옳지 않은 것은?**

① 뉴먼은 주택건축과정에서 공동체의 익명성을 줄이고 순찰·감시가 용이하도록 구성하여 범죄예방을 도모해야 한다는 방어공간의 개념을 사용하였다.

② 범죄행위에 대한 위험과 어려움을 높여 범죄기회를 줄임으로써 범죄예방을 도모하려는 방법을 '상황적 범죄예방모델'이라고 한다.

③ 레피토는 범죄의 전이양상을 시간적 전이, 전술적 전이, 목표물 전이, 지역적 전이, 기능적 전이의 5가지로 분류하였다.

④ 상황적 범죄예방활동에 대해서는 '이익의 확산효과'로 인해 사회 전체적인 측면에서는 범죄를 줄일 수 없게 된다는 비판이 있다.

## 18

대법원 양형위원회가 작성한 양형기준표에 대한 설명으로 옳지 않은 것은?

① 주요 범죄 대부분에 대하여 공통적, 통일적으로 적용되는 종합적 양형기준이 아닌 범죄유형별로 적용되는 개별적 양형기준을 설정하였다.
② 양형인자는 책임을 증가시키는 가중인자인 특별양형인자와 책임을 감소시키는 감경인자인 일반 양형인자로 구분된다.
③ 양형인자 평가결과에 따라 감경영역, 기본영역, 가중영역의 3가지 권고영역 중 하나를 선택하여 권고형량의 범위를 정한다.
④ 양형에 있어서 권고형량범위와 함께 실형선고를 할 것인가, 집행유예를 선고할 것인가를 판단하기 위한 기준을 두고 있다.

## 19

보안처분에 대한 설명으로 옳지 않은 것은? (다툼이 있는 경우 판례에 의함)

① 성범죄 전력만으로 재범의 위험성이 있다고 간주하고 일률적으로 장애인복지시설에 10년간 취업제한을 하는 것은 헌법에 위반된다.
② 구 「특정 성폭력범죄자에 대한 위치추적 전자장치 부착에 관한 법률」상 전자감시제도는 일종의 보안처분으로서, 범죄행위를 한 자에 대한 응보를 주된 목적으로 그 책임을 추궁하는 사후적 처분인 형벌과 구별되어 그 본질을 달리하는 것이다.
③ 취업제한명령은 범죄인에 대한 사회 내 처우의 한 유형으로, 형벌 그 자체가 아니라 보안처분의 성격을 가지는 것이다.
④ 「성폭력범죄자의 성충동 약물치료에 관한 법률」상 약물치료명령은 헌법이 보장하고 있는 신체의 자유와 자기결정권에 대한 침익적인 처분에 해당하지 않는다.

## 20

범죄의 피해자에 대한 설명으로 옳지 않은 것은?

① 「형법」에 의하면, 피해의 정도뿐만 아니라 가해자와 피해자의 관계도 양형에 고려된다.
② 피해자는 제2심 공판절차에서는 사건이 계속된 법원에 「소송촉진 등에 관한 특례법」에 따른 피해배상을 신청할 수 없다.
③ 레클리스(Reckless)는 피해자의 도발을 기준으로 '가해자-피해자 모델'과 '피해자-가해자-피해자 모델'로 구분하고 있다.
④ 「범죄피해자보호기금법」에 의하면, 「형사소송법」에 따라 집행된 벌금의 일부도 범죄피해자보호기금에 납입된다.

## 21

「성폭력범죄자의 성충동 약물치료에 관한 법률」상 성충동 약물치료에 대한 설명으로 옳지 않은 것은?

① 법원은 성충동 약물치료명령 청구가 이유 있다고 인정하는 때에는 15년의 범위에서 치료기간을 정하여 판결로 치료명령을 선고하여야 한다.

② 성충동 약물치료명령의 대상은 사람에 대하여 성폭력범죄를 저지른 성도착증 환자로서, 성폭력범죄를 다시 범할 위험성이 있다고 인정되는 19세 이상의 사람이다.

③ 성충동 약물치료명령 청구는 검사가 하며, 성충동 약물치료명령 청구대상자에 대하여 정신건강의학과 전문의의 진단이나 감정을 받은 후 치료명령을 청구하여야 한다.

④ 징역형과 함께 성충동 약물치료명령을 받은 사람이 치료감호의 집행 중인 경우, 치료명령 대상자 및 그 법정대리인은 치료명령이 집행될 필요가 없을 정도로 개선되어 성폭력범죄를 다시 범할 위험성이 없음을 이유로, 주거지 또는 현재지를 관할하는 지방법원에 치료명령의 집행면제를 신청할 수 있다.

## 22

형사정책학의 연구대상과 연구방법에 대한 설명으로 옳지 않은 것은?

① 범죄학이나 사회학에서 말하는 일탈행위의 개념은 형법에서 말하는 범죄개념보다 더 넓다.

② 사회에 새롭게 등장한 법익침해행위를 형법전에 편입해야 할 필요성을 인정함에 사용되는 범죄개념은 형식적 범죄개념이다.

③ 헌법재판소의 위헌결정으로 폐지된 간통죄와 같이 기존 형법전의 범죄를 삭제해야 할 필요성을 인정함에 사용되는 범죄개념은 실질적 범죄개념이다.

④ 공식적 범죄통계를 이용하는 연구방법은 두 변수 사이의 2차원 관계 수준의 연구를 넘어서기 어렵다는 비판이 가능하다.

## 23

**소년형사사건에 대한 설명으로 옳은 것은? (다툼이 있는 경우 판례에 의함)**

① 「소년법」제60조 제1항에 정한 '소년'은 소년법 제2조에 정한 19세 미만인 자를 의미하는 것으로, 이에 해당하는지는 행위 시를 기준으로 판단하여야 한다.

② 소년에 대한 부정기형을 집행하는 기관의 장은 형의 단기가 지난 소년범의 행형(行刑)성적이 양호하고 교정의 목적을 달성하였다고 인정되는 경우에는 관할 법원의 결정에 따라 그 형의 집행을 종료시킬 수 있다.

③ 15년 유기징역형을 선고받은 소년이 6년이 지나 가석방된 경우, 가석방된 후 그 처분이 취소되지 아니하고 9년이 경과한 때에 형의 집행을 종료한 것으로 한다.

④ 보호처분 당시 19세 이상인 것으로 밝혀진 경우를 제외하고는 「소년법」제32조의 보호처분을 받은 소년에 대하여는 그 심리가 결정된 사건은 다시 공소를 제기하거나 소년부에 송치할 수 없다.

## 24

**모피트(Moffitt)의 청소년기 한정형(adolescence-limited) 일탈의 원인으로 옳은 것만을 모두 고르면?**

| | |
|---|---|
| ㄱ. 성숙의 차이(maturity gap) | ㄴ. 신경심리적 결함(neuropsychological deficit) |
| ㄷ. 사회모방(social mimicry) | ㄹ. 낮은 인지능력(low cognitive ability) |

① ㄱ, ㄴ

② ㄱ, ㄷ

③ ㄴ, ㄹ

④ ㄷ, ㄹ

## 25

회독 □ □ □ | 이해 ○ △ ×

브레이스웨이트(Braithwaite)의 재통합적 수치심부여이론(reintegrative shaming theory)에 대한 설명으로 옳지 않은 것은?

① 재통합적 수치심 개념은 낙인이론, 하위문화이론, 기회이론, 통제이론, 차별접촉이론, 사회학습이론 등을 기초로 하고 있다.

② 해체적 수치심(disintegrative shaming)을 이용한다면 범죄자의 재범확률을 낮출 수 있으며, 궁극적으로는 사회의 범죄율을 감소시키는 효과를 기대할 수 있다.

③ 재통합적 수치심의 궁극적인 목표는 범죄자가 자신의 잘못을 진심으로 뉘우치고 사회로 복귀할 수 있도록 그들이 수치심을 느끼게 할 방법을 찾아내는 것이다.

④ 브레이스웨이트는 형사사법기관의 공식적 개입을 지양하며 가족, 사회지도자, 피해자, 피해자 가족 등 지역사회의 공동체 강화를 중시하는 '회복적 사법(restorative justice)'에 영향을 주었다.

2021년 **보호7급 형사정책 기출문제**

## 01
회독 □□□ | 이해 ○ △ ×

**암수범죄(숨은 범죄)에 대한 설명으로 옳지 않은 것은?**
① 수사기관에 의하여 인지되었으나 해결되지 않은 경우를 상대적 암수범죄라고 한다.
② 케틀레(Quetelet)의 정비례 법칙에 의하면, 공식적 범죄통계상의 범죄현상이 실제 범죄현상을 징표한다고 보기는 어렵다.
③ 피해자가 특정되지 않거나 간접적 피해자만 존재하는 경우, 암수범죄가 발생하기 쉽다.
④ 낙인이론이나 비판범죄학에 의하면, 범죄화의 차별적 선별성을 암수범죄의 원인으로 설명한다.

## 02
회독 □□□ | 이해 ○ △ ×

**「보호소년 등의 처우에 관한 법률」상 보호장비가 아닌 것은?**
① 가스총
② 보호복
③ 머리보호장비
④ 전자충격기

## 03
회독 □□□ | 이해 ○ △ ×

**학습이론에 대한 설명으로 옳지 않은 것은?**
① 타르드(Tarde)는 인간은 다른 사람들과 접촉하면서 관념을 학습하며, 행위는 자신이 학습한 관념으로부터 유래한다고 주장하였다.
② 서덜랜드(Sutherland)의 차별적 접촉이론(differential association theory)은 범죄자도 정상인과 다름없는 성격과 사고방식을 갖는다고 보는 데에서 출발한다.
③ 그레이저(Glaser)의 차별적 동일시이론(differential identification theory)은 자신과 동일시하려는 대상이나 자신의 행동을 평가하는 준거집단의 성격보다는 직접적인 대면접촉이 범죄학습과정에서 더욱 중요하게 작용한다고 본다.
④ 조작적 조건화의 논리를 반영한 사회적 학습이론은 사회적 상호작용과 더불어 물리적 만족감(굶주림, 갈망, 성적 욕구 등의 해소)과 같은 비사회적 사항에 의해서도 범죄행위가 학습될 수 있다고 본다.

## 04

고전학파 범죄이론에 대한 설명으로 옳지 않은 것은?
① 사회계약설에 입각한 성문형법전의 제정이 필요하다고 주장하였다.
② 파놉티콘(Panopticon) 교도소를 구상하여 이상적인 교도행정을 추구하였다.
③ 인간의 합리적인 이성을 신뢰하지 않고, 범죄원인을 개인의 소질과 환경에 있다고 하는 결정론을 주장하였다.
④ 심리에 미치는 강제로서 형벌을 부과해야 한다고 하는 심리강제설을 주장하였다.

## 05

일상활동이론(routine activities theory)의 범죄발생요소에 해당하지 않는 것은?
① 동기화된 범죄자(motivated offenders)
② 비범죄적 대안의 부재(absence of non−criminal alternatives)
③ 적절한 대상(suitable targets)
④ 보호의 부재(absence of capable guardians)

## 06

「형사소송법」상 피해자 등 진술권에 대한 설명으로 옳지 않은 것은?
① 범죄로 인한 피해자 등의 신청으로 그 피해자 등을 증인으로 신문하는 경우, 신청인이 출석통지를 받고도 정당한 이유 없이 출석하지 아니한 때에는 그 신청을 철회한 것으로 본다.
② 법원은 범죄로 인한 피해자를 증인으로 신문하는 경우, 당해 피해자·법정대리인 또는 검사의 신청에 따라 피해자의 사생활의 비밀이나 신변보호를 위하여 필요하다고 인정하는 때에는 결정으로 심리를 공개하지 아니할 수 있다.
③ 법원은 동일한 범죄사실에서 피해자 등의 증인신문을 신청한 그 피해자 등이 여러 명이라도 진술할 자의 수를 제한할 수 없다.
④ 법원이 범죄로 인한 피해자의 신청에 의하여 신문할 증인의 신문방식은 재판장이 정하는 바에 의한다.

**07**

「범죄피해자 보호법령」상 형사조정에 대한 설명으로 옳지 않은 것은?

① 피의자가 도주하거나 증거를 인멸할 염려가 있는 경우에는 형사조정에 회부하여서는 아니 된다.

② 각 형사조정사건에 대한 형사조정위원회(개별 조정위원회)는 3명 이내의 조정위원으로 구성한다.

③ 검사는 형사조정이 성립되지 아니하였다는 사정을 피의자에게 불리하게 고려하여서는 아니 된다.

④ 형사조정에 회부하는 것이 분쟁해결에 적합하다고 판단되는 경우에는 당사자의 동의가 없어도 조정절차를 개시할 수 있다.

**08**

「소년법」상 보호처분의 결정에 대한 항고와 관련한 설명으로 옳지 않은 것은?

① 항고를 제기할 수 있는 기간은 7일이며, 항고장은 원심 소년부에 제출하여야 한다.

② 항고는 보호처분의 결정의 집행을 정지시키는 효력이 있다.

③ 보호처분의 결정에 영향을 미칠 법령위반이 있거나 중대한 사실오인이 있는 경우뿐 아니라, 처분이 현저히 부당한 경우에도 항고할 수 있다.

④ 사건 본인, 보호자 및 보조인 또는 그 법정대리인은 항고할 수 있다.

**09**

「보호소년 등의 처우에 관한 법률」상 보호소년 등의 처우와 교정교육에 대한 설명으로 옳지 않은 것은?

① 보호소년 등은 그 처우에 대하여 불복할 때에는 법무부장관에게 문서로 청원할 수 있다.

② 보호장비는 보호소년 등에 대하여 징벌의 수단으로 사용되어서는 아니 된다.

③ 보호소년 등이 사용하는 목욕탕, 세면실 및 화장실에 전자영상장비를 설치하여 운영하는 것은 자해 등의 우려가 큰 때에만 할 수 있다.

④ 소년분류심사원이 설치되지 아니한 지역에서는 소년분류심사원이 설치될 때까지 소년분류심사원의 임무는 소년을 분리·유치한 구치소에서 수행한다.

## 10

소년의 형사사건에 대한 설명으로 옳은 것은?

① 협의의 불기소처분 사건은 조건부 기소유예의 대상에서 제외된다.

② 법원은 판결만을 선고하는 경우라도 피고인인 소년에 대하여 변호인이 없거나 출석하지 아니한 때에는 국선변호인을 선정하여야 한다.

③ 소년에 대해 형의 선고유예 시에는 부정기형을 선고하지 못하나, 집행유예 시에는 부정기형을 선고할 수 있다.

④ 소년에 대한 부정기형을 집행하는 기관의 장은 교정목적이 달성되었다고 인정되는 경우에는 법원의 결정에 따라 그 형의 집행을 종료할 수 있다.

## 11

「전자장치 부착 등에 관한 법률」상 전자장치 부착명령에 대한 설명으로 옳지 않은 것은?

① 만 19세 미만의 자에 대하여 부착명령을 선고한 때에는 19세에 이르기까지 전자장치를 부착할 수 없다.

② 검사는 미성년자 대상 모든 유괴범죄자에 대하여 전자장치 부착명령을 법원에 청구하여야 한다.

③ 전자장치 부착명령은 검사의 지휘를 받아 보호관찰관이 집행한다.

④ 전자장치 부착명령의 임시해제 신청은 부착명령의 집행이 개시된 날로부터 3개월이 경과한 후에 하여야 한다.

## 12

「치료감호 등에 관한 법률」상 치료감호에 대한 설명으로 옳지 않은 것은?

① 검사는 심신장애인으로 금고 이상의 형에 해당하는 죄를 지은 자에 대하여 정신건강의학과 등의 전문의의 진단이나 감정을 받은 후, 치료감호를 청구하여야 한다.

② 구속영장에 의하여 구속된 피의자에 대하여 검사가 공소를 제기하지 아니하는 결정을 하고 치료감호청구만을 하는 때에는, 구속영장은 치료감호영장으로 보며 그 효력을 잃지 아니한다.

③ 약식명령이 청구된 후 치료감호가 청구되었을 때에는 약식명령청구는 그 치료감호가 청구되었을 때부터 공판절차에 따라 심판하여야 한다.

④ 피치료감호자 등의 텔레비전 시청, 라디오 청취, 신문·도서의 열람은 일과시간이나 취침시간 등을 제외하고는 자유롭게 보장된다.

## 13

**코헨(Cohen)이 주장한 비행하위문화의 특징에 해당하지 않는 것은?**

① 자율성(autonomy) : 다른 사람의 간섭을 받기 싫어하는 태도나 자기 마음대로 행동하려는 태도로서 일종의 방종을 의미한다.

② 악의성(malice) : 중산층의 문화나 상징에 대한 적대적 표출로서 다른 사람에게 불편을 주는 행동, 사회에서 금지하는 행동을 하는 것을 즐긴다.

③ 부정성(negativism) : 기존의 지배문화, 인습적 가치에 반대되는 행동을 추구하며, 기존 어른들의 문화를 부정하는 성향을 갖는다.

④ 비합리성(non–utilitarianism) : 합리성의 추구라는 중산층 가치에 반대되는 것으로, 합리적 계산에 의한 이익에 따라서 행동하는 것이 아니라 스릴과 흥미 등에 따른 행동을 추구한다.

## 14

**선고유예 및 가석방에 대한 설명으로 옳지 않은 것은? (다툼이 있는 경우 판례에 의함)**

① 선고유예판결에서도 그 판결이유에서는 선고형을 정해 놓아야 하고, 그 형이 벌금형일 경우에는 벌금액뿐만 아니라 환형유치처분까지 해 두어야 한다.

② 형의 집행유예의 선고가 실효 또는 취소됨이 없이 정해진 유예기간을 경과하여 형의 선고가 효력을 잃게 되었더라도, 이는 선고유예 결격사유인 자격정지 이상의 형을 받은 전과가 있는 경우에 해당한다.

③ 형기에 산입된 판결선고 전 구금일수는 가석방에 있어 집행을 경과한 기간에 산입한다.

④ 사형을 무기징역으로 특별감형한 경우, 사형집행 대기기간을 처음부터 무기징역을 받은 경우와 동일하게 가석방요건 중의 하나인 형의 집행기간에 산입할 수 있다.

## 15

**사회봉사명령에 대한 설명으로 옳지 않은 것은? (다툼이 있는 경우 판례에 의함)**

① 법원이 형의 집행을 유예하는 경우, 명할 수 있는 사회봉사는 500시간 내에서 시간 단위로 부과될 수 있는 일 또는 근로활동을 의미하는 것으로 해석된다.

② 보호관찰관은 사회봉사명령의 집행을 국공립기관이나 그 밖의 단체에 위탁한 때에는 이를 법원 또는 법원의 장에게 통보하여야 한다.

③ 사회봉사의 도움을 필요로 하는 일반국민들에게 직접 지원분야를 신청받아 관할 보호관찰소에서 적절성을 심사한 후, 사회봉사명령 대상자를 투입하여 무상으로 사회봉사명령을 집행할 수 있다.

④ 500만 원 이하의 벌금형이 확정된 벌금 미납자는 검사의 납부명령일로부터 30일 이내에 주거지를 관할하는 보호관찰관에게 사회봉사를 신청할 수 있다.

## 16

회독 □ □ □ | 이해 ○ △ ×

「범죄피해자 보호법」상 범죄피해 구조제도에 대한 설명으로 옳은 것은? (다툼이 있는 경우 판례에 의함)

① 사실혼 관계에 있는 배우자는 구조금을 받을 수 있는 유족에 포함되지 않는다.

② 유족구조금은 범죄행위로 인한 손실 또는 손해를 전보하기 위하여 지급된다는 점에서 불법행위로 인한 소극적 손해의 배상과 같은 종류의 금원에 해당하지 않는다.

③ 국가 간 상호보증과 무관하게 구조피해자나 유족이 외국인이라도 구조금 지급대상이 된다.

④ 범죄피해자 구조청구권의 대상이 되는 범죄피해에 해외에서 발생한 범죄피해의 경우를 포함하고 있지 아니한 것은 평등원칙에 위배되지 아니한다.

## 17

회독 □ □ □ | 이해 ○ △ ×

벌금형제도에 대한 설명으로 옳지 않은 것은? (다툼이 있는 경우 판례에 의함)

① 벌금형의 집행을 위한 검사의 명령은 집행력 있는 채무명의와 동일한 효력이 있다.

② 500만 원 이하 벌금형을 선고할 경우, 피고인의 사정을 고려하여 100만 원만 집행하고 400만 원은 집행을 유예할 수 있다.

③ 벌금을 납입하지 아니한 자는 1일 이상 3년 이하의 기간 노역장에 유치하여 작업에 복무하게 한다.

④ 벌금형에 따르는 노역장 유치는 실질적으로 자유형과 동일하므로, 그 집행에 대하여는 자유형의 집행에 관한 규정이 준용된다.

## 18

회독 □ □ □ | 이해 ○ △ ×

(가)~(라)의 보호관찰기간을 모두 더하면?

> (가) 「형법」상 선고유예를 받은 자의 보호관찰기간
> (나) 「형법」상 실형 5년을 선고받고 3년을 복역한 후 가석방된 자의 보호관찰기간(허가행정관청이 필요가 없다고 인정한 경우 제외)
> (다) 「소년법」상 단기 보호관찰을 받은 소년의 보호관찰기간
> (라) 「치료감호 등에 관한 법률」상 피치료감호자에 대한 치료감호가 가종료된 자의 보호관찰기간

① 6년

② 7년

③ 8년

④ 9년

## 19

**회복적 사법(restorative justice)을 지지할 수 있는 이론으로 옳지 않은 것은?**

① 코헨과 펠슨(Cohen & Felson)의 일상활동이론(routine activities theory)

② 레머트(Lemert)의 낙인이론(labeling theory)

③ 퀴니와 페핀스키(Quinney & Pepinsky)의 평화구축범죄학(peace-making criminology)

④ 브레이스웨이트(Braithwaite)의 재통합적 수치심부여이론(reintegrative shaming theory)

## 20

**낙인이론에 대한 설명으로 옳지 않은 것은?**

① 낙인이론에 따르면, 범죄자에 대한 국가개입의 축소와 비공식적인 사회 내 처우가 주된 형사정책의 방향으로 제시된다.

② 슈어(Schur)는 이차적 일탈로의 발전은 정형적인 것이 아니며, 사회적 반응에 대한 개인의 적응노력에 따라 달라질 수 있다고 주장하였다.

③ 레머트(Lemert)는 일탈행위에 대한 사회적 반응은 크게 사회구성원에 의한 것과 사법기관에 의한 것으로 구분할 수 있고, 현대사회에서는 사회구성원에 의한 것이 가장 권위 있고 광범위한 영향력을 행사하는 것으로 보았다.

④ 베커(Becker)는 일탈자라는 낙인은 그 사람의 지위를 대변하는 주된 지위가 되어 다른 사람들과의 상호작용에 부정적인 영향을 미치는 요인이 되는 것으로 설명하였다.

## 21

**소년법령상 화해권고제도에 대한 설명으로 옳지 않은 것은?**

① 소년부 판사는 소년의 품행을 교정하고 피해자를 보호하기 위하여 필요하다고 인정하면 소년에게 피해변상 등 피해자와의 화해를 권고할 수 있다.

② 소년부 판사는 피해자와의 화해를 위하여 필요하다고 인정하면 기일을 지정하여 소년, 보호자 또는 참고인을 소환할 수 있다.

③ 소년부 판사는 소년이 화해권고에 따라 피해자와 화해하였을 경우에는 보호처분을 결정할 때 이를 고려할 수 있다.

④ 소년부 판사는 심리를 시작하기 전까지 화해를 권고할 수 있고, 화해권고기일까지 소년, 보호자 및 피해자의 서면동의를 받아야 한다.

## 22

**소년부 판사가 결정으로 그 기간을 연장할 수 있는 보호처분만을 모두 고르면?**

> ㄱ. 보호관찰관의 단기 보호관찰
> ㄴ. 병원, 요양소 또는 보호소년 등의 처우에 관한 법률에 따른 의료재활소년원에 위탁
> ㄷ. 장기 소년원 송치
> ㄹ. 보호자 또는 보호자를 대신하여 소년을 보호할 수 있는 자에게 감호위탁

① ㄱ, ㄷ
② ㄴ, ㄷ
③ ㄴ, ㄹ
④ ㄷ, ㄹ

## 23

**범죄원인에 대한 설명으로 옳은 것은?**
① 퀴니(Quinney)는 대항범죄(crime of resistance)의 예로 살인을 들고 있다.
② 레클리스(Reckless)는 범죄를 유발하는 압력요인으로 불안감을 들고 있다.
③ 중화기술이론에서 세상은 모두 타락했고, 경찰도 부패했다고 범죄자가 말하는 것은 책임의 부정에 해당한다.
④ 부모 등 가족구성원이 실망할 것을 우려해서 비행을 그만두는 것은 사회유대의 형성방법으로서 애착(attachment)에 의한 것으로 설명할 수 있다.

## 24

**형벌의 목적에 대한 설명으로 옳지 않은 것은?**
① 응보형주의는 개인의 범죄에 대하여 보복적인 의미로 형벌을 과하는 것이다.
② 교육형주의는 범죄인의 자유박탈과 사회로부터의 격리를 교육을 위한 수단으로 본다.
③ 응보형주의에 의하면 범죄는 사람의 의지에 의하여 발생하는 것이 아니라 사회환경 및 사람의 성격에 의하여 발생하는 것이다.
④ 현대의 교정목적은 응보형주의를 지양하고, 교육형주의의 입장에서 수형자를 교정·교화하여 사회에 복귀시키는 데에 중점을 둔다.

## 25

회독 ☐ ☐ ☐ | 이해 ○ △ ✕

**전환제도(diversion)의 장점이 아닌 것은?**
① 형사사법 대상자 확대 및 형벌 이외의 비공식적 사회통제망 확대
② 구금의 비생산성에 대한 대안적 분쟁해결방식 제공
③ 법원의 업무경감으로 형사사법제도의 능률성 및 신축성 부여
④ 범죄적 낙인과 수용자 간의 접촉으로 인한 부정적 위험 회피

## 01
회독 □□□ | 이해 ○ △ ×

**형사정책학의 연구방법론에 대한 설명으로 옳지 않은 것은?**
① 일반적으로 범죄율이라 함은 범죄통계와 관련하여 인구 100,000명당 범죄발생건수의 비율을 말한다.
② 자기보고조사란 일정한 집단을 대상으로 개개인의 범죄 또는 비행을 스스로 보고하게 함으로써 암수를 측정하는 방법이다.
③ 개별적 사례조사란 연구자가 직접 범죄자 집단에 들어가 함께 생활하면서 그들의 생활을 관찰하는 조사방법을 말한다.
④ 범죄통계에는 필연적으로 암수가 발생하는바, 암수를 조사하는 방법으로는 참여적 관찰, 비참여적 관찰, 인위적 관찰 등이 있다.

## 02
회독 □□□ | 이해 ○ △ ×

**형벌과 보안처분에 대한 설명으로 옳지 않은 것은? (다툼이 있는 경우 판례에 의함)**
① 형벌은 행위자가 저지른 과거의 불법에 대한 책임을 전제로 부과되는 제재이다.
② 보안처분은 행위자의 재범의 위험성에 근거한 것으로, 책임능력이 있어야 부과되는 제재이다.
③ 이원주의에 따르면 형벌은 책임을, 보안처분은 재범의 위험성을 전제로 부과되는 것으로, 양자는 그 기능이 다르다고 본다.
④ 일원주의에 따르면 형벌과 보안처분이 모두 사회방위와 범죄인의 교육 및 개선을 목적으로 하므로, 본질적 차이가 없다고 본다.

## 03
회독 □□□ | 이해 ○ △ ×

**형사정책에 대한 설명으로 옳지 않은 것은?**
① 형사정책을 시행함에 있어서도 죄형법정주의는 중요한 의미를 가진다.
② 형사정책을 시행함에 있어서는 공식적인 통계에 나타나지 않는 범죄도 고려의 대상이 된다.
③ 형사정책의 기본원칙으로 법치주의가 요구되는 점에서 형식적 의미의 범죄가 아닌 것은 형사정책의 대상에서 제외된다.
④ 형사정책은 사회학, 통계학 등 다양한 주변 학문의 성과를 기초로 범죄현상을 분석함으로써 일반적인 범죄방지책을 제시한다.

## 04

회독 ☐ ☐ ☐ | 이해 ○ △ ✕

**허쉬(Hirschi)의 사회유대이론에 대한 설명으로 옳지 않은 것은?**

① 신념(belief)은 지역사회가 청소년의 초기 비행행동에 대해 과잉반응하지 않고 꼬리표를 붙이지 않는 것을 말한다.

② 애착(attachment)은 개인이 다른 사람과 맺는 감성과 관심으로, 이를 통해서 청소년은 범죄를 스스로 억누르게 되는 것을 말한다.

③ 관여 또는 전념(commitment)은 관습적 활동에 소비하는 시간·에너지·노력 등으로, 시간과 노력을 투자할수록 비행을 저지름으로써 잃게 되는 손실이 커져 비행을 저지르지 않는 것을 말한다.

④ 참여(involvement)는 관습적 활동 또는 일상적 활동에 열중하는 것으로, 참여가 높을수록 범죄에 빠질 기회와 시간이 적어져 범죄를 저지를 가능성이 감소되는 것을 말한다.

## 05

회독 ☐ ☐ ☐ | 이해 ○ △ ✕

**사회해체이론(social disorganization theory)에 대한 설명으로 옳지 않은 것은?**

① 화이트칼라 범죄 등 기업범죄를 설명하는 데에 유용하다.

② 범죄는 개인적인 차이에 의한 것이라기보다는 환경적 요인들을 범죄의 근원적 원인으로 본다.

③ 지역사회의 생태학적 변화가 범죄의 발생에 중요한 역할을 한다고 보는 것이다.

④ 범죄의 발생이 비공식적인 감시기능의 약화에서 비롯되는 것으로 설명하기도 한다.

## 06

회독 ☐ ☐ ☐ | 이해 ○ △ ✕

**통제이론에 대한 설명으로 옳은 것은?**

① 나이(Nye)는 범죄통제방법 중 비공식적인 직접통제가 가장 효율적인 방법이라고 주장하였다.

② 레클리스(Reckless)는 외부적 통제요소와 내부적 통제요소 중 어느 한 가지만 제대로 작동되어도 범죄는 방지될 수 있다고 보았다.

③ 맛차(Matza)와 사이크스(Sykes)가 주장한 중화기술 중 '가해의 부정'은 자신의 행위로 피해를 입은 사람은 그러한 피해를 입어도 마땅하다고 합리화하는 기술이다.

④ 통제이론은 "개인이 왜 범죄로 나아가지 않게 되는가"의 측면이 아니라 "개인이 왜 범죄를 하게 되는가"의 측면에 초점을 맞춘다.

## 07

**머튼(Merton)의 아노미이론에 대한 설명으로 옳지 않은 것은?**

① 순응(conformity)은 문화적 목표와 제도화된 수단을 모두 승인하는 적응방식으로, 반사회적인 행위유형이 아니다.

② 혁신(innovation)은 문화적 목표는 승인하지만 제도화된 수단을 부정하는 적응방식으로, 마약밀매, 강도, 절도 등이 이에 해당한다.

③ 퇴행(retreatism)은 문화적 목표와 제도화된 수단을 모두 부정하고 사회활동을 거부하는 적응방식으로, 만성적 알코올 중독자, 약물 중독자, 부랑자 등이 이에 해당한다.

④ 의식주의(ritualism)는 문화적 목표와 제도화된 수단을 모두 부정하고 기존의 사회질서를 다른 사회질서로 대체할 것을 요구하는 적응방식으로, 혁명을 시도하는 경우 등이 이에 해당한다.

## 08

**문화적 비행이론(cultural deviance theory)에 대한 설명으로 옳지 않은 것은?**

① 밀러(Miller)는 권위적 존재로부터 벗어나고 다른 사람으로부터 간섭을 받는 것을 혐오하는 자율성(autonomy)이 하위계층의 주된 관심 중 하나라고 한다.

② 코헨(Cohen)은 비행하위문화가 비합리성을 추구하기 때문에 공리성, 합리성을 중요시하는 중심문화와 구별된다고 한다.

③ 코헨(Cohen)의 비행하위문화이론은 중산계층이나 상류계층 출신이 저지르는 비행이나 범죄를 설명하지 못하는 한계가 있다.

④ 클로워드(Cloward)와 올린(Ohlin)의 범죄적 하위문화는 합법적인 기회구조와 비합법적인 기회구조 모두가 차단된 상황에서 폭력을 수용한 경우에 나타나는 하위문화이다.

## 09

회독 □ □ □ | 이해 ○ △ ✕

**보호관찰소의 조사제도에 대한 설명으로 옳지 않은 것은?**

① 「보호관찰 등에 관한 법률」 제19조에 따른 판결 전 조사는 법원이 「형법」 제59조의2 및 제62조의2에 따른 보호관찰, 사회봉사 또는 수강을 명하기 위하여 필요하다고 인정되는 경우에 조사를 요구할 수 있는 것을 말한다.

② 「보호관찰 등에 관한 법률」 제19조의2에 따른 결정 전 조사는 법원이 「소년법」 제12조에 따라 소년 보호사건뿐만 아니라 소년 형사사건에 대한 조사 또는 심리를 위하여 필요하다고 인정되는 경우에 조사를 의뢰하는 것을 말한다.

③ 「소년법」 제49조의2에 따른 검사의 결정 전 조사는 검사가 소년 피의사건에 대하여 소년부 송치, 공소제기, 기소유예 등의 처분을 결정하기 위하여 필요하다고 인정되는 경우에 조사를 요구할 수 있는 것을 말한다.

④ 「전자장치 부착 등에 관한 법률」 제6조에 따른 청구 전 조사는 검사가 전자장치 부착명령을 청구하기 위하여 필요하다고 인정하는 경우에 조사를 요청할 수 있는 것을 말한다.

## 10

회독 □ □ □ | 이해 ○ △ ✕

**「전자장치 부착 등에 관한 법률」상 전자장치 부착명령에 대한 설명으로 옳은 것은?**

① 19세 미만의 자에 대하여 전자장치 부착명령을 선고한 때에는 19세에 이르기 전이라도 전자장치를 부착할 수 있다.

② 전자장치가 부착된 자는 주거를 이전하거나 7일 이상의 국내여행을 하거나 출국할 때에는 미리 보호관찰관의 허가를 받아야 한다.

③ 성폭력범죄, 미성년자 대상 유괴범죄, 살인범죄, 강도 · 절도범죄 및 방화범죄가 전자장치 부착 대상범죄이다.

④ 전자장치 부착명령의 집행 중 다른 죄를 범하여 벌금 이상의 형이 확정된 때에는 전자장치 부착명령의 집행이 정지된다.

## 11

회독 ☐☐☐ | 이해 ○ △ ✕

「보호소년 등의 처우에 관한 법률」에 대한 설명으로 옳은 것은?

① 소년원장은 보호소년이 19세가 되면 퇴원시켜야 한다.

② 소년원장이 필요하다고 판단하는 경우 수갑, 포승 등 보호장비를 징벌의 수단으로 사용할 수 있다.

③ 보호소년 등을 소년원이나 소년분류심사원에 수용할 때에는 검사의 수용지휘서에 의하여야 한다.

④ 20일 이내의 기간 동안 지정된 실내에서 근신하게 하는 징계처분은 14세 미만의 보호소년 등에게는 부과하지 못한다.

## 12

회독 ☐☐☐ | 이해 ○ △ ✕

「소년법」상 보호처분 및 그 부가처분에 대한 설명으로 옳은 것은?

① 수강명령과 사회봉사명령은 14세 이상의 소년에게만 할 수 있다.

② 최대 200시간을 초과하지 않는 범위 내에서 수강명령처분을 결정할 수 있다.

③ 「아동복지법」에 따른 아동복지시설이나 그 밖의 소년보호시설에 감호위탁기간은 6개월로 하되, 그 기간을 연장할 수 없다.

④ 소년부 판사는 가정상황 등을 고려하여 필요하다고 판단되면 보호자에게 보호관찰소 등에서 실시하는 소년의 보호를 위한 특별교육을 받을 것을 명할 수 있다.

## 13

회독 ☐☐☐ | 이해 ○ △ ✕

보호관찰심사위원회의 관장사무에 해당하지 않는 것은?

① 징역 또는 금고의 집행 중에 있는 성인수형자에 대한 가석방 적격 심사

② 소년원에 수용된 보호소년에 대한 임시퇴원 심사

③ 가석방 중인 사람의 부정기형의 종료에 관한 사항

④ 보호관찰 대상자에 대한 보호관찰의 임시해제 취소 심사

## 14

**「형법」상 가석방제도에 대한 설명으로 옳은 것은?**

① 형기에 산입된 판결선고 전 구금의 일수는 가석방에 있어서 집행을 경과한 기간에 산입하지 아니한다.

② 가석방의 기간은 무기형에 있어서는 20년으로 하고, 유기형에 있어서는 남은 형기로 하되, 그 기간은 10년을 초과할 수 없다.

③ 징역 또는 금고의 집행 중에 있는 자가 그 행상이 양호하여 개전의 정이 현저한 때에는 무기에 있어서는 10년, 유기에 있어서는 형기의 2분의 1을 경과한 후 행정처분으로 가석방을 할 수 있다.

④ 가석방의 처분을 받은 자가 감시에 관한 규칙을 위배하거나, 보호관찰의 준수사항을 위반하고 그 정도가 무거운 때에는 가석방처분을 취소할 수 있다.

## 15

**「소년법」에 대한 설명 중 옳은 것만을 모두 고르면?**

> ㉠ 소년보호사건에 있어서 보호자는 소년부 판사의 허가 없이 변호사를 보조인으로 선임할 수 있다.
> ㉡ 보호자는 형벌 법령에 저촉되는 행위를 한 10세 이상 14세 미만인 소년을 발견한 경우, 이를 관할 소년부에 통고할 수 있다.
> ㉢ 소년이 법정형으로 장기 2년 이상의 유기형에 해당하는 죄를 범한 경우에는 그 형의 범위에서 장기와 단기를 정하여 선고한다. 다만, 장기는 5년, 단기는 3년을 초과하지 못한다.
> ㉣ 소년부 판사는 사안이 가볍다는 이유로 심리를 개시하지 아니한다는 결정을 할 때에는 소년에게 훈계하거나, 보호자에게 소년을 엄격히 관리하거나 교육하도록 고지할 수 있다.

① ㉠, ㉡
② ㉠, ㉢
③ ㉠, ㉡, ㉣
④ ㉡, ㉢, ㉣

## 16

**형의 유예에 대한 설명으로 옳은 것은?**

① 형의 선고유예를 받은 날로부터 2년을 경과한 때에는 기소유예된 것으로 간주한다.

② 형의 선고를 유예하거나 형의 집행을 유예하는 경우, 보호관찰의 기간은 1년으로 한다.

③ 형의 집행유예 시 부과되는 수강명령은 집행유예기간이 완료된 이후에 이를 집행한다.

④ 형을 병과할 경우에는 그 형의 일부에 대하여 집행을 유예할 수 있다.

## 17

소년범의 형사처분에 대한 설명 중 옳은 것만을 모두 고르면?

> ⑦ 존속살해죄를 범한 당시 16세인 소년 甲에 대하여 무기형에 처하여야 할 때에는 15년의 유기징역으로 한다.
> ⓛ 17세인 소년 乙에게 벌금형이 선고된 경우, 노역장 유치선고로 환형처분할 수 없다.
> ⓒ 소년교도소에서 형집행 중이던 소년 丙이 23세가 되면 일반 교도소에서 형을 집행할 수 있다.
> ⓔ 15년의 유기징역을 선고받은 소년 丁의 경우, 성인범죄자의 경우와 같이 5년이 지나야 가석방을 허가할 수 있다.

① ㉠, ㉡
② ㉠, ㉢
③ ㉡, ㉢
④ ㉡, ㉣

## 18

「소년법」상 보호처분 불복에 대한 설명으로 옳은 것은?
① 항고를 제기할 수 있는 기간은 10일로 한다.
② 보호처분이 현저히 부당한 경우에는 사건 본인이나 보호자는 고등법원에 항고할 수 있다.
③ 항고를 기각하는 결정에 대하여는 그 결정이 법령에 위반되는 경우에만 대법원에 재항고를 할 수 있다.
④ 항고법원은 항고가 이유가 있다고 인정한 경우에는 원결정을 파기하고 직접 불처분 또는 보호처분의 결정을 하는 것이 원칙이다.

## 19

「치료감호 등에 관한 법률」상 치료감호와 치료명령에 대한 설명으로 옳은 것은?
① 치료감호와 형이 병과된 경우, 형집행완료 후 치료감호를 집행한다.
② 피의자가 심신장애로 의사결정능력이 없기 때문에 벌할 수 없는 경우, 검사는 공소제기 없이 치료감호만을 청구할 수 있다.
③ 소아성기호증 등 성적 성벽이 있는 장애인으로서 금고 이상의 형에 해당하는 성폭력범죄를 지은 자에 대한 치료감호의 기간은 2년을 초과할 수 없다.
④ 법원은 치료명령대상자에 대하여 형의 선고를 유예하는 경우, 치료기간을 정하여 치료를 받을 것을 명할 수 있으며, 이때 보호관찰을 병과할 수 있다.

## 20

회독 □ □ □ | 이해 ○ △ ×

**범죄피해자와 관련한 현행 제도에 대한 설명으로 옳지 않은 것은? (다툼이 있는 경우 판례에 의함)**

① 「소송촉진 등에 관한 특례법」 제25조 제1항에 따른 배상명령은 피고사건의 범죄행위로 발생한 직접적인 물적 피해, 치료비 손해와 위자료에 대하여 피고인에게 배상을 명함으로써 간편하고 신속하게 피해자의 피해회복을 도모하고자 하는 제도이다.

② 「범죄피해자 보호법」은 피해자와 피의자 사이의 합의가 이루어졌더라도 기소유예처분의 사유에 해당함이 명백한 경우, 형사조정에 회부하지 못하도록 하고 있다.

③ 「범죄피해자 보호법」상 범죄피해자란 타인의 범죄행위로 피해를 당한 사람과 그 법률상·사실상 배우자, 직계친족 및 형제자매를 말한다.

④ 「성폭력범죄의 처벌 등에 관한 특례법」에 따르면, 검사는 성폭력범죄 피해자에게 변호사가 없는 경우 국선변호사를 선정하여 형사절차에서 피해자의 권익을 보호할 수 있다.

# 보호7급 형사정책 기출문제

## 01

**화이트칼라 범죄에 대한 설명으로 옳지 않은 것은?**

① 서덜랜드(Sutherland)에 따르면, 사회적 지위가 높은 사람이 그 직업활동과 관련하여 행하는 범죄로 정의된다.

② 범죄로 인한 피해의 규모가 크기 때문에 행위자는 죄의식이 크고, 일반인은 범죄의 유해성을 심각하게 생각하는 것이 특징이다.

③ 범죄행위의 적발이 용이하지 않고 증거수집에 어려움이 있다.

④ 암수범죄의 비율이 높고 선별적 형사소추가 문제되는 범죄유형이다.

## 02

**형사정책학의 연구방법에 대한 설명으로 옳지 않은 것은?**

① 참여적 관찰법은 체포되지 않은 범죄자들의 일상을 관찰할 수 있게 한다.

② 범죄통계는 범죄의 일반적인 경향과 특징을 파악할 수 있게 한다.

③ 범죄율과 범죄시계는 인구변화율을 반영하여 범죄의 심각성을 인식할 수 있게 한다.

④ 피해자조사는 암수범죄의 조사방법으로서 많이 활용되는 방법이다.

## 03

**차별적 접촉이론, 차별적 동일시이론 및 차별적 강화이론에 대한 설명으로 옳지 않은 것은?**

① 서덜랜드(Sutherland)의 차별적 접촉이론은 범죄자의 학습과정과 비범죄자의 학습과정에 차이가 있다는 데에서 출발한다.

② 서덜랜드(Sutherland)의 차별적 접촉이론에 따르면, 범죄행위는 타인과의 의사소통을 통한 상호작용으로 학습된다.

③ 글래이저(Glaser)의 차별적 동일시이론에 따르면, 범죄자와의 직접적인 접촉이 없이도 범죄행위의 학습이 가능하다.

④ 버제스(Burgess)와 에이커스(Akers)의 차별적 강화이론도 차별적 접촉이론과 마찬가지로 범죄행위의 학습에 기초하고 있다.

## 04

**형벌의 본질과 목적에 대한 설명으로 옳지 않은 것은?**

① 응보형주의에 따르면, 범죄는 정의에 반하는 악행이므로 범죄자에 대해서는 그 범죄에 상응하는 해악을 가함으로써 정의가 실현된다.

② 목적형주의에 따르면, 형벌은 과거의 범행에 대한 응보가 아니라 장래의 범죄예방을 목적으로 한다.

③ 일반예방주의는 범죄자에게 형벌을 과함으로써 수형자에 대한 범죄예방의 효과를 기대하는 사고방식이다.

④ 특별예방주의는 형벌의 목적을 범죄자의 사회복귀에 두고, 형벌을 통하여 범죄자를 교육·개선함으로써 그 범죄자의 재범을 예방하려는 사고방식이다.

## 05

**사이크스(Sykes)와 맛차(Matza)는 청소년들이 표류상태에 빠지는 과정에서 '중화(neutralization)기술'을 습득함으로써 자신의 비행을 합리화한다고 하였다. [보기 1]의 중화기술의 유형과 [보기 2]의 구체적인 사례를 바르게 연결한 것은?**

---

[보기 1]

ㄱ. 책임의 부정(denial of responsibility)
ㄴ. 가해의 부정(denial of injury)
ㄷ. 피해(자)의 부정(denial of victim)
ㄹ. 비난자에 대한 비난(condemnation of the condemners)

---

[보기 2]

A. 甲은 경찰, 검사, 판사는 부패한 공무원들이기 때문에 자신의 비행을 비난할 자격이 없다고 합리화한다.
B. 乙은 자신이 비행을 범한 것은 열악한 가정환경과 빈곤, 불합리한 사회적 환경 탓이라고 합리화한다.
C. 丙은 마약을 사용하면서 마약은 누구에게도 피해를 주지 않는다고 합리화한다.
D. 점원 丁은 점주의 물건을 훔치면서 점주가 평소 직원들을 부당하게 대우하여 노동을 착취해 왔기 때문에 그의 물건을 가져가는 것은 당연하다고 합리화한다.

---

|   | ㄱ | ㄴ | ㄷ | ㄹ |
|---|---|---|---|---|
| ① | B | A | D | C |
| ② | B | C | D | A |
| ③ | B | D | C | A |
| ④ | D | C | B | A |

## 06

**낙인이론에 대한 설명으로 옳지 않은 것은?**

① 낙인이론은 범죄행위에 대하여 행해지는 부정적인 사회적 반응이 범죄의 원인이라고 보며, 이를 통해 1차적 일탈과 2차적 일탈의 근본원인을 설명한다.

② 탄넨바움(Tannenbaum)에 따르면, 청소년의 사소한 비행에 대한 사회의 부정적 반응이 그 청소년으로 하여금 자신을 부정적인 사람으로 인식하게 한다.

③ 레머트(Lemert)에 따르면, 1차적 일탈에 대한 사회적 반응이 2차적 일탈을 저지르게 한다.

④ 베커(Becker)에 따르면, 일탈자라는 낙인은 그 사람의 사회적 지위와 타인과의 상호작용에 부정적인 영향을 미친다.

## 07

**범죄인류학파(이탈리아 실증주의학파)에 대한 설명으로 옳지 않은 것은?**

① 롬브로조(Lombroso)는 자유의지에 따라 이성적으로 행동하는 인간을 전제로 하여 범죄의 원인을 자연과학적 방법으로 분석하였다.

② 페리(Ferri)는 범죄포화의 법칙을 주장하였으며, 사회적·경제적·정치적 요소도 범죄의 원인이라고 주장하였다.

③ 가로팔로(Garofalo)는 범죄의 원인으로 심리적 측면을 중시하여 이타적 정서가 미발달한 사람일수록 범죄를 저지르는 경향이 있다고 하였다.

④ 생래적 범죄인에 대한 대책으로 롬브로조(Lombroso)는 사형을 찬성하였지만, 페리(Ferri)는 사형을 반대하였다.

## 08

**범죄예측에 대한 설명으로 옳지 않은 것은?**

① 수사단계에서의 범죄예측은 수사를 종결하면서 범죄자에 대한 처분을 내리는 데에 중요한 역할을 할 수 있다.

② 범죄예측은 재판단계 및 교정단계에서도 행해지지만 교정시설의 과밀화 현상을 해소하는 데는 기여할 수 없다.

③ 범죄예측의 방법 중 '임상적 예측법(경험적 예측법)'은 대상자의 범죄성향을 임상전문가가 종합분석하여 대상자의 범죄가능성을 판단하는 것이므로, 대상자의 특성을 집중관찰할 수 있는 장점이 있다.

④ 범죄예측의 방법 중 '통계적 예측법'은 여러 자료를 통하여 범죄예측요인을 수량화함으로써 점수의 비중에 따라 범죄 또는 비행을 예측하는 것으로, 점수법이라고도 한다.

## 09

**범죄예방모델에 대한 설명으로 옳지 않은 것은?**

① 범죄억제모델은 고전주의의 형벌위하적 효과를 중요시하며, 이를 위하여 처벌의 신속성, 확실성, 엄격성을 요구한다.

② 사회복귀모델은 범죄자의 재사회화와 갱생에 중점을 둔다.

③ 제프리(Jeffery)는 사회환경 개선을 통한 범죄예방모델로 환경설계를 통한 범죄예방(Crime Prevention Through Environmental Design: CPTED)을 제시하였다.

④ 상황적 범죄예방모델은 한 지역의 범죄가 예방되면 다른 지역에도 긍정적 영향이 전해진다는 소위 범죄의 전이효과(displacement effect)를 주장한다.

## 10

**다이버전(diversion)에 대한 설명으로 옳지 않은 것은?**

① 구속적부심사제도는 법원에 의한 다이버전에 해당된다.

② 다이버전에 대해서는 형사사법의 대상조차 되지 않을 문제가 다이버전의 대상이 된다는 점에서 오히려 사회적 통제가 강화된다는 비판이 있다.

③ 다이버전의 장점은 경미범죄를 형사사법절차에 의하지 아니하고 처리함으로써 낙인효과를 줄이는 것이다.

④ 검사가 소년피의자에 대하여 선도를 받게 하면서 공소를 제기하지 아니하는 조건부 기소유예는 다이버전의 예이다.

## 11

**벌금형과 관련하여 현행법에 도입된 제도가 아닌 것은?**

① 벌금형에 대한 선고유예

② 벌금의 연납·분납

③ 일수벌금제

④ 벌금 미납자에 대한 사회봉사 허가

## 12

「형법」상 형벌제도에 대한 설명으로 옳지 않은 것은?

① 유기징역의 기간은 1개월 이상 30년 이하이지만, 형을 가중하는 경우에는 50년까지 가능하다.
② 무기징역은 종신형이지만, 20년이 경과하면 가석방이 가능하다.
③ 형의 선고를 유예하는 경우에 보호관찰을 받을 것을 명하거나 사회봉사 또는 수강을 명할 수 있다.
④ 벌금을 납입하지 않은 자는 1일 이상 3년 이하의 기간 노역장에 유치하여 작업에 복무하게 한다.

## 13

암수범죄에 대한 설명으로 옳지 않은 것은?

① 암수범죄란 실제로 발생하였지만 범죄통계에 포착되지 않은 범죄를 말한다.
② 신고에 따른 불편, 수사기관 출두의 번거로움, 보복의 두려움은 절대적 암수범죄의 발생원인이다.
③ 수사기관의 낮은 검거율과 채증력, 법집행기관의 자의적 판단은 상대적 암수범죄의 발생원인이다.
④ 설문조사는 정치범죄, 가정범죄 등 내밀한 관계 및 조직관계에서 일어나는 범죄의 암수를 밝히는 데에 적합하다.

## 14

「소년법」상 소년형사사건에 대한 설명으로 옳지 않은 것은?

① 징역 또는 금고를 선고받은 소년에 대하여는 특별히 설치된 교도소 또는 일반 교도소 안에 특별히 분리된 장소에서 그 형을 집행한다. 다만, 소년이 형의 집행 중에 19세가 되면 일반 교도소에서 집행할 수 있다.
② 죄를 범할 당시 18세 미만인 소년에 대하여 사형 또는 무기형으로 처할 경우에는 15년의 유기징역으로 한다.
③ 소년이 법정형으로 장기 2년 이상의 유기형에 해당하는 죄를 범한 경우에는 그 형의 범위에서 장기와 단기를 정하여 선고한다. 다만, 장기는 10년, 단기는 5년을 초과하지 못한다.
④ 검사는 피의자에 대하여 범죄예방자원봉사위원의 선도를 받게 하고 피의사건에 대한 공소를 제기하지 아니할 수 있다. 이 경우 소년과 소년의 친권자·후견인 등 법정대리인의 동의를 받아야 한다.

## 15

**소년보호의 원칙에 대한 설명으로 옳은 것만을 모두 고르면?**

> ㄱ. 효율적 소년보호를 위해 국가는 물론이고 소년의 보호자를 비롯한 민간단체 등이 서로 협력해야 한다는 협력주의에 바탕을 둔 조치들이 필요하다.
> ㄴ. 보호소년을 개선하여 사회생활에 적응시키고 건전하게 육성하기 위해서는 소년사법절차를 가급적이면 비공개로 해야 한다는 밀행주의가 중요하다.
> ㄷ. 소년의 보호를 위하여 사후적 처벌보다는 장래에 다시 죄를 범하는 것을 예방하는 활동을 중시하는 예방주의에 비중을 두어야 한다.

① ㄱ, ㄴ
② ㄱ, ㄷ
③ ㄴ, ㄷ
④ ㄱ, ㄴ, ㄷ

## 16

**「소년법」상 보호처분에 대한 설명으로 옳지 않은 것은?**

① 수강명령은 10세 이상 12세 미만의 소년에 대하여 부과할 수 없다.
② 수강명령은 100시간을, 사회봉사명령은 200시간을 초과할 수 없다.
③ 단기 보호관찰기간은 6개월로 하고, 장기 보호관찰기간은 2년으로 한다.
④ 단기로 소년원에 송치된 소년의 보호기간은 6개월을, 장기로 소년원에 송치된 소년의 보호기간은 2년을 초과하지 못한다.

## 17

**범죄피해자에 대한 설명으로 옳지 않은 것은?**

① 멘델존(Mendelsohn)은 범죄발생에 있어 귀책성의 정도에 따라 피해자를 구분하였고, 엘렌베르거(Ellenberger)는 심리학적 기준에 따라 피해자를 분류하였다.
② 「범죄피해자 보호법」상 범죄피해자의 개념에는 타인의 범죄행위로 피해를 당한 사람의 배우자는 포함되지 않는다.
③ 피해자는 공판절차에서 증인으로 신문을 받는 경우, 자신과 신뢰관계에 있는 자의 동석을 신청할 수 있다.
④ 회복적 사법은 범죄피해자의 피해회복을 통하여 사회적 화합을 성취하고, 이를 통하여 가해자에게도 사회복귀의 기회와 가능성을 높여 주기 위한 프로그램이다.

## 18

「범죄피해자 보호법」상 형사조정에 대한 설명으로 옳은 것은?

① 공소시효의 완성이 임박한 형사사건이라도 형사조정에 회부할 수 있다.

② 형사조정위원회는 2명 이상의 형사조정위원으로 구성한다.

③ 형사조정위원회는 형사조정의 결과에 이해관계가 있는 사람의 신청이 없는 한 직권으로 이해관계인을 형사조정에 참여하게 할 수 없다.

④ 기소유예처분의 사유에 해당하는 형사사건은 형사조정에 회부할 수 없다.

## 19

「보호관찰 등에 관한 법률」상 별도의 부과절차 없이도 보호관찰 대상자가 지켜야 할 준수사항(일반준수사항)에 해당하지 않는 것은?

① 범죄로 이어지기 쉬운 나쁜 습관을 버리고, 선행을 하며, 범죄를 저지를 염려가 있는 사람들과 교제하거나 어울리지 말 것

② 보호관찰관의 지도·감독에 따르고, 보호관찰관이 방문하게 되면 응대할 것

③ 1개월 이상 국내외 여행을 할 때에는 미리 보호관찰관에게 신고할 것

④ 범죄행위로 발생한 손해를 회복하기 위해 노력할 것

## 20

「소년법」상 소년보호사건의 조사와 심리에 대한 설명으로 옳지 않은 것은?

① 소년부 판사는 사건 본인이나 보호자가 정당한 이유 없이 소환에 응하지 아니하면 동행영장을 발부할 수 있다.

② 소년부 판사는 사건 본인을 보호하기 위하여 긴급조치가 필요하다고 인정하더라도 소환 없이는 동행영장을 발부할 수 없다.

③ 사건 본인이나 보호자는 소년부 판사의 허가를 받아 보조인을 선임할 수 있다. 다만, 보호자나 변호사를 보조인으로 선임하는 경우에는 소년부 판사의 허가를 받지 아니하여도 된다.

④ 소년부 판사는 조사관에게 사건 본인, 보호자 또는 참고인의 심문이나 그 밖에 필요한 사항을 조사하도록 명할 수 있다.

**보호7급 형사정책 기출문제**

## 01
회독 □ □ □ | 이해 ○ △ ×

**비판범죄학에 대한 설명으로 옳지 않은 것은?**

① 비판범죄학의 기초가 되는 마르크스(Marx)는 범죄발생의 원인을 계급갈등과 경제적 불평등으로 설명하고, 생활에 필요한 물적 자산을 충분히 갖지 못한 피지배계급이 물적 자산 내지 지배적 지위에 기존사회가 허락하지 않는 방법으로 접근하는 행위를 범죄로 인식했다.

② 봉거(Bonger)는 사법체계가, 가진 자에게는 그들의 욕망을 달성할 수 있는 합법적인 수단을 허용하는 반면, 가난한 자에게는 이러한 기회를 허용하지 않기 때문에 범죄는 하위계급에 집중된다고 주장했다.

③ 퀴니(Quinney)는 마르크스의 경제계급론을 부정하면서 사회주의사회에서의 범죄 및 범죄통제를 분석하였다.

④ 볼드(Vold)는 집단갈등이 입법정책 영역에서 가장 첨예하게 나타난다고 보았다.

## 02
회독 □ □ □ | 이해 ○ △ ×

**다음 ㉠, ㉡에 들어갈 용어가 바르게 연결된 것은?**

○ 뒤르켐(Durkheim)에 의하면 ( ㉠ )는 현재의 사회구조가 구성원 개인의 욕구나 욕망에 대한 통제력을 유지할 수 없을 때 발생한다고 보았으며, 머튼(Merton)에 의하면 문화적 목표와 이를 달성하기 위한 제도적 수단 사이에 간극이 있고 구조적 긴장이 생길 경우에 발생한다고 보았다.

○ 밀러(Miller)에 의하면 ( ㉡ )는 중산층과 상관없이 고유의 전통과 역사를 가진 독자적 문화로 보았으며, 코헨(Cohen)에 의하면 중산층의 보편적인 문화에 대항하고 반항하기 위해서 형성되는 것이라고 보았다.

① ㉠ 아노미    ㉡ 저항문화
② ㉠ 아노미    ㉡ 하위문화
③ ㉠ 사회해체   ㉡ 저항문화
④ ㉠ 사회해체   ㉡ 하위문화

## 03

교정처우 중 사회 내 처우에 해당하지 않는 것을 모두 고른 것은?

| ㉠ 가택구금 | ㉡ 수강명령 | ㉢ 개방교도소 |
| ㉣ 집중감시보호관찰(ISP) | ㉤ 외부통근 | |

① ㉡, ㉣

② ㉢, ㉤

③ ㉠, ㉡, ㉣

④ ㉠, ㉢, ㉤

## 04

「소년법」상 소년에 대한 형사사건의 처리절차로서 옳지 않은 것은?

① 검사는 소년에 대한 피의사건을 수사한 결과 보호처분에 해당하는 사유가 있다고 인정한 경우에는 사건을 관할 소년부에 송치해야 한다.

② 검사는 피의소년에 대하여 피의소년과 법정대리인의 동의하에 범죄예방자원봉사위원의 선도를 받게 하고, 피의사건에 대한 공소를 제기하지 않을 수 있다.

③ 죄를 범할 당시 18세 미만인 소년에 대해 사형 또는 무기형으로 처할 경우에는 15년의 유기징역으로 한다.

④ 보호처분이 계속 중일 때에 징역, 금고 또는 구류를 선고받은 소년에 대해서는 보호처분이 종료된 후에 그 형을 집행해야 한다.

## 05

**사회봉사 명령 또는 허가의 대상이 될 수 없는 자를 모두 고른 것은?**

> ㉠ 「가정폭력범죄의 처벌 등에 관한 특례법」의 가정폭력 행위자 중 보호처분이 필요하다고 인정되는 자
> ㉡ 「성매매 알선 등 행위의 처벌에 관한 법률」의 성매매를 한 자 중 보호처분이 필요하다고 인정되는 자
> ㉢ 「소년법」에 따라 보호처분을 할 필요가 있다고 인정되는 만 12세의 소년
> ㉣ 「벌금 미납자의 사회봉사 집행에 관한 특례법」상 징역과 동시에 벌금을 선고받아 확정되었음에도 불구하고 벌금을 미납한 자
> ㉤ 「아동ㆍ청소년의 성보호에 관한 법률」상 집행유예를 선고받은 성범죄자

① ㉠, ㉡
② ㉢, ㉣
③ ㉠, ㉣, ㉤
④ ㉡, ㉢, ㉤

## 06

**「소년법」상 보호처분들 간의 병합이 가능하지 않은 경우는?**
① 소년보호시설에 감호위탁과 보호관찰관의 단기 보호관찰
② 소년보호시설에 감호위탁과 보호관찰관의 장기 보호관찰
③ 1개월 이내의 소년원 송치와 보호관찰관의 단기 보호관찰
④ 보호자에게 감호위탁과 수강명령과 사회봉사명령과 보호관찰관의 장기 보호관찰

## 07

**「범죄피해자 보호법」상 범죄피해자를 위한 지원에 대한 설명으로 옳지 않은 것은?**
① 국가 또는 지방자치단체는 법무부장관에게 등록한 범죄피해자 지원법인의 건전한 육성과 발전을 위하여 등록법인에 보조금을 교부할 수 있다.
② 범죄피해구조금 지급에 관한 사항을 심의ㆍ결정하기 위하여 각 지방검찰청에 범죄피해구조심의회를 둔다.
③ 검사는 피의자와 범죄피해자 사이에 범죄피해자가 입은 피해를 실질적으로 회복하는 데 필요하다고 인정되더라도, 당사자의 신청이 없으면 수사 중인 형사사건을 형사조정에 회부할 수 없다.
④ 국가는 구조피해자나 유족이 해당 구조대상 범죄피해를 원인으로 하여 손해배상을 받았으면 그 범위에서 구조금을 지급하지 아니한다.

## 08

환경과 범죄원인에 대한 설명으로 옳지 않은 것은?

① 물가와 범죄의 관계에 대한 경험적 연구는 주로 곡물류 가격과 범죄의 관계를 대상으로 하였다.

② 계절과 범죄의 관계에 대한 연구에 의하면, 성범죄와 폭력범죄는 추울 때보다 더울 때에 더 많이 발생한다고 알려져 있다.

③ 범죄인자 접촉빈도와 범죄발생과의 관계에 대한 이론인 습관성가설은 마약범죄 발생의 원인규명에 주로 활용되었다.

④ 엑스너(Exner)는 전쟁을 진행단계별로 나누어 전쟁과 범죄의 관련성을 설명하였다.

## 09

「소년법」상 보호사건에 대한 설명으로 옳지 않은 것은?

① 소년보호사건은 소년의 행위지, 거주지 또는 현재지의 가정법원 소년부 또는 지방법원 소년부의 관할에 속한다.

② 소년부는 조사 또는 심리한 결과 금고 이상의 형에 해당하는 범죄사실이 발견된 경우, 그 동기와 죄질이 형사처분을 할 필요가 있다고 인정하면 결정으로써 사건을 관할 지방법원에 송치하여야 한다.

③ 소년부 판사는 송치서와 조사관의 조사보고에 따라 사건의 심리를 개시할 수 없거나 개시할 필요가 없다고 인정하면 심리를 개시하지 아니한다는 결정을 하여야 한다.

④ 단기로 소년원에 송치된 소년의 보호기간은 6개월을 초과하지 못하며, 장기로 소년원에 송치된 소년의 보호기간은 2년을 초과하지 못한다.

## 10

「형법」상 벌금형에 대한 설명으로 옳지 않은 것은?

① 벌금을 선고할 때에는 동시에 그 금액을 완납할 때까지 노역장에 유치할 것을 명하여야 한다.

② 벌금을 납입하지 아니한 자는 1일 이상 3년 이하의 기간 노역장에 유치하여 작업에 복무하게 한다.

③ 벌금은 5만 원 이상으로 한다. 다만, 감경하는 경우에는 5만 원 미만으로 할 수 있다.

④ 선고하는 벌금이 1억 원 이상 5억 원 미만인 경우에는 300일 이상, 5억 원 이상 50억 원 미만인 경우에는 500일 이상, 50억 원 이상인 경우에는 1,000일 이상의 노역장 유치기간을 정하여야 한다.

## 11

**생물학적 범죄원인론에 대한 설명으로 옳지 않은 것은?**

① 랑게(Lange)는 일란성 쌍둥이가 이란성 쌍둥이에 비해 쌍둥이가 함께 범죄를 저지를 가능성이 높다고 하였다.
② 허칭스(Hutchings)와 메드닉(Mednick)의 연구결과에 의하면, 입양아는 생부와 양부 둘 중 한 편만 범죄인인 경우가 생부와 양부 모두가 범죄인인 경우보다 범죄인이 될 가능성이 낮다고 하였다.
③ 크레취머(Kretschmer)는 사람의 체형 중 비만형이 범죄확률이 높은데, 특히 절도범이 많다고 하였다.
④ 제이콥스(Jacobs)에 의하면, XYY형의 사람은 남성성을 나타내는 염색체 이상으로 신장이 크고 지능이 낮으며 정상인들에 비하여 수용시설에 구금되는 비율이 높다고 하였다.

## 12

**다음 설명의 내용과 형사정책학의 연구대상이 옳게 짝지어진 것은?**

> ㉠ 형법해석과 죄형법정주의에 의한 형법의 보장적 기능의 기준이 된다.
> ㉡ 범죄행위뿐만 아니라 그 자체가 범죄로 되지 아니하는 알코올 중독, 자살기도, 가출 등과 같은 행위도 연구의 대상이 된다.
> ㉢ 사회유해성 내지 법익을 침해하는 반사회적 행위를 의미하며, 범죄화와 비범죄화의 기준이 된다.
> ㉣ 범죄 가운데 시간과 문화를 초월하여 인정되는 범죄행위가 존재한다고 보고, 이는 형법상 금지 여부와 상관없이 그 자체의 반윤리성·반사회성으로 인해 비난받는 범죄행위이다.

A. 실질적 범죄개념    B. 자연적 범죄개념    C. 형식적 범죄개념    D. 사회적 일탈행위

|   | ㉠ | ㉡ | ㉢ | ㉣ |
|---|---|---|---|---|
| ① | A | B | C | D |
| ② | A | D | C | B |
| ③ | C | B | A | D |
| ④ | C | D | A | B |

# 13

## 범죄예측에 대한 설명으로 옳지 않은 것을 모두 고른 것은?

> ㉠ 글룩(Glueck) 부부는 아버지의 훈육, 어머니의 감독, 아버지의 애정, 어머니의 애정, 가족의 결집력 등 다섯 가지 요인으로 구분하여 범죄예측표를 작성하였다.
> ㉡ 통계적 예측법은 많은 사례를 중심으로 개발된 것이기 때문에 개별 범죄자의 고유한 특성이나 편차를 충분히 반영할 수 있다는 장점이 있다.
> ㉢ 직관적 예측법은 실무에서 자주 사용되는 방법이지만, 이는 판단자의 주관적 입장에 의존한다는 점에서 비판을 받는다.
> ㉣ 예방단계의 예측은 주로 소년범죄 예측에 사용되는데, 잠재적인 비행소년을 식별함으로써 비행을 미연에 방지하고자 하는 방법이다.
> ㉤ 재판단계에서 행해지는 예측은 주로 가석방결정에 필요한 예측이다.

① ㉠, ㉢
② ㉠, ㉣
③ ㉡, ㉢
④ ㉡, ㉤

# 14

## 다음에서 설명하는 형사정책 연구방법은?

> 청소년들의 약물남용 실태를 조사하기 위하여 매 2년마다 청소년 유해환경조사를 실시하고 있다. 이 조사는 매 조사 연도에 3,000명의 청소년들을 새롭게 표본으로 선정하여 설문지를 통해 지난 1년 동안 어떤 약물을, 얼마나 복용하였는지를 질문하고 있다.

① 자기보고식조사
② 범죄피해조사
③ 추행조사
④ 참여관찰조사

## 15

**여성범죄에 대한 설명으로 옳지 않은 것은?**

① 여성범죄는 우발적이거나 상황적인 경우가 많고, 경미한 범행을 반복해서 자주 저지르는 성향이 있다.

② 폴락(Pollak)은 여성이 남성 못지 않게 범죄행위를 저지르지만, 은폐 또는 편견적 선처에 의해 통계상 적게 나타나는 것일 뿐이라고 지적하였다.

③ 신여성범죄자(new female criminals) 개념은 여성의 사회적 역할변화와 그에 따른 여성범죄율의 변화와의 관계에 초점을 맞추어 등장하였다.

④ 롬브로조(Lombroso)는 범죄여성은 신체적으로는 다른 여성과 구별되는 특징이 없지만, 감정적으로는 다른 여성과 구별되는 특징이 있다고 설명하였다.

## 16

**「보호관찰 등에 관한 법률」에 대한 설명으로 옳지 않은 것은?**

① 보호관찰은 법원의 판결이나 결정이 확정된 때 또는 가석방·임시퇴원된 때부터 시작된다.

② 보호관찰은 보호관찰 대상자의 행위지, 거주지 또는 현재지를 관할하는 보호관찰소 소속 보호관찰관이 담당한다.

③ 보호관찰소의 장은 범행내용, 재범위험성 등 보호관찰 대상자의 개별적 특성을 고려하여 그에 알맞은 지도·감독의 방법과 수준에 따라 분류처우를 하여야 한다.

④ 보호관찰소 소속 공무원은 보호관찰 대상자에 대한 정당한 직무집행과정에서 도주방지, 항거억제 등을 위하여 필요하다고 인정되는 상당한 이유가 있으면 보호장구인 수갑, 포승, 전자충격기, 가스총을 사용할 수 있다.

## 17

**범죄이론에 대한 설명으로 옳지 않은 것은?**

① 서덜랜드(Sutherland)에 의하면, 범죄행동은 학습되며 범죄자와 비범죄자의 차이는 학습과정의 차이가 아니라 접촉유형의 차이라고 한다.

② 글래이저(Glaser)에 의하면, 범죄는 행위자가 단순히 범죄적 가치와 접촉함으로써 발생하는 것이 아니라, 행위자 스스로 그것을 자기 것으로 동일시하는 단계로까지 나가야 발생한다고 한다.

③ 사이크스(Sykes)와 맛차(Matza)에 의하면, 비행소년들이 범죄자와 접촉하는 과정에서 전통의 규범을 중화시키는 기술을 습득하게 된다고 한다.

④ 머튼(Merton)에 의하면, 반응양식 중 혁신(innovation)은 문화적 목표는 부정하지만 제도화된 수단은 승인하는 형태라고 한다.

## 18

「전자장치 부착 등에 관한 법률」상 옳지 않은 것은?

① 특정범죄에는 「형법」상 살인죄의 기수범은 포함되나, 살인죄의 미수범과 예비, 음모죄는 포함되지 않는다.

② 만 19세 미만의 자에 대하여 부착명령을 선고한 때에는 19세에 이르기까지 이 법에 따른 전자장치를 부착할 수 없다.

③ 피부착자는 특정범죄사건에 대한 형의 집행이 종료되거나 면제·가석방되는 날부터 10일 이내에 주거지를 관할하는 보호관찰소에 출석하여 서면으로 신고하여야 한다.

④ 수사기관은 체포 또는 구속한 사람이 피부착자임을 알게 된 경우에는 피부착자의 주거지를 관할하는 보호관찰소의 장에게 그 사실을 통보하여야 한다.

## 19

「형법」상 보호관찰제도에 대한 설명으로 옳지 않은 것은?

① 형의 선고를 유예하는 경우에 재범방지를 위하여 지도 및 원호가 필요한 때에는 보호관찰을 받을 것을 명할 수 있으며, 이 경우 보호관찰의 기간은 1년 이내의 범위에서 법원이 정한다.

② 보호관찰을 명한 선고유예를 받은 자가 보호관찰기간 중에 준수사항을 위반하고 그 정도가 무거운 때에는 법원은 유예한 형을 선고할 수 있다.

③ 형의 집행을 유예하는 경우에 보호관찰을 받을 것을 명할 수 있으며, 이 경우 보호관찰의 기간은 원칙적으로 집행을 유예한 기간으로 하되, 다만 법원은 유예기간의 범위 내에서 보호관찰기간을 따로 정할 수 있다.

④ 가석방된 자는 가석방을 허가한 행정관청이 필요 없다고 인정한 때가 아닌 한 가석방기간 중 보호관찰을 받는다.

## 20

**소년사건에 대한 조사제도를 설명한 것으로 옳지 않은 것은?**

① 검사는 소년피의사건에 대해 소년부 송치, 공소제기 등의 처분을 결정하기 위하여 필요하다고 인정하면 피의자의 주거지 또는 검찰청 소재지를 관할하는 보호관찰소의 장 등에게 피의자의 품행, 생활환경 등에 관한 조사를 요구할 수 있다.

② 소년분류심사관은 사건의 조사에 필요하다고 인정한 때에는 기일을 정하여 보호자 또는 참고인을 소환할 수 있고, 정당한 이유 없이 이에 응하지 않을 경우 동행영장을 발부할 수 있다.

③ 법원은 소년형사범에 대해 집행유예에 따른 보호관찰, 사회봉사 또는 수강을 명하기 위해 필요하다고 인정하면 그 법원의 소재지 등의 보호관찰소의 장에게 범행동기, 생활환경 등의 조사를 요구할 수 있다.

④ 수용기관의 장은 단기 소년원 송치처분 등을 받은 소년을 수용한 경우에는 지체 없이 거주예정지를 관할하는 보호관찰소의 장에게 신상조사서를 보내 환경조사를 의뢰하여야 한다.

**보호7급 형사정책 기출문제**

## 01

회독 ☐ ☐ ☐ | 이해 ○ △ ×

**형사정책(학)에 대한 설명으로 옳지 않은 것은?**

① 형사정책은 초기에는 형사입법정책이라는 좁은 의미로 사용되었으나, 점차 범죄의 실태와 원인을 규명하여 이를 방지하려는 일반대책의 개념으로 확대되었다.

② 좁은 의미의 형사정책학은 범죄와 범죄자, 사회적 일탈행위 및 이에 대한 통제방법을 연구하는 경험과학 또는 규범학이 아닌 사실학의 총체를 말한다.

③ 형사정책학은 법학은 물론 심리학, 사회학 등 다양한 주변 학문영역의 성과를 기초로 하나, 단순한 종합과학이 아니라 범죄방지를 위한 체계적인 대책수립을 목표로 하는 독립과학이다.

④ 형사정책학은 기존 형벌체계가 과연 범죄대책으로서 유효한가에 대한 검증을 함으로써 형법규정의 개정방향을 선도한다는 점에서 형법학과 형사정책학은 상호의존성을 가진다.

## 02

회독 ☐ ☐ ☐ | 이해 ○ △ ×

**머튼(Merton)의 아노미이론에서 제시한 개인의 적응방식 중 다음의 사례에서 찾을 수 없는 유형은?**

> ㉠ 비록 자신은 충분한 교육을 받지 못했지만 주어진 조건 내에서 돈을 많이 벌려고 노력하는 자
> ㉡ 정상적인 방법으로는 부자가 될 수 없다고 판단하고 사기, 횡령 등을 행하는 자
> ㉢ 사업이 수차례 실패로 끝나자 자신의 신세를 한탄하면서 부랑생활을 하는 자
> ㉣ 환경보호를 이유로 공공기관이 시행하는 댐건설현장에서 공사중단을 요구하며 시위를 하는 자

① 혁신형(innovation)
② 회피형(retreatism)
③ 의례형(ritualism)
④ 반역형(rebellion)

## 03

회독 □ □ □ | 이해 ○ △ ✕

**학습이론(learning theory)에 대한 설명으로 옳은 것은?**

① 버제스(Burgess)와 에이커스(Akers)에 따르면, 범죄행위를 학습하는 과정은 과거에 이러한 행위를 하였을 때에 주위로부터 칭찬, 인정, 더 나은 대우를 받는 등의 보상이 있었기 때문이다.

② 타르드(Tarde)의 모방의 법칙에 따르면, 학습의 방향은 대개 우월한 사람이 열등한 사람을 모방하는 방향으로 진행된다.

③ 서덜랜드(Sutherland)에 따르면, 범죄자와 비범죄자의 차이는 접촉유형의 차이가 아니라 학습과정의 차이에서 발생한다.

④ 글래이저(Glaser)에 따르면, 범죄를 학습하는 과정에 있어서는 누구와 자신을 동일시하는지 또는 자기의 행동을 평가하는 준거집단의 성격이 어떠한지보다는 직접적인 대면접촉이 더욱 중요하게 작용한다.

## 04

회독 □ □ □ | 이해 ○ △ ✕

**각종 법률에서 규정하고 있는 연령에 대한 설명으로 옳지 않은 것은?**

① 「아동복지법」상 아동이란 18세 미만인 사람을 말한다.

② 「아동·청소년의 성보호에 관한 법률」상 아동·청소년이란 19세 미만의 자를 말한다. 다만, 19세에 도달하는 연도의 1월 1일을 맞이한 자는 제외한다.

③ 「청소년 보호법」상 청소년이란 만 19세 미만인 사람을 말한다. 다만, 만 19세가 되는 해의 1월 1일을 맞이한 사람은 제외한다.

④ 「청소년 기본법」상 청소년이란 9세 이상 19세 미만인 사람을 말한다.

## 05

**기소유예제도에 대한 설명으로 옳은 것만을 모두 고른 것은?**

> ㉠ 초범자와 같이 개선의 여지가 큰 범죄자를 모두 기소하여 전과자를 양산시키고, 무의미한 공소제기와 무용한 재판 등으로 인하여 소송경제에 반하는 문제점이 있다.
> ㉡ 「소년법」상 검사는 피의자에 대하여 범죄예방 자원봉사위원의 선도를 받게 하고 공소를 제기하지 아니할 수 있으며, 이 경우 소년과 소년의 친권자·후견인 등 법정대리인의 동의를 받아야 한다.
> ㉢ 공소권 행사에 있어 법 앞의 평등을 실현하고, 공소권 행사에 정치적 영향을 배제할 수 있다.
> ㉣ 피의자에게 전과의 낙인 없이 기소 전 단계에서 사회복귀를 가능하게 하고, 법원 및 교정기관의 부담을 덜 수 있다.

① ㉠, ㉢
② ㉡, ㉢
③ ㉡, ㉣
④ ㉠, ㉣

## 06

**벌금형에 대한 설명으로 옳은 것은?**

① 벌금은 판결확정일로부터 30일 이내에 납입하여야 하고, 벌금을 납입하지 아니한 자는 1년 이상 3년 이하의 기간 동안 노역장에 유치하여 작업에 복무하게 한다.
② 벌금은 상속이 되지 않으나 몰수 또는 조세, 전매 기타 공과에 관한 법령에 의하여 벌금의 재판을 받은 자가 재판확정 후 사망한 경우에는 그 상속재산에 관하여 집행할 수 있다.
③ 벌금형의 확정판결을 선고받은 자는 법원의 허가를 받아 벌금을 분할납부하거나 납부를 연기받을 수 있다.
④ 500만 원 이하의 벌금형이 확정된 벌금 미납자는 검사의 허가를 받아 사회봉사를 할 수 있고, 이 경우 사회봉사시간에 상응하는 벌금액을 낸 것으로 본다.

## 07

### 사회해체론에 대한 설명으로 옳지 않은 것만을 모두 고른 것은?

> ㉠ 개별적으로 누가 거주하든지 관계없이 지역의 특성과 범죄발생 간에는 중요한 연관성이 있다고 본다.
> ㉡ 쇼우(Shaw)와 맥케이(Mckay)는 도심과 인접하면서 주거지역에서 상업지역으로 바뀐 이른바 전이지역 (transitional zone)의 범죄발생률이 지속적으로 높다고 지적하였다.
> ㉢ 버식(Bursik)과 웹(Webb)은 지역사회가 주민들에게 공통된 가치체계를 실현하지 못하고 지역주민들이 공통적으로 겪는 문제를 해결할 수 없는 상태를 사회해체라고 정의하고, 그 원인을 주민의 비이동성과 동질성으로 보았다.
> ㉣ 버식(Bursik)과 웹(Webb)은 사회해체지역에서는 공식적인 행동지배규범(movement-governing rules)이 결핍되어 있으므로, 비공식적 감시와 지역주민에 의한 직접적인 통제가 커진다고 주장하였다.
> ㉤ 사회해체지역에서는 전통적인 사회통제기관들이 규제력을 상실하면서 반가치를 옹호하는 하위문화가 형성되나, 주민이동이 많아지면서 이러한 문화는 계승되지 않고 점차 줄어들면서 범죄율이 낮아진다고 본다.

① ㉠, ㉡, ㉢
② ㉡, ㉢, ㉣
③ ㉡, ㉣, ㉤
④ ㉢, ㉣, ㉤

## 08

### 다이버전(diversion)에 대한 설명 중 옳은 것(○)과 옳지 않은 것(✕)을 순서대로 바르게 나열한 것은?

> ㉠ 일반적으로 공식적 형사절차로부터의 이탈과 동시에 사회 내 처우프로그램에 위탁하는 것을 내용으로 한다.
> ㉡ 형사사법기관이 통상의 형사절차를 중단하고 이를 대체하는 새로운 절차로 이행하는 것으로, 성인형사사법보다 소년형사사법에서 그 필요성이 더욱 강조된다.
> ㉢ 기존의 사회통제체계가 낙인효과로 인해 범죄문제를 해결하기보다는 오히려 악화시킨다는 가정에서 출발하고 있다.
> ㉣ 종래에 형사처벌의 대상이 되었던 문제가 다이버전의 대상이 됨으로써 형사사법의 통제망이 축소되고 나아가 형사사법의 평등을 가져온다.

|   | ㉠ | ㉡ | ㉢ | ㉣ |
|---|---|---|---|---|
| ① | ○ | ○ | ○ | ✕ |
| ② | ○ | ✕ | ✕ | ○ |
| ③ | ✕ | ○ | ✕ | ○ |
| ④ | ○ | ✕ | ○ | ✕ |

## 09

「전자장치 부착 등에 관한 법률」상 위치추적 전자장치에 대한 설명으로 옳지 않은 것은?

① 검사는 법원에 성폭력범죄, 미성년자 대상 유괴범죄, 살인범죄, 강도범죄 및 스토킹범죄(이하 '특정범죄'라고 한다)를 범하고 다시 범할 위험성이 있다고 인정되는 사람에 대하여 위치추적 전자장치를 부착하는 명령(이하 '부착명령'이라고 한다)을 청구할 수 있다.

② 부착명령의 청구는 특정범죄사건의 공소제기와 동시에 하여야 하고, 법원은 공소가 제기된 특정 범죄사건을 심리한 결과 부착명령을 선고할 필요가 있다고 인정하는 때에는 직권으로 부착명령을 할 수 있다.

③ 법원은 특정범죄를 범한 자에 대하여 형의 집행을 유예하면서 보호관찰을 받을 것을 명할 때에는 보호관찰기간의 범위 내에서 기간을 정하여 준수사항의 이행 여부 확인 등을 위하여 전자장치를 부착할 것을 명할 수 있다.

④ 보호관찰심사위원회가 필요하지 아니하다고 결정한 경우를 제외하고, 부착명령 판결을 선고받지 아니한 특정범죄자로서 형의 집행 중 가석방되어 보호관찰을 받게 되는 자는 준수사항 이행 여부 확인 등을 위하여 가석방기간 동안 전자장치를 부착하여야 한다.

## 10

「소년법」상의 부정기형에 대한 설명으로 옳지 않은 것은?

① 소년이 법정형으로 장기 2년 이상의 유기형에 해당하는 죄를 범한 경우, 그 형의 범위에서 선고하되 장기는 10년, 단기는 5년을 초과하지 못한다.

② 형의 집행유예나 선고유예를 선고할 때에는 부정기형을 선고할 수 없다.

③ 검사는 형의 단기가 지난 소년범의 행형성적이 양호하고 교정의 목적을 달성하였다고 인정되는 경우, 법원의 허가를 얻어 형집행을 종료시킬 수 있다.

④ 부정기형을 선고받은 소년에 대해서는 단기의 3분의 1을 경과하면 가석방을 허가할 수 있다.

# 11

회독 □ □ □ | 이해 ○ △ ✕

**다음 설명 중 옳지 않은 것은?**

① 라카사뉴(Lacassagne)는 사회는 범죄의 배양기이고 범죄자는 그 미생물에 해당한다고 하여 범죄 원인은 결국 사회와 환경에 있다는 점을 강조하였다.

② 셀린(Sellin)은 동일한 문화 안에서의 사회변화에 의한 갈등을 1차적 문화갈등이라고 하고, 이질적 문화 간의 충돌에 의한 갈등을 2차적 문화갈등이라고 설명하였다.

③ 뒤르켐(Durkheim)은 집단적 비승인이 존재하는 한 범죄는 모든 사회에 어쩔 수 없이 나타나는 현상으로, 병리적이기보다는 정상적인 현상이라고 주장하였다.

④ 코헨(Cohen)은 중산층 문화에 적응하지 못한 하위계층 출신 소년들이 자신을 궁지에 빠뜨린 문화나 가치체계와는 정반대의 비행하위문화를 형성한다고 보았다.

# 12

회독 □ □ □ | 이해 ○ △ ✕

**낙인이론이 주장하는 형사정책적 결론에 부합하는 것만을 모두 고른 것은?**

⊙ 기존 형법의 범죄목록 중에서 사회변화로 인하여 더 이상 사회위해성이 없는 행위로 평가되는 것은 범죄목록에서 삭제해야 한다.

ⓒ 가능한 한 범죄에 대한 공식적 반작용은 비공식적 반작용으로, 중한 공식적 반작용은 경한 공식적 반작용으로 대체되어야 한다.

ⓒ 가능한 한 범죄자를 자유로운 공동체 내에 머물게 하여 자유로운 상태에서 그를 처우하여야 한다.

ⓔ 범죄자의 재사회화가 성공적으로 이루어진 후에는 그의 사회적 지위를 되돌려주는 탈낙인화가 뒤따라야 한다.

① ㉠, ㉢

② ㉡, ㉣

③ ㉠, ㉡, ㉢

④ ㉠, ㉡, ㉢, ㉣

## 13

「소년법」상 보호사건의 처리절차에 대한 설명으로 옳은 것만을 모두 고른 것은?

> ⊙ 경찰서장이 촉법소년과 우범소년을 발견한 때에는 검사를 거쳐 소년부에 송치하여야 한다.
> ⓛ 검사는 소년에 대한 피의사건을 수사한 결과 보호처분에 해당하는 사유가 있다고 인정한 경우에는 사건을 관할 소년부에 송치하여야 한다.
> ⓒ 소년부 판사는 소년의 품행을 교정하고 피해자를 보호하기 위하여 필요하다고 인정하면 소년에게 피해 변상 등 피해자와의 화해를 권고할 수 있다.
> ② 소년부 판사는 심리 결과 보호처분을 할 수 없거나 할 필요가 없다고 인정하면 불처분 결정을 하고, 이를 사건 본인과 보호자에게 알려야 한다.
> ⑩ 보호처분의 결정에 대해서 본인·보호자·보조인 또는 그 법정대리인은 관할 가정법원 또는 지방법원 본원 합의부에 항고할 수 있고, 항고가 있는 경우 보호처분의 집행은 정지된다.

① ㉠, ㉡, ㉣
② ㉡, ㉢, ㉣
③ ㉡, ㉢, ㉤
④ ㉢, ㉣, ㉤

## 14

「치료감호 등에 관한 법률」상 치료감호에 대한 설명으로 옳지 않은 것은?

① 심신장애, 마약류·알코올이나 그 밖의 약물중독, 정신성적 장애가 있는 상태 등에서 범죄행위를 한 자로서 재범위험성이 있고 특수한 교육·개선 및 치료가 필요하다고 인정되는 자에 대해 보호와 치료를 하는 것을 말한다.
② 피의자가 심신상실자(형법 제10조 제1항)에 해당하여 벌할 수 없는 경우, 검사는 공소를 제기하지 아니하고 치료감호만을 청구할 수 있다.
③ 치료감호와 형이 병과된 경우에는 형을 먼저 집행하고, 이 경우 형의 집행기간은 치료감호 집행기간에 포함한다.
④ 소아성기호증, 성적 가학증 등 성적 성벽(性癖)이 있는 정신성적 장애자로서 금고 이상의 형에 해당하는 성폭력범죄를 지은 자에 대한 치료감호는 15년을 초과할 수 없다.

## 15

**다음 설명 중 옳지 않은 것은?**

① 롬브로조(Lombroso)는 범죄인류학적 입장에서 범죄인을 분류하였으나, 페리(Ferri)는 롬브로조가 생물학적 범죄원인에 집중한 나머지 범죄인의 사회적 영향을 무시한다고 비판하고, 범죄사회학적 요인을 고려하여 범죄인을 분류하였다.

② 가로팔로(Garofalo)는 생물학적 요소에 사회심리학적 요소를 덧붙여 범죄인을 자연범과 법정범으로 구분하고, 과실범은 처벌하지 말 것을 주장하였다.

③ 아샤펜부르크(Aschaffenburg)는 개인적 요인과 환경적 요인을 결합하여 범죄인으로부터 생겨나는 법적 위험성을 기준으로 범죄인을 분류하였다.

④ 리스트(Liszt)는 형벌의 목적을 개선, 위하, 무해화로 나누고, 선천적으로 범죄성향이 있으나 개선이 가능한 자에 대해서는 개선을 위한 형벌을 부과해야 한다고 하면서, 이러한 자에 대해서는 단기자유형이 효과적이라고 주장하였다.

## 16

**형사절차상 피해자에 대한 설명으로 옳지 않은 것은?**

① 범죄로 인해 인적 또는 물적 피해를 받은 자가 가해자의 불명 또는 무자력의 사유로 인하여 피해의 전부 또는 일부를 배상받지 못하는 경우, 국가는 피해자 또는 유족에게 범죄피해 구조금을 지급한다.

② 제1심 또는 제2심 형사공판절차에서 일정한 범죄에 관하여 유죄판결을 선고할 경우, 법원은 범죄행위로 인하여 발생한 직접적인 물적 피해, 치료비 손해 및 위자료의 배상을 명할 수 있다.

③ 범죄로 인한 피해자는 고소할 수 있고, 고소는 제1심판결 선고 전까지 취소할 수 있다.

④ 법원은 범죄피해자의 신청이 있는 때에는, 당해 사건에 관하여 공판절차에서 충분히 진술하여 다시 진술할 필요가 없거나 공판절차가 현저하게 지연될 우려가 있는 경우를 제외하고는 피해자를 증인으로 신문하여야 한다.

## 17

「소년법」상 보호처분에 대한 설명으로 옳지 않은 것은?

① 사회봉사명령은 14세 이상의 소년에게만 할 수 있다.

② 수강명령과 장기 소년원 송치처분은 12세 이상의 소년에게만 할 수 있다.

③ 보호관찰관의 장기 보호관찰과 단기 소년원 송치처분 상호 간에는 병합할 수 있다.

④ 보호관찰관의 단기 보호관찰 또는 장기 보호관찰처분을 부과하는 때에는 3개월 이내의 기간을 정하여 대안교육 또는 소년의 상담·선도·교화와 관련된 단체나 시설에서의 상담·교육을 받을 것을 동시에 명할 수 있다.

## 18

소년비행의 원인에 대한 설명으로 옳지 않은 것은?

① 맛차(Matza)와 사이크스(Sykes)에 따르면, 일반소년과 달리 비행소년은 처음부터 전통적인 가치와 문화를 부정하는 성향을 가지고 있으며, 차별적 접촉과정에서 전통규범을 중화시키는 기술이나 방법을 습득한다.

② 레클리스(Reckless)에 따르면, 누구든지 비행으로 이끄는 힘과 이를 차단하는 힘을 받게 되는데, 만일 비행으로 이끄는 힘이 차단하는 힘보다 강하면 범죄나 비행을 저지르게 된다.

③ 허쉬(Hirschi)에 따르면, 누구든지 비행가능성이 잠재되어 있고, 이를 통제하는 요인으로 개인이 사회와 맺고 있는 일상적인 유대가 중요하다.

④ 나이(Nye)에 따르면, 소년비행을 예방할 수 있는 방법 중 가장 효율적인 것은 비공식적 간접통제 방법이다.

## 19

다음 설명 중 옳지 않은 것은?

① 형의 선고유예를 받은 날로부터 2년을 경과한 때에는 면소된 것으로 간주한다.

② 형의 집행유예를 받은 후 실효 또는 취소됨이 없이 유예기간을 경과한 때에는 형의 집행이 면제된다.

③ 가석방의 처분을 받은 후 그 처분이 실효 또는 취소되지 아니하고 가석방기간을 경과한 때에는 형의 집행을 종료한 것으로 본다.

④ 일반사면을 받은 경우, 특별한 규정이 있을 때를 제외하고는 형선고의 효력이 상실되며, 형을 선고받지 아니한 자에 대해서는 공소권이 상실된다.

## 20

**보안처분에 대한 설명으로 옳지 않은 것은? (다툼이 있는 경우 판례에 의함)**

① 일반적으로 보안처분은 반사회적 위험성을 가진 자에 대하여 사회방위와 교화를 목적으로 하는 예방적 처분이라는 점에서 범죄자에 대하여 응보를 주된 목적으로 하는 사후적 처분인 형벌과 그 본질을 달리한다.

② 「아동·청소년의 성보호에 관한 법률」상 신상정보 공개·고지명령은 아동·청소년대상 성폭력범죄 등을 효과적으로 예방하고 그 범죄로부터 아동·청소년을 보호함을 목적으로 하는 일종의 보안처분이다.

③ (구) 「특정 범죄자에 대한 보호관찰 및 전자장치 부착 등에 관한 법률」상 성폭력범죄자에 대한 전자감시는 성폭력범죄자의 재범방지와 성행교정을 통한 재사회화를 위하여 위치추적 전자장치를 신체에 부착함으로써 성폭력범죄로부터 국민을 보호함을 목적으로 하는 일종의 보안처분이다.

④ 「가정폭력범죄의 처벌 등에 관한 특례법」이 정한 사회봉사명령은 가정폭력범죄를 범한 자에 대하여 환경의 조정과 성행의 교정을 목적으로 하는 보안처분으로서, 원칙적으로 형벌불소급의 원칙이 적용되지 않는다.

## 01

**회복적 사법에 대한 설명으로 옳지 않은 것은?**

① 회복적 사법은 지역사회의 피해를 복구하고 사회적 화합을 도모할 수 있다.

② 회복적 사법은 가해자에게 진심으로 반성할 수 있는 기회를 제공함으로써 재사회화에도 도움이 된다.

③ 회복적 사법은 회복목표가 명확하고 재량이 광범위하여 평가기준이 가변적이라는 장점이 있다.

④ 회복적 사법은 형사화해를 통해 형벌이 감면되는 경우, 낙인효과를 경감시킬 수 있다.

## 02

**사형제도에 대한 설명으로 옳은 것은?**

① 형법상 절대적 법정형으로서 사형을 과할 수 있는 죄는 적국을 위하여 모병한 모병이적죄뿐이다.

② 죄를 범할 당시 만 18세 미만인 소년에 대하여 사형으로 처할 경우에는 25년의 유기징역으로 한다.

③ 헌법재판소에 의하면, 사형제도를 법률상 존치시킬 것인지 또는 폐지할 것인지의 문제는 사형제도의 존치가 바람직한지에 관한 평가를 통하여 민주적 정당성을 가진 입법부가 결정할 입법정책적 문제이지 헌법재판소가 심사할 대상은 아니라고 한다.

④ 현재 우리나라는 거의 매년 사형이 집행되어 국제사면위원회(Amnesty International)가 규정한 실질적 사형존속국에 속한다.

## 03

**형사정책은 범죄예방 및 통제에 대한 정부나 사회의 입장을 반영한다. 형사정책의 관점 및 범죄통제 유형에 대한 설명으로 옳지 않은 것은?**

① 범죄억제모델은 처벌을 통하여 범죄자들의 잠재적 범죄를 예방하고, 이를 통하여 사회를 안전하게 보호하는 데 중점을 둔다.

② 사회환경 개선을 통한 범죄예방모델은 범죄의 원인을 개인과 환경과의 상호작용에서 찾음으로써 사회적 범죄환경요인을 개선 내지 제거할 것을 주장한다.

③ 적법절차 관점은 형사사법절차상 범죄자의 권리와 법적 절차를 충실하게 지키도록 형사사법기관의 자유재량(discretion)을 최대한 존중해야 한다고 주장한다.

④ 치료적 사법 관점은 단순한 법적용과 기계적 처벌 위주의 전통적 형사사법의 한계를 극복하기 위해 범죄자에 내재해 있는 범죄발생요인을 근본적으로 치유하는 데 중점을 둔다.

## 04

**보호관찰을 부과할 수 있는 경우가 아닌 것은?**

① 절도죄에 대한 6개월의 징역형의 선고를 유예하는 경우

② 상해죄에 대한 1년의 징역형의 집행을 유예하는 경우

③ 강도죄로 3년의 징역형을 선고받고 2년이 경과한 후 가석방처분을 받는 경우

④ 내란죄로 5년의 징역형이 확정된 후 형의 전부의 집행을 받은 경우

## 05

**밀러(Miller)의 하류계층 하위문화이론에 대한 설명으로 옳지 않은 것은?**

① 하류계층의 비행을 '중류층에 대한 반발에서 비롯된 것'이라는 코헨(Cohen)의 주장에 반대하고, 그들만의 독특한 하류계층 문화 자체가 집단비행을 발생시킨다고 보았다.

② 하류계층의 대체문화가 갖는 상이한 가치는 지배계층의 문화와 갈등을 초래하며, 지배집단의 문화와 가치에 반하는 행위들이 지배계층에 의해 범죄적·일탈적 행위로 간주된다고 주장한다.

③ 하류계층의 비행이 반항도 혁신도 아닌 그들만의 독특한 '관심의 초점'을 따르는 동조행위라고 보았다.

④ 하류계층의 문화를 범죄적 하위문화, 갈등적 하위문화, 도피적 하위문화로 분류하였다.

## 06

**재판단계의 형사정책에 대한 다음의 설명 중에서 옳은 것(○)과 옳지 않은 것(×)이 바르게 짝지어진 것은?**

ㄱ. 유일점 형벌이론은 형이상학적 목적형사상을 기초로 한 절대적 형벌이론이다.
ㄴ. 공판절차 이분론은 소송절차를 범죄사실의 인정절차와 양형절차로 나누자는 주장을 말한다.
ㄷ. 판결 전 조사제도는 보호관찰의 활성화에 기여할 수 있는 장점이 있다.
ㄹ. 가석방자에 대한 보호관찰은 필요적 사법처분이므로 반드시 보호관찰을 부과하여야 한다.

|   | ㄱ | ㄴ | ㄷ | ㄹ |
|---|---|---|---|---|
| ① | × | ○ | ○ | × |
| ② | × | × | ○ | × |
| ③ | ○ | × | ○ | ○ |
| ④ | ○ | × | × | ○ |

## 07

**범죄문제의 현황을 파악하는 자료로 활용되는 공식범죄통계와 범죄피해조사에 대한 설명으로 옳은 것으로만 묶인 것은?**

ㄱ. 공식범죄통계는 일선경찰서의 사건처리방침과 경찰관들의 재량행위로 인하여 범죄율이 왜곡되고 축소될 가능성이 있다.
ㄴ. 범죄피해조사는 응답자의 기억에 오류가 있을 수 없기에 비교적 정확히 범죄의 수준을 파악할 수 있다.
ㄷ. 공식범죄통계를 통해서 범죄현상의 내재적 상관관계나 범죄원인을 밝힐 수 있다.
ㄹ. 범죄피해조사에 대해서는 범죄구성요건에 대한 응답자의 지식이 충분하지 못하고, 질문문항이 잘못 작성될 가능성이 있다는 등의 문제점이 지적된다.
ㅁ. 공식범죄통계와 범죄피해조사는 각기 나름대로의 한계가 있기 때문에 범죄의 수준을 측정하는 도구로 완벽하다고 볼 수는 없다.

① ㄱ, ㄴ, ㄷ
② ㄱ, ㄹ, ㅁ
③ ㄴ, ㄷ, ㄹ
④ ㄴ, ㄷ, ㅁ

## 08

**배상명령에 대한 설명으로 옳지 않은 것은?**

① 배상신청은 항소심 공판의 변론이 종결되기 전까지 피해자나 그 상속인이 신청할 수 있다. 다만, 다른 절차에 따른 손해배상청구가 법원에 계속 중일 때에는 배상신청을 할 수 없다.

② 신청인 및 그 대리인은 재판장의 허가를 받아 소송기록을 열람할 수 있고, 공판기일에 피고인을 신문할 수 있다. 재판장이 이를 불허하는 때에는 이의신청을 할 수 있다.

③ 배상명령은 유죄판결의 선고와 동시에 하고, 배상의 대상과 금액을 유죄판결의 주문에 표시하여 하되, 배상명령의 이유는 기재하지 않을 수 있다.

④ 유죄판결에 대한 상소가 제기된 경우에는 배상명령은 피고사건과 함께 상소심으로 이심되고, 상소심은 원심판결을 유지하는 경우에도 원심의 배상명령을 취소하거나 변경할 수 있다.

## 09

**형사정책에 대한 학자들의 주장 [보기 1]과 이에 대한 분석 [보기 2]가 있다. [보기 2]의 분석 중 옳은 것을 모두 고르면?**

---

[보기 1]

A. 범죄학은 영토를 가지지 않은 제왕의 학문이다. (Sellin)

B. 범죄는 불가피하고 정상적인 사회현상이다. (Durkheim)

C. 형법은 형사정책의 극복할 수 없는 한계이다. (Liszt)

D. 피해자의 존재가 오히려 범죄자를 만들어 낸다. (Hentig)

E. 암수범죄에 대한 연구는 축소적으로 실현된 정의(正義)에 대한 기본적 비판이다. (Kaiser)

---

[보기 2]

ㄱ. A는 범죄원인은 종합적으로 규명되어야 하기 때문에 범죄학은 범죄사회학 이외에도 범죄생물학, 범죄심리학 등 모든 관련 주변 학문영역에 대해 개방적일 수밖에 없음을 표현한 것이다.

ㄴ. B는 범죄가 사회의 규범유지를 강화시켜 주는 필수적이고 유익한 기능을 한다는 설명이다.

ㄷ. C는 형법의 보호적 기능이 형사정책을 제한하는 점에 대한 설명이다.

ㄹ. D는 범죄피해자는 단순한 수동적 객체에 불과한 것이 아니라 범죄화과정에 있어서 적극적인 주체라는 점을 부각시킨 설명이다.

ㅁ. E는 숨은 범죄의 존재로 인해 범죄에 대한 대책을 수립하는 데 범죄통계가 충분한 출발점이 될 수 없음을 나타낸 표현이다.

---

① ㄱ, ㄴ, ㄹ, ㅁ

② ㄱ, ㄴ, ㅁ

③ ㄴ, ㄷ, ㄹ, ㅁ

④ ㄷ, ㄹ, ㅁ

## 10

회독 ☐☐☐ | 이해 ○ △ ✕

**소년분류심사에 대한 설명으로 옳지 않은 것은?**

① 소년분류심사원은 소년을 수용하여 자질을 심사할 수 있다.

② 소년분류심사는 조사방법에 따라 일반분류심사와 특별분류심사로 구분되는데, 후자는 비행의 내용이 중대하고 복잡한 소년을 대상으로 한다.

③ 소년부 판사의 소년분류심사원에 대한 위탁조치는 언제든지 결정으로써 취소할 수 있다.

④ 소년분류심사는 소년보호사건뿐만 아니라 소년형사사건을 조사 또는 심리하기 위해서도 행해진다.

## 11

회독 ☐☐☐ | 이해 ○ △ ✕

**다음은 슈나이더(Schneider)가 분류한 정신병질의 특징과 범죄의 관련성에 대해 설명한 것이다. 괄호 안에 들어갈 말이 바르게 짝지어진 것은?**

- ( ㉠ ) 정신병질자는 인간이 보편적으로 갖는 고등감정이 결핍되어 있으며, 냉혹하고 잔인한 범죄를 저지르는 경우가 많다.
- ( ㉡ ) 정신병질자는 환경의 영향을 많이 받으며, 누범의 위험이 높다.
- ( ㉢ ) 정신병질자는 심신의 부조화 상태를 늘 호소하면서 타인의 동정을 바라는 성격을 가지며, 일반적으로 범죄와는 관계가 적다.
- ( ㉣ ) 정신병질자는 낙천적이고 경솔한 성격을 가지고 있으며, 상습사기범이 되기 쉽다.

| | ㉠ | ㉡ | ㉢ | ㉣ |
|---|---|---|---|---|
| ① | 광신성 | 의지박약성 | 우울성 | 발양성 |
| ② | 무정성 | 의지박약성 | 무력성 | 발양성 |
| ③ | 광신성 | 자신결핍성 | 우울성 | 기분이변성 |
| ④ | 무정성 | 자신결핍성 | 무력성 | 기분이변성 |

## 12

**소년보호의 원칙에 대한 설명으로 옳지 않은 것으로만 묶인 것은?**

> ㄱ. 집단적으로 몰려다니며 주위 사람들에게 불안감을 조성하는 성벽이 있는 소년을 소년법의 규율대상으로
>    하는 것은 소년보호의 예방주의원칙에서 나온 것이다.
> ㄴ. 인격주의는 보호소년을 개선하여 사회생활에 적응시키고 건전하게 육성하기 위해 소년사법절차를 가급
>    적 비공개로 해야 한다는 원칙이다.
> ㄷ. 교육주의는 반사회성이 있는 소년의 건전한 육성을 위한 환경조성과 성행의 교정에 필요한 보호처분을
>    행하고, 형사처분을 할 때 특별한 조치를 취해야 한다는 것을 말한다.
> ㄹ. 소년사건조사에서 전문지식을 활용하여 소년과 보호자 또는 참고인의 품행·경력·가정상황 그 밖의
>    환경 등을 밝히도록 노력해야 한다고 규정한 것은 소년보호의 개별주의를 선언한 것이다.
> ㅁ. 협력주의는 효율적 소년보호를 위해 국가는 물론이고 소년의 보호자를 비롯한 민간단체 등이 서로 협력해
>    야 한다는 것을 말한다.

① ㄱ, ㄴ
② ㄱ, ㄷ, ㅁ
③ ㄴ
④ ㄹ, ㅁ

## 13

**소년법상 소년보호사건의 대상이 될 수 없는 경우는?**
① 동생을 상해한 만 12세의 소년
② 정당한 이유 없이 상습으로 가출하는 등 형벌 법령에 저촉되는 행위를 할 우려가 있는 만 9세의
   소년
③ 친구들과 몰려다니며 여학생들을 괴롭히는 등 장래에 범죄를 범할 우려가 있는 만 11세의 소년
④ 장난을 치다가 실수로 친구의 눈을 실명케 한 만 15세의 소년

## 14

중학교 3학년인 만 15세의 甲은 정당한 이유 없이 가출하였다. 가출 이후 생활비를 마련하기 위해 유흥주점에서 심부름을 하는 일을 하다가, 술에 취한 손님 乙과 실랑이를 벌이다가 乙을 떠밀어 바닥에 넘어지게 하였다. 甲에 대하여 검사가 취한 조치 중 옳지 않은 것은?

① 공소제기 여부를 결정하기 위하여 소년의 주거지 보호관찰소장에게 소년의 품행·경력·생활환경 등에 대한 조사를 요구하였다.

② 보호처분이 필요하다고 판단하고 지방법원 소년부로 송치하였다.

③ 행위가 경미하다고 판단하여 즉결심판을 청구하였다.

④ 형사소추의 필요성이 인정된다고 판단하고 공소를 제기하였다.

## 15

현행법상 청소년 보호에 대한 설명으로 옳은 것은? (다툼이 있는 경우 판례에 의함)

① 청소년보호법상 '청소년'은 아동·청소년의 성보호에 관한 법률상의 '아동·청소년'과 범위가 같다.

② 인터넷게임의 제공자는 만 16세 미만의 청소년에게 오전 0시부터 오전 6시까지 인터넷게임을 제공하여서는 안 된다.

③ 종래 청소년 보호법에는 청소년유해매체물임을 표시하지 아니하고 청소년에게 유해매체물을 제공한 업체의 이름·대표자명·위반행위의 내용 등을 공표할 수 있도록 규정하였으나, 이는 헌법이 보장하고 있는 프라이버시권을 침해한다는 이유로 헌법재판소에 의해 위헌결정을 받았다.

④ 아동·청소년의 성보호에 관한 법률에 규정된 청소년 성매수자에 대한 신상공개는 이를 공개하는 과정에서 수치심 등이 발생하므로, 기존의 형벌 외에 또 다른 형벌로서 수치형이나 명예형에 해당하여 이중처벌 금지원칙에 위배된다.

## 16

**소년법에 규정된 소년범죄자에 대한 형사처분의 특례규정으로 볼 수 없는 것으로만 묶인 것은?**

> ㄱ. 구속영장의 발부제한
> ㄴ. 구속 시 성인피의자, 피고인과의 분리수용
> ㄷ. 소년형사사건의 필요사항에 대한 조사관의 필요적 위촉
> ㄹ. 가석방조건의 완화
> ㅁ. 소년분류심사원 위탁기간의 미결구금일수 산입
> ㅂ. 보도금지의 완화
> ㅅ. 보호처분 계속 중 징역형이 선고된 경우, 보호처분 우선집행

① ㄱ, ㄷ, ㄹ
② ㄴ, ㅁ, ㅅ
③ ㄷ, ㅂ, ㅅ
④ ㅁ, ㅂ, ㅅ

## 17

**서덜랜드(Sutherland)의 차별접촉이론을 보완하는 주장들에 대한 설명으로 옳은 것으로만 묶인 것은?**

> ㄱ. 법위반에 우호적인 대상과 반드시 대면적 접촉을 필요로 하는 것은 아니므로, 영화나 소설 등을 통한 간접적인 접촉을 통해서도 범죄행동을 모방할 수 있다.
> ㄴ. 사람들이 사회와 맺는 사회유대의 정도에 따라 범죄행동이 달라질 수 있다.
> ㄷ. 하층이나 소수민, 청소년, 여성처럼 사회적 약자에게 법은 불리하게 적용될 수 있다.
> ㄹ. 비행은 주위 사람들로부터 학습되지만 학습원리, 즉 강화의 원리에 의해 학습된다.
> ㅁ. 비합법적인 수단에 대한 접근가능성에 따라서 비행하위문화의 성격 및 비행의 종류도 달라진다.

① ㄱ, ㄴ
② ㄱ, ㄹ
③ ㄴ, ㄷ
④ ㄴ, ㅁ

## 18

### 화이트칼라 범죄에 대한 설명으로 옳지 않은 것으로만 묶인 것은?

ㄱ. 화이트칼라 범죄는 사회지도층에 대한 신뢰를 파괴하고, 불신을 초래할 수 있다.

ㄴ. 화이트칼라 범죄는 청소년비행이나 하류계층 범인성의 표본이나 본보기가 될 수 있다.

ㄷ. 화이트칼라 범죄는 폭력성이 전혀 없다는 점에서 전통적인 범죄유형과 구별된다.

ㄹ. 화이트칼라 범죄는 업무활동에 섞여 일어나기 때문에 적발이 용이하지 않고 증거수집이 어려운 특성이 있다.

ㅁ. 경제발전과 소득증대로 화이트칼라 범죄를 범하는 계층은 점차 확대되어 가는 경향이 있다.

ㅂ. 서덜랜드는 사회적 지위와 직업활동이라는 요소로 화이트칼라 범죄를 개념정의한다.

ㅅ. 화이트칼라 범죄는 직접적인 피해자를 제외하고는 다른 사람들에게 영향을 미치지 않는다.

ㅇ. 화이트칼라 범죄는 전문적 지식이나 기법을 기반으로 행해지기 때문에 대체로 위법성의 인식이 분명한 특성이 있다.

① ㄱ, ㄹ, ㅇ

② ㄴ, ㅅ

③ ㄷ, ㅇ

④ ㅁ, ㅂ, ㅅ


## 19

### 보호관찰, 사회봉사명령, 수강명령에 대한 설명으로 옳지 않은 것으로만 묶인 것은?

ㄱ. 형의 집행을 유예하는 경우, 보호관찰을 받을 것을 명하거나 사회봉사 또는 수강을 명할 수 있다. 이 경우 보호관찰, 사회봉사·수강명령은 모두 동시에 명할 수 없다.

ㄴ. 집행유예 시 보호관찰기간은 형의 집행을 유예한 기간으로 한다. 다만, 법원은 유예기간의 범위 내에서 보호관찰기간을 정할 수 있다.

ㄷ. 사회봉사명령은 500시간 범위 내에서 일정 시간 동안 무보수로 근로에 종사하도록 하는 제도이다. 다만, 소년의 경우 사회봉사명령은 200시간 이내이다. 사회봉사명령은 집행유예기간에 상관없이 이를 집행할 수 있다.

ㄹ. 수강명령은 200시간 이내에서 일정 시간 동안 지정된 장소에 출석하여 강의, 훈련 또는 상담을 받게 하는 제도이다. 소년의 경우 만 12세 이상의 소년에게만 부과할 수 있고, 시간은 100시간 이내이다.

ㅁ. 사회봉사명령이나 수강명령은 원상회복과 함께 자유형에 대한 대체수단으로, 우리나라에서는 형법에 먼저 도입되었고, 소년법에 확대적용되었다.

① ㄱ, ㄴ, ㄷ, ㄹ

② ㄱ, ㄷ, ㅁ

③ ㄴ, ㄹ, ㅁ

④ ㄷ, ㄹ

## 20

### 다음의 범죄이론과 그 내용이 바르게 짝지어진 것은?

ㄱ. 억제이론(deterrence theory)
ㄴ. 차별접촉이론(differential association theory)
ㄷ. 사회유대이론(social bond theory)
ㄹ. 낙인이론(labeling theory)
ㅁ. 사회해체이론(social disorganization theory)

A. 도심지역의 주민이동과 주민이질성이 범죄발생을 유도한다.
B. 지하철에 정복경찰관의 순찰을 강화하자 범죄가 감소했다.
C. 부모와의 애착이 강한 청소년일수록 비행가능성이 낮다.
D. 청소년비행의 가장 강력한 원인은 비행친구에 있다.
E. 어려서부터 문제아로 불리던 사람은 성인이 되어서도 범죄성향이 강하게 나타난다.

|  | ㄱ | ㄴ | ㄷ | ㄹ | ㅁ |
|---|---|---|---|---|---|
| ① | A | B | E | C | D |
| ② | A | E | D | B | C |
| ③ | B | C | D | A | E |
| ④ | B | D | C | E | A |

**보호7급 형사정책 기출문제**

## 01

**사이크스(Sykes)와 맛차(Matza)의 표류이론 중 다음에 해당하는 중화기술은?**

> 말썽을 부려 부모로부터 꾸중을 듣게 되자 오히려 꾸짖는 부모에게 "아버지가 내게 해 준 게 뭐가 있는데?"라며 항변하고, 오히려 자신의 잘못된 행동은 모두 부모의 무능 탓으로 돌리고 있다.

① 책임의 부정(denial of responsibility)
② 손상의 부정(denial of injury)
③ 비난자에 대한 비난(condemnation of the condemners)
④ 피해자의 부정(denial of victim)

## 02

**낙인이론에 대한 설명으로 옳지 않은 것은?**
① 낙인이론을 형성하는 기본개념으로 상징적 상호작용론, 악의 극화, 충족적 자기예언의 성취 등을 들 수 있다.
② 형사사법기관의 역할에 대해 회의적이며, 공식적 낙인은 사회적 약자에게 차별적으로 부여될 가능성이 높다고 본다.
③ 낙인이론은 주로 2차적인 일탈보다는 개인적·사회적 원인들로부터 야기되는 1차적인 일탈을 설명하는 것이 핵심이다.
④ 낙인이론에 입각한 범죄대응정책으로는 전환제도(diversion), 비시설화, 비범죄화 그리고 적정절차(due process) 등을 들 수 있다.

## 03

**양형이론에 대한 설명으로 옳지 않은 것은?**

① 형벌책임의 근거를 비난가능성에서 구하는 것은 객관적이고 중립적이어야 할 국가형벌권의 행사가 감정에 치우칠 위험이 있다.

② 양형이론 중 범주이론 또는 재량여지이론(Spielraumtheorie)은 예방의 관점을 고려한 것으로, 법관에게 일정한 형벌목적으로 고려할 수 있는 일정한 재량범위를 인정하는 장점을 가지고 있다.

③ 유일점 형벌이론(Punktstrafentheorie)에 의하면, 책임은 언제나 하나의 고정된 크기를 가지므로 정당한 형벌은 언제나 하나일 수밖에 없다.

④ 양형에서 법적 구성요건의 표지에 해당하는 사정이 다시 고려되어도 무방하다는 이중평가의 원칙이 적용된다.

## 04

**범죄예측방법에 대한 설명으로 옳지 않은 것은?**

① 직관적 예측방법은 실무경험이 많은 판사, 검사, 교도관 등이 실무에서 애용하고 있는 방법으로, 교육과 훈련을 통해 주관적 자의를 통제할 수 있기에 신뢰성이 높다.

② 통계적 예측방법은 범죄자의 특징을 계량화하여 객관적 기준에 의존하기 때문에 실효성과 공정성을 확보할 수 있지만 범죄요인의 상이한 선별기준에 대한 대책이 없다.

③ 임상적 예측방법은 정신과의사나 범죄학 교육을 받은 심리학자가 행위자의 성격분석을 토대로 내리는 예측으로, 판단자의 주관적 평가를 통제할 수 없고 많은 시간과 비용이 소요된다.

④ 통합적 예측방법은 직관적 예측, 통계적 예측 및 임상적 예측방법을 절충함으로써 각각의 단점을 보완하고자 하는 예측방법으로, 다양한 예측방법의 단점을 어느 정도는 극복할 수 있다.

## 05

**민간경비의 필요성에 대한 설명으로 옳지 않은 것은?**

① 갈수록 복잡·다원화되는 사회에서 경찰 등 공권력의 공백을 메워 줄 수 있다.

② 국민의 요구에 부합하는 양질의 치안서비스를 제공하고, 사회형평성을 증대하는 효과가 있다.

③ 수익자부담원칙에 따라 국가의 치안 관련 예산을 절감할 수 있다.

④ 경찰력을 보다 필요한 곳에 집중배치할 수 있게 된다.

## 06

**다음 (가)~(라)에 해당하는 범죄학 연구방법을 바르게 짝지은 것은?**

> (가) 인류학자들이 즐겨 사용하는 연구방법이다. 조사대상자들과 인간적인 교감을 형성하면서 연구를 진행해야 하기 때문에 많은 시간이 소요된다.
>
> (나) 집단의 등가성 확보, 사전과 사후조사, 대상집단과 통제집단이라는 세 가지 전제조건을 특징으로 하고, 연구의 내적 타당성에 영향을 미치는 요인들을 통제하는 데 유리한 연구방법이다.
>
> (다) 기술적 연구나 추론적 연구를 위한 양적 자료를 수집하고 인과성 문제를 다루기 위한 연구방법이며, 설문지, 면접, 전화접촉 등을 활용한다.
>
> (라) 미시범죄학적인 연구방법이며, 하나 또는 몇 개의 대상에 대한 깊이 있는 정밀조사를 목표로 한다. 전형적인 대상이 아니면 다른 상황에 일반화할 수 없다는 단점이 있다. 대표적인 연구로는 서덜랜드(Sutherland)의 '전문절도범(Professional Thief)'이 있다.

|   | (가) | (나) | (다) | (라) |
|---|------|------|------|------|
| ① | 실험연구 | 조사연구 | 사례연구 | 참여관찰 |
| ② | 참여관찰 | 실험연구 | 조사연구 | 사례연구 |
| ③ | 사례연구 | 실험연구 | 참여관찰 | 조사연구 |
| ④ | 조사연구 | 참여관찰 | 사례연구 | 실험연구 |

## 07

**형사정책의 의의에 대한 설명으로 옳은 것으로만 묶인 것은?**

> ㉠ 좁은 의미의 국가작용으로서의 형사정책은 범죄방지를 간접적·종속적 목적으로 하는 활동을 의미한다.
>
> ㉡ "최선의 사회정책이 가장 좋은 형사정책이다."라는 말은 넓은 의미의 국가작용으로서의 형사정책을 의미한다.
>
> ㉢ "범죄학은 영토를 가지지 않은 제왕의 학문이다."라고 한 셀린의 말은 넓은 의미의 형사정책학의 특징을 잘 표현한다.
>
> ㉣ "형법은 형사정책의 뛰어 넘을 수 없는 한계이다."라고 한 리스트의 말은 형법에 대한 형사정책의 우위성을 강조한 말이다.

① ㉠, ㉢

② ㉠, ㉣

③ ㉡, ㉢

④ ㉡, ㉣

## 08

**민영교도소에 대한 설명으로 옳지 않은 것은?**

① 민영교도소는 국가예산을 절감하는 데 도움이 된다.
② 이윤추구를 위한 수형자 노동착취와 인권침해 그리고 형사사법망의 지나친 확대 등에 대한 우려가 있다.
③ 민영교도소의 본질은 법률이 위임하는 범위 안에서 그 운영을 위탁하는 것이므로, 국가의 형벌권 독점에 대한 예외이다.
④ 민영교도소는 처우프로그램의 융통성과 다양성을 제공할 수 있는 장점이 있다.

## 09

**지역사회경찰활동(community policing)에 대한 설명으로 옳지 않은 것은?**

① 발생한 범죄와 범죄자에 대한 대응활동에 중점을 둔 경찰활동을 말한다.
② 범죄와 비행의 원인이 되는 지역사회의 문제를 주민과의 연대를 통하여 해결하는 것을 지향한다.
③ 지역사회경찰활동이 성공을 거두기 위해서는 경찰조직의 중앙집권적 지휘명령체계를 변화시키는 것이 필요하다.
④ 지역사회 및 주민들의 비공식적인 네트워크가 갖는 사회통제능력을 강조하는 전략이다.

## 10

**깨어진 유리창 이론(broken windows theory)에 대한 설명으로 옳지 않은 것은?**

① 종래의 형사정책이 범죄자 개인에 집중하는 개인주의적 관점을 취한다는 점을 비판하고, 공동체적 관점으로의 전환을 주장한다.
② 법률에 의한 범죄화와 범죄에 대한 대응을 중시한다.
③ 경찰의 역할로서 지역사회의 물리적·사회적 무질서를 집중적으로 다룰 것을 강조한다.
④ 개인의 자유와 권리, 법의 지배라는 기본적 가치가 상실될 수 있다는 비판의 소지가 있다.

## 11

회독 ☐☐☐ | 이해 ○ △ ×

**환경설계를 통한 범죄예방(CPTED)에 대한 설명으로 옳지 않은 것은?**

① 상황적 범죄예방전략과 유사한 이론적 관점을 취한다.

② 대상물 강화(target hardening) 기법을 포함한다.

③ 감시(surveillance), 접근통제(access control), 영역성(territoriality) 등을 기본요소로 한다.

④ CPTED 모델은 사회복귀 모델과 맥락을 같이 하며, 특별예방적 관점이 강조된다.

## 12

회독 ☐☐☐ | 이해 ○ △ ×

**소년사범의 처우에 대한 설명으로 옳지 않은 것은?**

① 선도조건부 기소유예제도는 유죄를 전제로 한다.

② 「형사소송법」이 직접적인 근거법이라 할 수 있다.

③ 보호처분은 해당 소년의 장래 신상에 대해 어떤 불이익도 주어서는 안 된다.

④ 소년분류심사원의 감호위탁기간은 구금일수에 산입된다.

## 13

회독 ☐☐☐ | 이해 ○ △ ×

**CCTV 설치를 통한 범죄예방에 대한 설명으로 옳지 않은 것은?**

① CCTV의 범죄예방효과는 잠재적 범죄자에 대한 심리적 억제력이 작용하여 범죄의 기회를 줄이는 것이다.

② CCTV의 범죄예방전략은 범죄발생 건수의 감소와 함께 시민들이 느끼는 범죄의 두려움을 줄이는 것을 목적으로 한다.

③ CCTV 설치로 인한 범죄통제이익의 확산효과가 문제점으로 지적된다.

④ CCTV 설치로 인한 범죄발생의 전이효과에 대한 우려가 제기된다.

## 14

**범죄원인론에 대한 설명으로 옳지 않은 것은?**

① 비행적 하위문화이론은 부정적인 자기관념에 입각하여 심리적인 차원에서 범죄원인을 분석하려 한다.

② 차별접촉이론은 범죄행위에 대해 우호적으로 정의하는 사람들과 비우호적으로 정의하는 사람들과의 접촉의 차이로 범죄행위를 설명한다.

③ 사회통제이론은 "사람들이 왜 범죄를 저지르는가?"보다는 "왜 많은 사람들이 범죄를 저지르지 않는가?"를 설명하려고 한다.

④ 비판범죄학은 낙인이론에 영향을 크게 받았음에도 불구하고 낙인이론의 가치중립성과 추상성을 비판한다.

## 15

**비판범죄학에 대한 설명으로 옳은 것은?**

① 어떤 행위가 범죄로 규정되는 과정보다 범죄행위의 개별적 원인을 규명하는 데 주된 관심이 있다.

② 비판범죄학에는 노동력 착취, 인종차별, 성차별 등과 같이 인권을 침해하는 사회제도가 범죄적이라고 평가하는 인도주의적 입장도 있다.

③ 자본주의사회의 모순이 범죄원인이라는 관점에서 범죄에 대한 다양하고 구체적인 대책들을 제시하지만, 급진적이라는 비판이 제기된다.

④ 형사사법기관은 행위자의 경제적·사회적 지위에 관계없이 중립적이고 공평하게 법을 집행한다는 것을 전제한다.

## 16

**회복적 사법에 대한 설명으로 옳지 않은 것은?**

① 범죄피해자의 피해회복을 통하여 사회적 화합을 성취하고자 한다.

② 브레이스웨이트의 재통합적 수치이론(reintegrative shaming theory)은 회복적 사법의 기본적 이론 틀이다.

③ 유엔에서 분류한 회복적 사법의 세가지 분류는 대면개념(encounter conception), 해체적 수치개념(disintegrative shaming conception), 변환개념(transformative conception)이다.

④ 회복적 사법의 목표는 사회복귀와 더불어 재범의 감소에 있다.

## 17

**발전이론에 대한 설명으로 옳지 않은 것은?**

① 손베리(Thornberry)는 청소년들의 발달과정에서 연령에 따라 비행의 원인이 어떻게 다르게 작용하는가에 주목하였다.

② 샘슨(Sampson)과 라웁(Laub)은 나이가 들면서 경험하는 사회적 유대와 비공식적 사회통제의 변화가 범법행위에 있어서의 차이를 야기한다고 주장하였다.

③ 모피트(Moffitt)는 어려서 가정에서의 부적절한 훈육과 신경심리계의 손상의 이유로 충동적이고 언어·학습능력이 부족한 아이들이 어려서부터 문제행동을 한다고 하면서, 그러한 아이들은 성인에 이르기까지 지속적으로 비행이나 범죄를 자행하게 될 가능성이 높다고 주장하였다.

④ 갓프레드슨(Gottfredson)과 허쉬(Hirschi)는 어릴 때 형성된 자기통제력이라는 내적 성향요소가 어려서의 다양한 문제행동을 설명할 수 있는 반면에, 청소년비행이나 성인들의 범죄는 설명하기 어렵다고 주장하였다.

## 18

**청소년 범죄의 발생에 대한 설명으로 옳지 않은 것은?**

① 친구의 범죄성향에 상관없이 친구와의 애착이 강하면 청소년 범죄의 발생가능성이 낮아진다.

② 부모의 일관되지 못한 양육방법이 청소년 범죄의 발생가능성을 높여 준다.

③ 학교성적 부진이 학교에 대한 부적응으로 연결되어 청소년 범죄의 발생가능성을 높여 준다.

④ 우울증, 집중력 부족 등 초기 성격장애로 인한 심리적 요인이 청소년 범죄의 발생가능성을 높여 준다.

## 19

**머튼(Merton)의 아노미이론에 대한 설명으로 옳은 것으로만 묶인 것은?**

> ㉠ 동조형(conformity)은 안정적인 사회에서 가장 보편적인 행위유형으로서 문화적인 목표와 제도화된 수단을 부분적으로 수용할 때 나타난다.
> ㉡ 혁신형(innovation)은 문화적인 목표에 집착하여 부당한 수단을 통해서라도 성공을 달성하려는 행위유형으로, 이욕적 범죄가 대표적이다.
> ㉢ 의례형(ritualism)은 문화적 성공의 목표에는 관심이 없으면서도 제도화된 수단은 지키려는 유형으로, 출세를 위한 경쟁을 포기한 하위직원들 사이에서 발견된다.
> ㉣ 은둔형(retreatism)은 사회의 문화적 목표와 제도화된 수단을 모두 수용하지만 사회로부터 소외된 도피적인 유형을 말한다.
> ㉤ 혁명형(rebellion)은 기존의 사회가 수용하는 목표와 제도화된 수단을 모두 거부하고 체제의 전복 등을 통해 새로운 것으로 대체하려는 유형이다.

① ㉠, ㉡, ㉢
② ㉠, ㉣, ㉤
③ ㉡, ㉢, ㉣
④ ㉡, ㉢, ㉤

## 20

**소년범죄 및 소년사법제도에 대한 설명으로 옳지 않은 것으로만 묶인 것은?**

> ㉠ 소년범죄에 대해서는 처우의 개별화 이념에 따라 소년의 개별적인 특성을 고려하여야 한다.
> ㉡ 소년형사사건에서는 일반예방보다는 교육적인 교화 · 육성 및 특별예방이 강조된다.
> ㉢ 벌금 또는 과료를 선고받은 소년형사범이 이를 납부하지 않으면 노역장에 유치된다.
> ㉣ 검사는 소년에 대한 피의사건을 수사한 결과 보호처분에 해당하는 사유가 있다고 인정하는 경우에는 사건을 관할 소년부에 송치하여야 한다.
> ㉤ 소년분류심사원 위탁처분도 소년에 대한 전환제도(diversion)의 일종으로 볼 수 있다.

① ㉠, ㉤
② ㉡, ㉢
③ ㉢, ㉣
④ ㉢, ㉤

보호7급 형사정책 기출문제

## 01

**소년형사사건에 있어서 소년법상 특칙에 대한 설명으로 옳지 않은 것은?**

① 죄를 범할 당시 18세 미만인 소년에 대하여 사형 또는 무기형으로 처할 경우에는 25년의 유기징역으로 한다.

② 징역 또는 금고를 선고받은 소년에 대하여는 특별히 설치된 교도소 또는 일반 교도소 안에 특별히 분리된 장소에서 그 형을 집행하되, 소년이 형의 집행 중에 23세가 되면 일반 교도소에서 집행할 수 있다.

③ 장기 6년 단기 3년의 부정기형을 선고받은 소년에 대하여는 1년이 경과한 때부터 가석방할 수 있다.

④ 보호처분이 계속 중일 때에 징역, 금고 또는 구류를 선고받은 소년에 대하여는 먼저 그 형을 집행한다.

## 02

**판결 전 조사제도에 대한 설명으로 옳은 것을 모두 고른 것은?**

> ㉠ 판결 전 조사제도는 형사절차가 유무죄인부절차와 양형절차로 분리되어 있는 미국의 보호관찰제도와 밀접한 관련을 가지고 발전되어 왔다.
> ㉡ 법원은 피고인에 대하여 「형법」 제59조의2 및 제62조의2에 따른 보호관찰, 사회봉사 또는 수강을 명하기 위하여 필요하다고 인정하면 범행동기, 직업, 생활환경, 교우관계, 가족상황, 피해회복 여부 등 피고인에 관한 사항의 조사를 요구할 수 있다.
> ㉢ 판결 전 조사요구는 제1심 또는 항소심뿐만 아니라 상고심에서도 할 수 있다.
> ㉣ 판결 전 조사제도는 개별사건에 대하여 구체적이고 실제적으로 적절히 처우할 수 있도록 하는 처우의 개별화와 관련 있으며, 양형의 합리화를 기할 수 있다.
> ㉤ 현행법상 판결 전 조사의 주체는 조사를 요구하는 법원의 소재지 또는 피고인의 주거지를 관할하는 경찰서장이다.

① ㉠, ㉡, ㉢

② ㉠, ㉡, ㉣

③ ㉡, ㉢, ㉣

④ ㉢, ㉣, ㉤

## 03

**수강명령에 대한 설명으로 옳지 않은 것은?**

① 형의 집행을 유예하는 경우에는 수강을 명할 수 있지만, 형의 선고를 유예하는 경우에는 수강을 명할 수 없다.

② 법원이 「형법」 제62조의2에 따른 수강을 명할 때에는 다른 법률에 특별한 규정이 있는 경우를 제외하고 200시간의 범위에서 수강기간을 정하여야 한다.

③ 「소년법」에서의 수강명령은 보호관찰과 독립하여 부과할 수 있다.

④ 수강명령 대상자가 수강명령 집행기간 중 벌금 이상의 형의 집행을 받게 된 때에 수강은 종료한다.

## 04

**소년보호사건의 처리절차 중 소년법상의 임시조치에 대한 내용이다. ㉠~㉤에 들어갈 말을 바르게 짝지은 것은?**

> (가) 소년부 판사는 보호자, 소년을 보호할 수 있는 적당한 자 또는 시설에 위탁, 병원이나 그 밖의 요양소에 위탁, ( ㉠ )에 위탁하는 임시조치를 할 수 있다.
>
> (나) 소년부 판사는 동행된 소년 또는 소년부 송치결정에 의하여 인도된 소년에 대하여 도착한 때로부터 ( ㉡ )시간 이내에 임시조치를 하여야 한다.
>
> (다) 위의 임시조치의 경우에 보호자, 소년을 보호할 수 있는 적당한 자 또는 시설에 위탁 및 병원이나 그 밖의 요양소에의 위탁기간은 ( ㉢ )개월을, ( ㉣ )에의 위탁기간은 ( ㉤ )개월을 초과하지 못한다. 다만 특별히 계속 조치할 필요가 있을 때에는 한 번에 한하여 결정으로써 연장할 수 있다.

① ㉠ 소년분류심사원　　㉡ 24　　㉢ 3　　㉣ 소년분류심사원　　㉤ 1

② ㉠ 소년원　　㉡ 48　　㉢ 3　　㉣ 소년원　　㉤ 2

③ ㉠ 소년분류심사원　　㉡ 48　　㉢ 3　　㉣ 소년분류심사원　　㉤ 2

④ ㉠ 소년원　　㉡ 24　　㉢ 3　　㉣ 소년원　　㉤ 1

## 05

**환경과 범죄현상에 대한 설명으로 가장 적절하지 않은 것은?**

① 급격한 도시화는 인구의 이동이나 집중으로 인해 그 지역의 사회관계의 혼란을 초래하고, 지역사회의 연대를 어렵게 하여 범죄의 증가를 초래할 수 있다고 한다.

② 케틀레(A. Quetelet)는 인신범죄는 따뜻한 지방에서, 재산범죄는 추운 지방에서 상대적으로 많이 발생한다고 한다.

③ 경기와 범죄는 상관관계가 없다는 주장도 있지만, 일반적으로 불황기에는 호황기에 비해 재산범죄가 많이 발생한다고 한다.

④ 전체주의사회에서는 소수집단의 공격성 때문에 다수집단의 구성원이 대량 희생되어 모든 범죄가 전체적으로 감소하게 된다고 한다.

## 06

**범죄예측에 대한 설명으로 옳지 않은 것을 모두 고른 것은?**

> ㉠ 워너(S. Warner)의 가석방예측은 수용자의 가석방 후 재범 여부를 연구한 것이다.
> ㉡ 글룩(S. Glueck & E. Glueck) 부부는 범죄예측과 관련하여 가중실점방식이라는 조기예측법을 소개하였다.
> ㉢ 우리나라에서는 소년비행과 관련하여 비행성예측법을 이용하고 있다.
> ㉣ 범죄예측표는 통계학적 방법으로 개개인을 취급하므로 개개인의 특유성이 중시된다.
> ㉤ 전체적 관찰법(임상적 예측법)은 각 개인의 특수성에 관한 관찰이 불가능한 반면, 전문적인 관찰자 간의 개인차로 객관적 기준을 확보하기가 유리하다.

① ㉠, ㉤

② ㉡, ㉢

③ ㉡, ㉣

④ ㉣, ㉤

## 07

**피해자 유형의 분류에 대한 설명으로 옳지 않은 것은?**

① 엘렌베르거(h. Ellenberger)는 피해자 유형을 일반적 피해자성과 잠재적 피해자성으로 나누며, 피학대자를 잠재적 피해자성으로 분류한다.

② 헨티히(H. von Hentig)는 피해자 유형을 일반적 피해자와 심리적 피해자로 나누며, 심신장애자를 심리(학)적 피해자로 분류한다.

③ 멘델존(B. Mendelsohn)은 피해자 유형을 피해자 측의 귀책성 여부에 따라 나누며, 영아살해죄의 영아를 완전히 유책성이 없는 피해자로 분류한다.

④ 레클리스(W. Reckless)는 피해자 유형을 피해자의 도발 유무를 기준으로 하여 순수한 피해자와 도발한 피해자로 나눈다.

## 08

**범죄원인에 대한 설명이다. 각 설명에 해당하는 이론을 바르게 짝지은 것은?**

> ㉠ 사람들은 법률을 위반해도 무방하다는 관념을 학습한 정도가 법률을 위반하면 안 된다는 관념을 학습한 정도보다 클 때에 범죄를 저지르게 된다.
>
> ㉡ 중산층의 가치나 규범을 중심으로 형성된 사회의 중심문화와 빈곤계층 출신 소년들에게 익숙한 생활 사이에는 긴장이나 갈등이 발생하며, 이러한 긴장관계를 해결하려는 시도에서 비행문화가 형성되어 범죄가 발생한다.
>
> ㉢ 조직적인 범죄활동이 많은 지역에서는 범죄기술을 배우거나 범죄조직에 가담할 기회가 많으므로 범죄가 발생할 가능성이 큰 반면, 조직적인 범죄활동이 없는 지역에서는 비합법적인 수단을 취할 수 있는 기회가 제한되어 있으므로 범죄가 발생할 가능성이 적다.
>
> ㉣ 사람들은 누구든지 비행으로 이끄는 힘과 이를 차단하는 힘을 받게 되는데, 만일 이끄는 힘이 차단하는 힘보다 강하게 되면 그 사람은 범죄나 비행을 저지르게 된다.

① ㉠ 차별적(분화적) 접촉이론　㉡ 비행하위문화론
　㉢ 차별적(분화적) 기회구조론　㉣ 억제(봉쇄)이론

② ㉠ 억제(봉쇄)이론　㉡ 차별적(분화적) 기회구조론
　㉢ 문화갈등이론　㉣ 차별적(분화적) 접촉이론

③ ㉠ 차별적(분화적) 접촉이론　㉡ 차별적(분화적) 기회구조론
　㉢ 비행하위문화론　㉣ 억제(봉쇄)이론

④ ㉠ 억제(봉쇄)이론　㉡ 비행하위문화론
　㉢ 차별적(분화적) 기회구조론　㉣ 문화갈등이론

## 09

**아동이나 청소년의 연령에 대한 현행법상의 기준으로 옳지 않은 것은?**

① 「청소년보호법」상의 청소년 − 18세 미만인 자
② 「가정폭력방지 및 피해자보호 등에 관한 법률」상의 아동 − 18세 미만인 자
③ 「아동·청소년의 성보호에 관한 법률」상의 아동·청소년 − 19세 미만의 자(단, 19세에 도달하는
　　연도의 1월 1일을 맞이한 자는 제외한다.)
④ 「청소년 기본법」상의 청소년 − 9세 이상 24세 이하의 자(단, 다른 법률에 특별한 규정이 있는
　　경우에는 제외한다)

## 10

**암수범죄에 대한 설명으로 옳은 것을 모두 고른 것은?**

　㉠ 케틀레(A. Quetelet)는 암수범죄와 관련하여 반비례의 법칙을 주장하면서 공식적 통계상의 범죄현상은
　　　실제의 범죄현상을 징표하거나 대표하는 의미가 있다고 보았다.
　㉡ 자기보고조사는 범죄자가 자기가 범한 범죄를 인식하지 못한 경우나 범죄를 범하지 않았다고 오산하는
　　　경우에는 실태파악이 곤란하다.
　㉢ 범죄피해자조사는 피해자가 피해를 인식하지 못한 경우나 피해자가 범죄피해가 없었다고 오신하는 경우
　　　에는 조사 결과의 정확성이 결여된다.
　㉣ 정보제공자조사는 법집행기관에 알려지지 않은 범죄 또는 비행을 알고 있는 자로 하여금 그것을 보고하게
　　　하는 것이다.

① ㉠, ㉡, ㉢, ㉣
② ㉠, ㉢, ㉣
③ ㉡, ㉢, ㉣
④ ㉡, ㉢

## 11

회독 □ □ □ | 이해 ○ △ ✕

**형사정책학의 연구방법에 대한 설명으로 옳지 않은 것은?**

① 참여적 관찰방법은 피관찰자들의 인격상태에 관한 객관적 관찰이 불가능하기 때문에 연구관찰자의 주관적인 편견이 개입될 우려가 있다.

② 실험적 방법은 새로운 형사사법제도의 시행을 앞두고, 그 효과를 미리 점검해 보고자 하는 경우에 유용하다.

③ 표본집단조사는 정상인집단인 실험집단과 연구하고자 하는 범죄자집단인 대조집단을 수평적으로 비교하는 방식으로 진행된다.

④ 추행조사는 추행을 당하는 사람들의 사실관계를 정확히 밝힐 수 있어 오랜 시간의 경과 후에도 그 사실을 파악할 수 있다는 장점이 있다.

## 12

회독 □ □ □ | 이해 ○ △ ✕

**소년부 판사가 직권으로 보호처분을 변경할 수 있는 경우가 아닌 것은?**

① 보호자 또는 보호자를 대신하여 소년을 보호할 수 있는 자에게 감호위탁

② 「아동복지법」에 따른 아동복지시설이나 그 밖의 소년보호시설에 감호위탁

③ 보호관찰관의 단기 보호관찰

④ 병원, 요양소 또는 「보호소년 등의 처우에 관한 법률」에 따른 소년의료보호시설에 위탁

# 13

**범죄에 관한 [보기 1]의 이론과 [보기 2]의 내용이 바르게 연결된 것은?**

[ 보기 1 ]

㉠ 표류이론　　　　㉡ 정화(Catharsis)가설　　　　㉢ 차별적(분화적) 동일화이론　　㉣ 습관성가설

[ 보기 2 ]

A. 사람은 범죄적 행동양식과 직접 접촉하지 않더라도 TV나 영화 속에 등장하는 주인공과 자신의 이상형을 일치시키면 관념적 동일화를 거쳐 범죄를 학습할 수 있다.

B. 비행소년은 일반사회로부터 상대적으로 밖에 자립할 수 없는 중간적이고 표류하는 존재로, 사회의 전통적 가치에 동조를 나타내면서 비행을 저지르게 된다.

C. 매스컴에서 폭력장면을 오랜 기간 시청하면 범죄행위에 대해 무감각하게 되고, 범죄를 미화하는 가치관이 형성되어 범죄유발요인이 된다.

D. 매스컴의 폭력은 자기가 직접 할 수 없는 폭력행위에 대해 대리만족을 시켜 시청자의 내면에 내재된 폭력욕구를 자제시킨다.

|  | ㉠ | ㉡ | ㉢ | ㉣ |
|---|---|---|---|---|
| ① | B | C | A | D |
| ② | B | D | A | C |
| ③ | B | C | D | A |
| ④ | B | A | C | D |

# 14

**소년법상의 소년사건 처리절차에 대한 설명으로 옳지 않은 것은?**

① 소년보호사건의 심리와 처분 결정은 소년부 단독판사가 한다.

② 소년부는 사건이 그 관할에 속하지 아니한다고 인정하면 판결로써 그 사건을 관할 소년부에 이송하여야 한다.

③ 소년부 또는 조사관이 범죄사실에 관하여 소년을 조사할 때에는 미리 소년에게 불리한 진술을 거부할 수 있음을 알려야 한다.

④ 소년부는 송치된 사건을 조사 또는 심리한 결과 그 동기와 죄질이 금고 이상의 형사처분을 할 필요가 있다고 인정할 때에는 결정으로써 해당 검찰청 검사에게 송치할 수 있다.

## 15

**갈등이론에 대한 설명으로 옳지 않은 것은?**

① 셀린(T. Sellin)의 문화갈등론 – 문화갈등에 따른 행위규범의 갈등은 심리적 갈등의 원인이 되고, 나아가 범죄의 원인이 된다.

② 볼드(G. Vold)의 집단갈등론 – 범죄는 집단 사이에 갈등이 일어나고 있는 상황에서 자신들의 이익과 목적을 제대로 방어하지 못한 집단의 구성원들이 자기의 이익을 추구하기 위해 표출하는 행위이다.

③ 봉거(W. Bonger)의 급진적 갈등론 – 범죄와 같은 현행규범에서의 일탈을 이탈(離脫)로 하고, 고차원의 도덕성을 구하기 위해 현행규범에 반대하거나 어긋나는 일탈을 비동조로 구분한다.

④ 터크(A. Turk)의 범죄화론 – 사회적으로 권력이 있는 집단이 하층계급의 사람들에게 그들의 실제 행동과는 관계없이 범죄자라는 신분을 부여할 수 있다는 측면에서 피지배집단의 범죄현상을 이해한다.

## 16

**「치료감호 등에 관한 법률」상 치료감호에 대한 설명으로 옳은 것을 모두 고른 것은?**

> ㉠ 법원은 알코올이나 그 밖의 약물중독 상태에서 범죄행위를 한 자라도 재범의 위험성이 없다면 치료감호를 선고할 수 없다.
> ㉡ 치료감호사건의 제1심 재판관할은 지방법원 합의부 및 지방법원지원 합의부이다.
> ㉢ 검사는 불기소처분을 하는 경우에도 공소를 제기하지 아니하고 치료감호만을 청구할 수 있다.
> ㉣ 피치료감호자의 치료감호가 가종료되었을 때에는 보호관찰이 시작된다.
> ㉤ 치료감호와 형이 병과된 경우에는 형을 먼저 집행하며, 이 경우 치료감호의 집행기간은 형집행기간에 포함한다.

① ㉠, ㉡

② ㉡, ㉢, ㉣

③ ㉡, ㉢, ㉣, ㉤

④ ㉠, ㉡, ㉢, ㉣

## 17

**소년에 대한 보호처분 결정에 대하여 항고할 수 있는 경우가 아닌 것은?**

① 해당 결정에 영향을 미칠 법령위반이 있는 경우

② 처분이 현저히 부당한 경우

③ 보호처분의 계속 중 소년이 10세 미만인 것이 판명된 경우

④ 중대한 사실오인이 있는 경우

## 18

**다음 설명 중 옳지 않은 것을 모두 고른 것은?**

> ㉠ 크레취머(E. Kretschmer)의 체격형 중 성범죄가 많은 유형은 세장형이다.
>
> ㉡ 허쉬(T. Hirschi)의 사회통제이론에 따르면, 사람은 일탈의 잠재적 가능성을 가지고 있는데, 이것을 통제하는 시스템에 기능장애가 생기면 통제가 이완되고 일탈가능성이 발현되어 범죄가 발생한다고 한다.
>
> ㉢ 비판범죄학은 낙인이론이 제기한 문제의식에서 출발하였으나, 낙인이론과는 달리 범죄통계에 관한 공식통계의 신빙성을 문제 삼지 않고 암수에 대한 인식의 중요성을 경시하고 있다.
>
> ㉣ 코헨(A. Cohen)의 하위문화이론과 밀러(W. Miller)의 하위계급문화이론은 다 같이 하층문화의 성격을 중산층의 지배문화에 대한 반항문화라고 본다.
>
> ㉤ 중화이론은 중화기술의 내용으로 규범의 부정, 피해(가해)의 부정, 피해자의 부정, 피해자에 대한 비난, 고도의 충성심에 대한 부정을 제시한다.
>
> ㉥ 자기관념이론은 합법적 기회구조의 차단을 범죄원인으로 보지 않고, 긍정적 자아관념에 의한 통제의 결여를 가장 중요한 범죄원인으로 본다.

① ㉠, ㉢, ㉣, ㉤

② ㉠, ㉡, ㉣, ㉥

③ ㉡, ㉢, ㉣, ㉤

④ ㉡, ㉢, ㉤, ㉥

## 19

회독 □ □ □ | 이해 ○ △ ✕

**교정처우모델에 대한 설명으로 옳지 않은 것은?**

① 개선모델은 범죄자 처우에 있어서 응보형사상에 기초한 가혹한 형의 집행을 지양하고, 19세기의 교육형사상을 기초로 한다.

② 의료모델은 범죄자에 대한 처우를 환자의 치료라고 보는 입장이므로, 수형자의 형기는 치료기간이 되어 부정기형제도가 유용하게 된다.

③ 정의모델(사법모델)은 범죄자의 처우문제에 대하여 범죄자의 법적 지위의 보장이라는 차원에서 접근하려는 것으로, 교정제도의 개선보다 범죄자의 갱생에 목적을 두고 있다.

④ 재통합모델은 수형자의 주체성과 자율성을 인정하면서 수형자의 동의와 자발적 참여하에 교정처우프로그램을 결정·집행하려는 것이다.

## 20

회독 □ □ □ | 이해 ○ △ ✕

**낙인이론에 대한 설명으로 옳은 것을 모두 고른 것은?**

> ㉠ 낙인이론은 형사입법자나 법집행종사자들의 가치관과 행동양식 등을 그 연구대상으로 한다.
> ㉡ 낙인이론은 일탈이나 범죄라는 현상을 해명하는 데 있어서 행위자에 대한 다른 사람의 사회적 반응을 중요한 변수로 취급한다.
> ㉢ 낙인이론은 범죄현상을 파악함에 있어서 범죄자의 입장보다 범죄피해자의 입장에서 접근한다.
> ㉣ 낙인이론은 형사정책상 비범죄화, 사법우회절차, 비형벌화, 비시설처우 등의 결론으로 표현된다.

① ㉠, ㉡, ㉢

② ㉠, ㉡, ㉣

③ ㉡, ㉢

④ ㉡, ㉢, ㉣

memo

박상민 *Justice* 형사정책 ○────────────────────────────────────

정답 및 해설

# 2025년 보호9급 형사정책 정답 및 해설

| 01 | ② | 02 | ② | 03 | ④ | 04 | ③ | 05 | ④ | 06 | ④ | 07 | ③ | 08 | ④ | 09 | ① | 10 | ④ |
|----|---|----|---|----|---|----|---|----|---|----|---|----|---|----|---|----|---|----|---|
| 11 | ③ | 12 | ② | 13 | ① | 14 | ③ | 15 | ③ | 16 | ① | 17 | ① | 18 | ④ | 19 | ③ | 20 | ① |

## 01  Answer  ②

해설 | ① 실험연구 시 실험지역의 모든 변수통제도 어려울 뿐더러 실험환경과 실제는 다르기에 완벽한 검증도 불가능하다.

참고로, 실험연구는 연구의 외적 타당성보다는 내적 타당성 확보에 유리하다.

③ 설문조사는 조사의 반복으로써 조사 대상자의 태도·인식의 변화를 관찰할 수 있다.

④ 실험연구에 대한 설명이다. 추적조사는 특정 범죄자나 비범죄자를 시간적 간격을 두고 추적·조사하여 그들의 특성과 사회적 조건의 변화를 관찰함으로써 상호 연결관계를 파악하는 연구방법이다.

## 02  Answer  ②

해설 | ② 비난자의 비난

① 가해의 부정

③ 피해자의 부정

④ 책임의 부정

## 03  Answer  ④

해설 | 샘슨과 라웁이 제시한 범죄를 중단하는 데 있어 결정적인 점환점은 취업, 결혼, 출산 등 인생을 변화시키는 중요한 사건으로, 전환점을 통해 긍정적 사회자본이 형성된다고 보았다.

## 04  Answer  ③

해설 | ③ 소년이 법정형으로 장기 2년 이상의 유기형(有期刑)에 해당하는 죄를 범한 경우에는 그 형의 범위에서 장기와 단기를 정하여 선고한다. 다만, 장기는 10년, 단기는 5년을 초과하지 못한다(소년법 제60조 제1항).

① 소년의 특성 때문에 현재 소년이라는 상태를 중시하여 소년의 건전한 육성을 기하려는 것이고 소년법 제60조 제2항도 이러한 취지에서 나왔다고 볼 것이지, 소년법 제60조 제2항을 소년법 제59조, 형법 제9조와 같이 형사책임의 문제로서 파악하여야 하는 것은 아니다. 따라서 소년법 제60조 제2항의 소년인지 여부의 판단은 원칙으로 심판 시, 즉 사실심 판결선고 시를 기준으로 한다(대법원 1997.2. 14, 96도1241).

② 소년법 제59조

④ 동법 제60조 제4항

## 05 Answer ④

**해설** | ④ 보호소년 등의 처우에 관한 법률 제15조 제4항

① 발목보호장비와 보호복은 보호장비에 해당하지 않는다. 보호장비의 종류에는 수갑, 포승, 가스총, 전자충격기, 머리보호장비, 보호대가 있다(동법 제14조의2 제1항).

② 보호장비는 징벌의 수단으로 사용되어서는 아니 된다(동법 제14조의2 제7항).

③ 원장은 미성년자인 보호소년등이 친권자나 후견인이 없거나 있어도 그 권리를 행사할 수 없을 때에는 법원의 허가를 받아 그 보호소년 등을 위하여 친권자나 후견인의 직무를 행사할 수 있다(동법 제23조). 즉, 법원의 허가를 받아 소년원장이 직접 직무를 행사할 수 있을 뿐, 적당한 자를 지정할 수는 없다.

## 06 Answer ④

**해설** | 법은 모든 시민에게 동등하게 적용된다고 보는 것은 합의론적 관점이다. 상호작용론적 관점에서 범죄는 임의적·주관적 기준에 의한 것으로, 대체로 권력을 가진 사람들에게 유리하도록 기준을 만들고 그 기준에 의해 범죄를 규정한다. 따라서 상호작용론적 관점에 따르면, 범죄나 범죄적 상황은 필연적으로 권력집단의 도덕적 기준에 영향을 받을 수밖에 없고, 그 기준은 언제든지 변할 수 있으며, 이는 법이 모든 시민에게 동등하게 적용되지 못함을 의미한다.

## 07 Answer ③

**해설** | ③ 폭력과 같은 즉흥적인 범죄가 두드러지는 특징이 있는 것은 갈등적 하위문화이다.

**[비행문화집단의 세 가지 유형]**

| | |
|---|---|
| 범죄적 하위문화 | 문화적 가치는 인정하나, 불법적 기회구조와 접촉이 가능하여 범죄(주로 재산범죄)를 저지르는 비행문화집단 |
| 갈등적 하위문화 | 문화적 가치는 인정하나, 합법적·불법적 기회구조가 모두 차단되어 생긴 욕구불만을 폭력(패싸움) 등으로 해소하는 비행문화집단 |
| 도피적 하위문화 | 문화적 목표는 인정하나, 이를 달성하기 위한 합법적·불법적 기회구조가 모두 차단되어 자포자기하는 이중실패문화집단 |

## 08 Answer ④

**해설** | 검사는 공소제기 시까지 특정중대범죄사건이 아니었으나 재판과정에서 특정중대범죄사건으로 공소사실이 변경된 사건의 피고인으로서 제4조(피의자의 신상정보 공개) 제1항 각 호의 요건을 모두 갖춘 피고인에 대하여 피고인의 현재지 또는 최후 거주지를 관할하는 법원에 신상정보의 공개를 청구할 수 있다. 다만, 피고인이 미성년자인 경우는 제외한다(특정중대범죄 피의자 등 신상정보 공개에 관한 법률 제5조 제1항). 즉, 성년이 아닌 미성년인 피고인에 대하여 신상정보의 공개를 청구할 수 없다.

## 09 Answer ①

**해설** │ ① 사회봉사는 1일 9시간을 넘겨 집행할 수 없다. 다만, 사회봉사의 내용상 연속집행의 필요성이 있어 보호관찰관이 승낙하고 사회봉사 대상자가 분명히 동의한 경우에만 연장하여 집행할 수 있다(벌금 미납자의 사회봉사 집행에 관한 특례법 제10조 제2항). 즉, 보호관찰관의 승낙과 사회봉사 대상자의 동의 모두를 요한다.

② 동법 제11조

③ 동법 제7조 제2항

④ 동법 제9조 제1항

## 10 Answer ④

**해설** │ ④ 법원조직법 제81조의7 제2항

① 범죄전력은 형법의 양형조건이 아닌 법원조직법의 양형기준이다.

참고로, 형법은 제51조에서 양형의 조건으로 범인의 연령, 성행, 지능과 환경, 피해자에 대한 관계, 범행의 동기, 수단과 결과 및 범행 후의 정황만을 규정하고 있다.

② 형법에 규정되어 있지 않은 이론적 내용이다.

③ 법관은 형의 종류를 선택하고 형량을 정할 때 양형기준을 존중하여야 한다. 다만, 양형기준은 법적 구속력을 갖지 아니한다(동법 제81조의7 제1항).

**법원조직법 제81조의6 【양형기준의 설정 등】** ① 위원회는 법관이 합리적인 양형을 도출하는 데 참고할 수 있는 구체적이고 객관적인 양형기준을 설정하거나 변경한다.

② 위원회는 양형기준을 설정·변경할 때 다음 각 호의 원칙을 준수하여야 한다.

1. 범죄의 죄질, 범정(犯情) 및 피고인의 책임의 정도를 반영할 것

2. 범죄의 일반예방과 피고인의 재범방지 및 사회복귀를 고려할 것

3. 같은 종류 또는 유사한 범죄에 대해서는 고려하여야 할 양형요소에 차이가 없으면 양형에서 서로 다르게 취급하지 아니할 것

4. 피고인의 국적, 종교 및 양심, 사회적 신분 등을 이유로 양형상 차별을 하지 아니할 것

③ 위원회는 양형기준을 설정·변경할 때 다음 각 호의 사항을 고려하여야 한다.

1. 범죄의 유형 및 법정형

2. 범죄의 중대성을 가중하거나 감경할 수 있는 사정

3. 피고인의 나이, 성품과 행실, 지능과 환경

4. 피해자에 대한 관계

5. 범행의 동기, 수단 및 결과

6. 범행 후의 정황

7. 범죄전력(前歷)

8. 그 밖에 합리적인 양형을 도출하는 데 필요한 사항

④ 위원회는 양형기준을 공개하여야 한다.

**동법 제81조의7 【양형기준의 효력 등】** ① 법관은 형의 종류를 선택하고 형량을 정할 때 양형기준을 존중하여야 한다. 다만, 양형기준은 법적 구속력을 갖지 아니한다.

② 법원이 양형기준을 벗어난 판결을 하는 경우에는 판결서에 양형의 이유를 적어야 한다. 다만, 약식절차 또는 즉결심판절차에 따라 심판하는 경우에는 그러하지 아니하다.

## 11   Answer   ③

**해설** | 사안이 가볍다는 이유로 심리를 개시하지 아니한다는 결정을 할 때에는 소년에게 훈계하거나 <u>보호자에</u>게 소년을 엄격히 관리하거나 교육하도록 고지할 수 있다(소년법 제19조 제2항).

## 12   Answer   ②

**해설** | 또래집단과의 유대관계에 더욱 강한 영향을 받는 것은 <u>청소년기한정형 범죄자</u>이다. 생애지속형 범죄자는 낮은 언어능력, 과잉활동, 충동적 성격 등으로 인해 지속적인 비행이나 범죄를 저지르므로, 또래집단의 영향을 크게 받지 않는다.

**[모피트(Moffitt)의 생애과정이론(이원적 구조이론)]**
• 신경심리학, 낙인이론 그리고 (사회적) 긴장이론에서 범죄경험의 발전과정을 설명한다.
• 비행소년을 유년기부터 비행을 시작하는 생애지속형과 청소년기한정형으로 구분한다.
• 생애지속형은 성인이 되어서도 비행을 지속할 가능성이 큰데, 이는 낮은 언어능력, 과잉활동, 충동적 성격 등 때문이다. 따라서 친구의 영향을 크게 받지 않는다.

## 13   Answer   ①

**해설** | 허칭스와 메드닉(Hutchings & Mednick)에 대한 설명이다. <u>랑게</u>는 쌍생아 연구를 체계화하여 이란성쌍둥이보다 일란성쌍둥이의 범죄일치율이 높음을 발견하였다.

**[허칭스와 메드닉]**
• 아버지와 범죄성의 상관관계를 연구하여 가장 성공적인 성과를 얻었다.
• 범죄일치율 정도 : 친부·양부(모두 범죄자) > 친부(범죄자) > 양부(범죄자) > 친부·양부(모두 비범죄자)

## 14   Answer   ③

**해설** | ③ 버스회사 노동조합 지부장인 피고인이 운전기사 신규채용 내지 정년도과 후 촉탁직 근로계약의 체결과 관련하여 취업을 원하거나, 정년 후 계속 근로를 원하는 운전기사들로부터 청탁의 대가로 돈을 받아 이익을 취득하였고, 원심이 위 행위에 대해 근로기준법 위반죄의 성립을 인정한 뒤, 피고인에 대하여 형의 집행을 유예함과 동시에 집행유예기간 동안 보호관찰을 받을 것을 명하면서 "보호관찰기간 중 노조지부장 선거에 후보로 출마하거나 피고인을 지지하는 다른 조합원의 출마를 후원하거나 하는 등의 방법으로 선거에 개입하지 말 것"이라는 내용의 특별준수사항을 부과한 경우, 범행에 이르게 된 동기와 내용, 피고인의 지위, 업무환경, 생활상태, 기타 개별적·구체적 특성들을 종합할때, 원심이 피고인의 재범을 방지하고 개선·자립에 도움이 된다고 판단하여 위와 같은 특별준수사항을 부과한 깃은 정당하다(대법원 2010.9.30, 2010도6403).
① 보호관찰 등에 관한 법률 제29조 제1항
② 동법 제45조
④ 동법 제41조

## 15   Answer   ③

**해설** | ③ 치료감호 등에 관한 법률 제7조 제2호·제3호

① 「형법」 제10조 제2항의 심신미약의 피치료감호자를 치료감호시설에 수용하는 때 그 수용기간은 15년을 초과할 수 없다(동법 제16조 제2항 제1호).

② 치료감호와 형(刑)이 병과(倂科)된 경우에는 치료감호를 먼저 집행한다. 이 경우 치료감호의 집행기간은 형 집행기간에 포함한다(동법 제18조).

④ 성폭력범죄를 저지른 정신성적 장애자에 대하여는 치료감호와 치료명령이 함께 청구될 수도 있는데, 피청구자의 동의 없이 강제적으로 이루어지는 치료명령 자체가 피청구자의 신체의 자유와 자기결정권에 대한 중대한 제한이 되는 점, 치료감호는 치료감호법에 규정된 수용기간을 한도로 피치료감호자가 치유되어 치료감호를 받을 필요가 없을 때 종료되는 것이 원칙인 점, 치료감호와 치료명령이 함께 선고된 경우에는 성충동약물치료법 제14조에 따라 치료감호의 종료·가종료 또는 치료위탁으로 석방되기 전 2개월 이내에 치료명령이 집행되는 점 등을 감안하면, 치료감호와 치료명령이 함께 청구된 경우에는, 치료감호를 통한 치료에도 불구하고 치료명령의 집행시점에도 여전히 약물치료가 필요할 만큼 피청구자에게 성폭력범죄를 다시 범할 위험성이 있고 피청구자의 동의를 대체할 수 있을 정도의 상당한 필요성이 인정되는 경우에 한하여 치료감호와 함께 치료명령을 선고할 수 있다고 보아야 한다(대법원 2014.12.11, 2014도6930).

## 16 Answer ①

**해설** | ① 장기로 소년원에 송치된 소년의 보호기간은 2년을 초과하지 못한다(소년법 제33조 제6항).

② 소년보호사건의 보조인에 대한 심리기일의 통지를 하지 아니하여 보조인이 출석하지 아니한 채 심리를 종결하고 보호처분의 결정을 하였다면 그러한 절차상의 위법은 위와 같은 보조인의 고유의 권리를 부당하게 제한하는 것이 되므로, 가사 보호소년이나 그 보호인이 심리기일에 이의를 제기하지 아니하였다 하더라도 그 하자가 치유되어 보호처분의 결정에 영향을 미치지 아니한다고 볼 수는 없어, 그 보호처분결정은 취소되어야 한다(대법원 1994.11.5., 94트10).

③ 소년법 제33조 제7항

④ 동법 제32조의2 제1항

## 17 Answer ①

**해설** | ① 균형·회복적 사법은 범죄를 인간관계의 침해로 보고, 가해자와 국가뿐만 아니라 피해자와 지역사회가 모두 주체가 되어 범죄로 인한 피해를 건설적인 방향으로 해결함으로써 사회재통합을 추구한다. 이는 범죄를 단순히 법익의 침해가 아닌 하나의 사회현상이라고 보아, 피해자와 가해자 그리고 가족과 지역사회가 모두 참여하여 사회적 차원에서 비행청소년의 책임, 역량개발, 지역사회 안전이라는 목표에 초점을 두는 것이다.

② 국친사상은 국가가 부모의 입장에서 소년을 보호할 책임이 있다는 형평법사상을 바탕으로 하므로, 소년범에 대한 형사법원 이송은 전통적인 소년사법 이념인 국친사상에 부합한다고 할 수 없다.

③ 바톨라스와 밀러는 범죄통제모형에서 비행청소년은 자유의지로 비행을 저지른다고 가정하였다.

④ 소년사법에 있어서 비시설수용은 구금으로 인한 폐해를 막고자 시설이 아닌 사회에서 비행청소년을 관리하는 것을 말한다.

## 18 Answer ④

**해설** | ④ 전자장치 부착 등에 관한 법률 제32조 제2항 단서, 제33조
   ① 만 19세 미만의 자에 대하여 부착명령을 선고한 때에는 19세에 이르기까지 이 법에 따른 전자장치를 부착할 수 없다(동법 제4조). 따라서 선고는 가능하다.
   ② 부착명령의 청구는 공소가 제기된 특정범죄사건의 항소심 변론종결 시까지 하여야 한다(동법 제5조 제6항).
   ③ "특정범죄"란 성폭력범죄, 미성년자 대상 유괴범죄, 살인범죄, 강도범죄 및 스토킹범죄를 말한다(동법 제2조 제1호).

## 19 Answer ③

**해설** | ③ 보호관찰소 소속 공무원이 구인 또는 긴급구인한 보호관찰 대상자를 보호관찰소에 인치하는 정당한 직무집행과정에서 필요하다고 인정되는 상당한 이유가 있으면 사용할 수 있는 보호장구는 수갑·포승·보호대이다(보호관찰 등에 관한 법률 제46조의3 제2항 제1호).
   ① 동법 제15조 제3호
   ② 동법 제30조 제2호
   ④ 동법 제51조 제2항

**보호관찰 등에 관한 법률 제46조의2【보호장구의 사용】** ① 보호관찰소 소속 공무원은 보호관찰 대상자가 다음 각 호의 어느 하나에 해당하고, 정당한 직무집행과정에서 필요하다고 인정되는 상당한 이유가 있으면 제46조의3 제1항에 따른 보호장구를 사용할 수 있다.
1. 제39조 및 제40조에 따라 구인 또는 긴급구인한 보호관찰 대상자를 보호관찰소에 인치하거나 수용기관 등에 유치하기 위해 호송하는 때
2. 제39조 및 제40조에 따라 구인 또는 긴급구인한 보호관찰 대상자가 도주하거나 도주할 우려가 있는 때
3. 위력으로 보호관찰소 소속 공무원의 정당한 직무집행을 방해하는 때
4. 자살·자해 또는 다른 사람에 대한 위해의 우려가 큰 때
5. 보호관찰소 시설의 설비·기구 등을 손괴하거나 그 밖에 시설의 안전 또는 질서를 해칠 우려가 큰 때

**동법 제46조의3【보호장구의 종류 및 사용요건】** ① 보호장구의 종류는 다음 각 호와 같다.
1. 수갑
2. 포승
3. 보호대(帶)
4. 가스총
5. 전자충격기
② 보호장구의 종류별 사용요건은 다음 각 호와 같다.
1. 수갑·포승·보호대(帶): 제46조의2 제1항 제1호부터 제5호까지의 어느 하나에 해당하는 때
2. 가스총: 제46조의2 제1항 제2호부터 제5호까지의 어느 하나에 해당하는 때
3. 전자충격기: 제46조의2 제1항 제2호부터 제5호까지의 어느 하나에 해당하는 경우로서 상황이 긴급하여 다른 보호장구만으로는 그 목적을 달성할 수 없는 때

## 20 Answer ①

**해설** | ① 전자장치 부착 등에 관한 법률 제16조 제6항 제3호

② 잠정조치 결정을 받은 스토킹행위자는 법원이 지정한 일시까지 보호관찰소에 출석하여 대통령령으로 정하는 신상정보 등을 서면으로 신고한 후 보호관찰관의 지시에 따라 전자장치를 부착하여야 한다(동법 제31조의6 제2항).

③ 잠정조치가 변경 또는 취소된 때에도 그 집행이 종료된다(동법 제31조의7).

④ 법원은 「스토킹범죄의 처벌 등에 관한 법률」 제9조 제1항 제3호의2에 따른 잠정조치로 전자장치의 부착을 결정한 경우 그 결정문의 등본을 스토킹행위자의 사건수사를 관할하는 경찰관서의 장과 스토킹행위자의 주거지를 관할하는 보호관찰소의 장에게 지체 없이 송부하여야 한다(동법 제31조의 6 제1항).

**전자장치 부착 등에 관한 법률 제31조의7 【전자장치 부착의 종료】** 제31조의6에 따른 전자장치 부착은 다음 각 호의 어느 하나에 해당하는 때에 그 집행이 종료된다.

1. 잠정조치의 기간이 경과한 때
2. 잠정조치가 변경 또는 취소된 때
3. 잠정조치가 효력을 상실한 때

# 2024년 보호7급 형사정책 정답 및 해설

| 01 | ③ | 02 | ② | 03 | ③ | 04 | ② | 05 | ④ | 06 | ④ | 07 | ③ | 08 | 복수<br>정답 | 09 | ③ | 10 | ③ |
|----|---|----|---|----|---|----|---|----|---|----|---|----|---|----|------|----|---|----|---|
| 11 | ③ | 12 | ① | 13 | ④ | 14 | ② | 15 | ③ | 16 | ① | 17 | ② | 18 | ② | 19 | ① | 20 | ④ |
| 21 | ③ | 22 | ① | 23 | ② | 24 | ① | 25 | ② | | | | | | | | | | |

## 01 Answer ③

해설 | ③ 보호소년등처우·징계위원회(이하 "위원회"라 한다)는 위원장을 포함한 5명 이상 11명 이하의 위원으로 구성하고, 민간위원은 1명 이상으로 한다(보호소년 등의 처우에 관한 법률 제15조의2 제2항).

① 원장은 제1항 제7호의 처분[20일 이내의 기간 동안 지정된 실(室) 안에서 근신하게 하는 것]을 받은 보호소년등에게 개별적인 체육활동시간을 보장하여야 한다. 이 경우 매주 1회 이상 실외운동을 할 수 있도록 하여야 한다(동법 제15조 제4항).

② 동법 제15조 제8항

④ 동법 제18조 제1항 단서

## 02 Answer ②

해설 | 옳은 것은 ㄱ, ㄹ이다.

ㄱ. (○) 보호관찰 등에 관한 법률 제6조 제1호

ㄹ. (○) 동법 제12조의2

ㄴ. (×) 검사가 보호관찰관의 선도를 조건으로 공소제기를 유예하고 위탁한 선도업무는 보호관찰소가 관장한다(동법 제15조 제3호).

ㄷ. (×) 심사위원회의 위원은 판사, 검사, 변호사, 보호관찰소장, 지방교정청장, 교도소장, 소년원장 및 보호관찰에 관한 지식과 경험이 풍부한 사람 중에서 법무부장관이 임명하거나 위촉한다(동법 제7조 제3항). 경찰서장은 해당하지 않는다.

## 03 Answer ③

해설 | 수사기관에 의해서 인지는 되었으나 해결되지 않은 범죄는 암수범죄의 개념 중 상대적 암수범죄에 해당한다.

| 절대적 암수범죄 | 실제로 범죄가 발생하였으나 인지되지 못한 범죄 예) 매춘, 낙태, 도박, 마약 등 |
|----------------|------------------------------------------------------------------------------|
| 상대적 암수범죄 | 인지하였으나 해결되지 않아 범죄통계에 반영되지 못한 범죄 |

## 04 Answer ②

해설 | ② 치료감호대상자에 대한 치료감호를 청구할 때에는 정신건강의학과 등의 전문의의 진단이나 감정(鑑

定)을 참고하여야 한다. 다만, 제2조 제1항 제3호에 따른 치료감호대상자[소아성기호증(小兒性嗜好症), 성적가학증(性的加虐症) 등 성적 성벽(性癖)이 있는 정신성적 장애인으로서 금고 이상의 형에 해당하는 성폭력범죄를 지은 자]에 대하여는 정신건강의학과 등의 전문의의 진단이나 감정을 받은 후 치료감호를 청구하여야 한다(치료감호 등에 관한 법률 제4조 제2항).

① 재범 위험성이 없는 경우라면 치료감호대상자에서 제외된다.
③ 동법 제18조
④ 동법 제32조 제1항 제1호, 제2항

## 05 Answer ④

**해설** | 양형의 합리화를 위한 방안에는 양형지침서(양형기준표)의 마련, 양형위원회의 설치 및 운영, 판결 전 조사제도, 공판절차이분론 외에도 적응예측표 활동, 검사구형의 합리화, 판결서에 양형이유 명시 등이 있다.

(가)-D 양형기준표의 마련 : 특정 범죄에 대한 형벌과 형량을 제시한 업무지침으로, 양형위원회에서 흔히 발생하는 20대 주요 범죄의 유형별 선고범위와 집행유예 여부의 대략적인 기준이 마련되어 있다.

(나)-C 양형위원회의 설치 및 운영 : 양형위원회는 양형을 어느 정도 통제할 수 있도록 양형기준표를 개발하는데, 대법원에 양형위원을 두고 법관이 합리적인 양형을 도출하는 데 참가할 만한 구체적·객관적 양형기준을 설정하거나 변경한다.

(다)-B 판결 전 조사제도 : 미국의 보호관찰제도와 밀접한 관련을 가지고 발전되어 온 제도로, 재판부의 요청으로 판결 전에 보호관찰관이 피고인의 성격, 성장가정, 범행동기, 피해회복 여부 등에 대한 제반사항을 조사하여 그 결과를 형량에 참고토록 한다.

(라)-A 공판절차이분론 : 소송절차를 범죄사실의 인정절차와 양형절차로 나누자는 주장으로, 범죄사실의 인정절차를 순화하고, 양형절차를 과학화·합리화함으로써 변호권을 보장하여 피고인을 보호함을 목적으로 한다. 현재 영국, 미국, 독일 등에서 공판절차를 이분하여 운영하고 있다.

## 06 Answer ④

**해설** | ④ 검찰총장 및 경찰청장은 신상정보 공개 여부에 관한 사항을 심의하기 위하여 신상정보공개심의위원회를 둘 수 있다(특정중대범죄 피의자 등 신상정보 공개에 관한 법률 제8조 제1항).
① 동법 제3조
② 동법 제4조 제1항 단서
③ 동법 제4조 제5항

## 07 Answer ③

**해설** | 대체주의는, 형벌은 책임 정도에 따라 선고하되, 집행단계에서 보안처분으로 대체하거나 보안처분의 집행종료 후에 집행할 것을 주장하는데, 범죄인의 사회복귀를 위해서는 보안처분의 선집행이 합리적이고, 보안처분도 자유의 박탈 내지 제한을 그 내용으로 하므로 형벌의 목적을 달성할 수 있다고 본다.

**[보안처분이론 요약]**

| 구분 | 이원론(이원주의) | 일원론(일원주의) | 대체주의 |
|---|---|---|---|
| 의의 | 형벌과 보안처분 구별 | 형벌과 보안처분 동일시 | • 선고단계 : 이원론<br>• 집행단계 : 일원론 |
| 학자 | 클라인, 메이어, 비르크메이어,<br>베링(응보형) | 리스트, 페리, 락신<br>(목적형 · 교육형 · 사회방위론) | 칼 슈토스 |
| 논거 | • 형벌(응보)<br>• 보안처분(사회방위 · 교정교육) | 형벌과 보안처분 동일시<br>(모두 사회방위) | • 현실적응성 有<br>• 형사정책적 측면 고려 |
| 대체성 | 대체성 부정, 병과 인정 | 대체성 인정, 병과 부정<br>(하나만을 선고하여 집행) | 요건과 선고는 별개,<br>집행 시 대체성 인정 |
| 선고기관 | 행정처분(행정청) | 형사처분(법원) | 특별법이나 형소법에 특별규정 |
| 문제점 | • 이중처벌 위험<br>• 상품사기 또는 명칭사기 | • 책임주의에 반함<br>• 중복 시 문제가 됨 | • 책임주의와 불일치<br>• 양자의 적용범위 불분명<br>• 정의관념에 반할 우려 |

## 08 Answer ④(원정답) · ②(복수정답)

**해설** | ④ 스토킹행위를 전제로 하는 스토킹범죄는 행위자의 어떠한 행위를 매개로 이를 인식한 상대방에게 불안감 또는 공포심을 일으킴으로써 그의 자유로운 의사결정의 자유 및 생활형성의 자유와 평온이 침해되는 것을 막고 이를 보호법익으로 하는 위험범이라고 볼 수 있으므로, 구 스토킹범죄의 처벌 등에 관한 법률(2023.7.11. 법률 제19518호로 개정되기 전의 것, 이하 '구 스토킹처벌법'이라 한다) 제2조 제1호 각 목의 행위가 객관적 · 일반적으로 볼 때 이를 인식한 상대방에게 불안감 또는 공포심을 일으키기에 충분한 정도라고 평가될 수 있다면 현실적으로 상대방이 불안감 내지 공포심을 갖게 되었는지와 관계없이 '스토킹행위'에 해당하고, 나아가 그와 같은 일련의 스토킹행위가 지속되거나 반복되면 '스토킹범죄'가 성립한다. 이때 구 스토킹처벌법 제2조 제1호 각 목의 행위가 객관적 · 일반적으로 볼 때 상대방에게 불안감 또는 공포심을 일으키기에 충분한 정도인지는 행위자와 상대방의 관계 · 지위 · 성향, 행위에 이르게 된 경위, 행위태양, 행위자와 상대방의 언동, 주변의 상황 등 행위 전후의 여러 사정을 종합하여 객관적으로 판단하여야 한다(대법원 2023.12.14. 2023도10313).

① · ② 기간이 정하여져 있으나 연장이 가능한 접근금지 잠정조치(스토킹처벌법 제9조 제1항 제2호의 100m 이내 접근금지, 제3호의 전기통신을 이용한 접근금지) 결정은 특별한 사정이 없는 한 그 기간의 연장결정 없이 기간이 만료되면 효력을 상실하고, 그 이후에는 해당 잠정조치 기간을 연장하는 결정을 할 수 없다. 그러나 검사는 기간이 만료된 접근금지 잠정조치를 청구했을 때와 동일한 스토킹범죄사실과 스토킹범죄 재발우려를 이유로 제8조 제1항에 의하여 다시 새로운 잠정조치를 청구할 수 있고, 법원도 제9조 제1항에 의하여 피해자 보호 등을 위하여 필요하다고 인정하면 다시 새로운 접근금지 잠정조치 결정을 할 수 있다. 다만, 접근금지 잠정조치 기간연장과의 균형을 위해 기존에 내려진 잠정조치 결정 당시 스토킹범죄사실과 동일한 스토킹범죄사실만을 이유로 한 새로운 접근금지 잠정조치 결정은 각 2개월의 범위에서 두 차례에 한정해서만 추가로 가능하다(대법원 2023.2.23. 2022모2092). 그러나 현행 개정법률은 제9조 제7항에서 "제1항 제2호(피해자 또는 그의 동거인, 가족이나 그 주거등으로부터 100미터 이내의 접근금지) · 제3호(피해자 또는 그의 동거인, 가족에 대한 「전기통

신기본법」 제2조 제1호의 전기통신을 이용한 접근금지) 및 제3호의2(「전자장치 부착 등에 관한 법률」 제2조 제4호의 위치추적 전자장치의 부착)에 따른 잠정조치 기간은 3개월, 같은 항 제4호(국가 경찰관서의 유치장 또는 구치소에의 유치)에 따른 잠정조치 기간은 1개월을 초과할 수 없다. 다만, 법원은 피해자의 보호를 위하여 그 기간을 연장할 필요가 있다고 인정하는 경우에는 결정으로 제1항 제2호·제3호 및 제3호의2에 따른 잠정조치에 대하여 두 차례에 한정하여 각 3개월의 범위에서 연장할 수 있다.”고 규정하고 있다. 따라서 현행 개정법률에 따르면, ②는 틀린 지문이다.

③ 스토킹범죄의 처벌 등에 관한 법률(이하 '스토킹처벌법'이라 한다)의 문언, 입법목적 등을 종합하면, 피고인이 전화를 걸어 피해자의 휴대전화에 벨소리가 울리게 하거나 부재 중 전화 문구 등이 표시되도록 하여 상대방에게 불안감이나 공포심을 일으키는 행위는 실제 전화통화가 이루어졌는지와 상관없이 스토킹처벌법 제2조 제1호 다 목에서 정한 스토킹행위에 해당한다(대법원 2023.5.18., 2022도12037).

## 09 Answer ③

해설 | ③ 사형집행을 위한 구금은 미결구금도 아니고 형의 집행기간도 아니며 특별감형은 형을 변경하는 효과만 있을 뿐이고 이로 인하여 형의 선고에 의한 기성의 효과는 변경되지 아니하므로 사형이 무기징역으로 특별감형된 경우 사형의 판결확정일에 소급하여 무기징역형이 확정된 것으로 보아 무기징역형의 형기 기산일을 사형의 판결 확정일로 인정할 수도 없고 사형집행 대기기간이 미결구금 이나 형의 집행기간으로 변경된다고 볼 여지도 없으며, 또한 특별감형은 수형 중의 행장의 하나인 사형집행 대기기간까지를 참작하여 되었다고 볼 것이므로 사형집행 대기기간을 처음부터 무기징역을 받은 경우와 동일하게 가석방요건 중의 하나인 형의 집행기간에 다시 산입할 수는 없다(대법원 1991.3.4. 90모59).
① 형집행법 제122조 제2항
② 형법 제73조 제1항
④ 동법 제76조 제1항

## 10 Answer ③

해설 | ③ 법원은 특정범죄사건에 대하여 벌금형을 선고하는 때에는 <u>판결로 부착명령 청구를 기각하여야 한다</u>(전자장치 부착 등에 관한 법률 제9조 제4항 제3호).
① 동법 제13조 제6항
② 동법 제9조의2 제3항 제2호
④ 동법 제31조의2 제2항

**전자장치 부착 등에 관한 법률 제9조【부착명령 청구의 기각사유】** ④ 법원은 다음 각 호의 어느 하나에 해당하는 때에는 판결로 부착명령 청구를 기각하여야 한다.
1. 부착명령 청구가 이유 없다고 인정하는 때
2. 특정범죄사건에 대하여 무죄(심신상실을 이유로 치료감호가 선고된 경우는 제외한다)·면소·공소기각의 판결 또는 결정을 선고하는 때
3. 특정범죄사건에 대하여 벌금형을 선고하는 때
4. 특정범죄사건에 대하여 선고유예 또는 집행유예를 선고하는 때(제28조 제1항에 따라 전자장치 부착을 명하는 때를 제외한다)

**동법 제9조의2【준수사항】** ① 법원은 제9조 제1항에 따라 부착명령을 선고하는 경우 부착기간의 범위에서 준수기간을 정하여 다음 각 호의 준수사항 중 하나 이상을 부과할 수 있다. 다만, 제4호의 준수사항은 500시간의 범위에서 그 기간을 정하여야 한다.

1. 야간, 아동·청소년의 통학시간 등 특정 시간대의 외출제한

2. 어린이 보호구역 등 특정 지역·장소에의 출입금지 및 접근금지

2의2. 주거지역의 제한

3. 피해자 등 특정인에의 접근금지

4. 특정범죄 치료 프로그램의 이수

5. 마약 등 중독성 있는 물질의 사용금지

6. 그 밖에 부착명령을 선고받는 사람의 재범방지와 성행교정을 위하여 필요한 사항

③ 제1항에도 불구하고 법원은 성폭력범죄를 저지른 사람(19세 미만의 사람을 대상으로 성폭력범죄를 저지른 사람으로 한정한다) 또는 스토킹범죄를 저지른 사람에 대해서 제9조 제1항에 따라 부착명령을 선고하는 경우에는 다음 각 호의 구분에 따라 제1항의 준수사항을 부과하여야 한다.

1. 19세 미만의 사람을 대상으로 성폭력범죄를 저지른 사람: 제1항 제1호 및 제3호의 준수사항을 포함할 것. 다만, 제1항 제1호의 준수사항을 부과하여서는 아니 될 특별한 사정이 있다고 판단하는 경우에는 해당 준수사항을 포함하지 아니할 수 있다.

2. 스토킹범죄를 저지른 사람: 제1항 제3호의 준수사항을 포함할 것

**동법 제13조【부착명령의 집행】** ⑥ 다음 각 호의 어느 하나에 해당하는 때에는 부착명령의 집행이 정지된다.

1. 부착명령의 집행 중 다른 죄를 범하여 구속영장의 집행을 받아 구금된 때

2. 부착명령의 집행 중 다른 죄를 범하여 금고 이상의 형의 집행을 받게 된 때

3. 가석방 또는 가종료된 자에 대하여 전자장치 부착기간 동안 가석방 또는 가종료가 취소되거나 실효된 때

## 11 Answer ③

**해설** | ③ 법원은 사회봉사를 허가하는 경우 벌금 미납액에 의하여 계산된 노역장 유치기간에 상응하는 사회봉사시간을 산정하여야 한다. 다만, 산정된 사회봉사시간 중 1시간 미만은 집행하지 아니한다(벌금미납자의 사회봉사 집행에 관한 특례법 제6조 제4항). 벌금 미납자의 경제적 능력, 사회봉사 이행에 필요한 신체적 능력, 주거의 안정성 등을 고려하여야 하는 것은, 법원이 사회봉사 허가 여부를 결정할 때이다(동법 제6조 제1항).

① 동법 제4조 제2항 제2호, 동법 시행령 제2조

② 동법 제5조 제3항

④ 동법 제12조 제5항

## 12 Answer ①

**해설** | ① 보호소년등이 사용하는 목욕탕, 세면실 및 화장실에 전자영상장비를 설치하여 운영하는 것은 자해등의 우려가 큰 때에만 할 수 있다. 이 경우 전자영상장비로 보호소년등을 감호할 때에는 여성인 보호소년등에 대해서는 여성인 소속 공무원만, 남성인 보호소년등에 대해서는 남성인 소속 공무원만이 참여하여야 한다(보호소년 등의 처우에 관한 법률 제14조의3 제2항).

② 원장은 비행집단과 교제하고 있다고 의심할 만한 상당한 이유가 있는 경우 등 보호소년등의 보호

및 교정교육에 지장이 있다고 인정되는 경우 외에는 보호소년등의 면회를 허가하여야 한다. 다만, 제15조 제1항 제7호의 징계를 받은 보호소년등에 대한 면회는 그 상대방이 변호인이나 보조인(이하 "변호인등"이라 한다) 또는 보호자인 경우에 한정하여 허가할 수 있다(동법 제18조 제1항).
③ 소년원 및 소년분류심사원에 근무하는 간호사는 「의료법」 제27조에도 불구하고 야간 또는 공휴일 등 의사가 진료할 수 없는 경우 대통령령으로 정하는 경미한 의료행위를 할 수 있다(동법 제20조 제4항).
④ 원장은 공동으로 비행을 저지른 관계에 있는 사람의 편지인 경우 등 보호소년등의 보호 및 교정교육에 지장이 있다고 인정되는 경우에는 보호소년등의 편지왕래를 제한할 수 있으며, 편지의 내용을 검사할 수 있다(동법 제18조 제4항).

## 13 Answer ④

**해설** | 참여가 전념의 결과물이라고 한다. 허쉬의 유대이론에서 전념은 규범준수에 따른 사회적 보상에 대한 관심의 정도로, 미래를 위해 교육에 투자하고 저축하는 것처럼 관습적 활동에 소비하는 시간과 에너지, 노력 등에 따라 일정한 보상이 주어짐을 의미한다.

## 14 Answer ②

**해설** | 헨티히는 피해자의 특성을 기초로 하여 피해자 유형을 구분하고자 하였으며, 피해자를 크게 일반적 피해자 유형과 심리적 피해자 유형으로 구분하고, 일반적 피해자 유형은 다시 생래적 피해자 유형과 사회적 피해자 유형으로 세분하였다.
참고로, 엘렌베르거는 개인의 심리학적 특성을 기준으로 하여 피해자의 유형을 잠재적 피해자와 일반적 피해자로 구분하였다.

## 15 Answer ③

**해설** | 일차적 일탈자를 이차적 일탈자로 악화시키는 공식반응이 미치는 낙인효과에는 오명 씌우기, 불공정에 대한 자각, 제도적 강제의 수용, 일탈하위문화에 의한 사회화, 부정적 정체성의 긍정적 측면이 있다. 여기서 부정적 정체성의 긍정적 측면이란 형사사법기관이 일차적 일탈자에게 도덕적 열등아와 같은 부정적 정체성을 부여하더라도, 이를 수용했을 때 얻게 되는 이익 때문에 일차적 일탈자가 자신에 대한 부정적인 평가를 거부하지 않는 것이다.

**[공식적 반응이 미치는 낙인효과]**

| 오명 씌우기 | 사법기관에 의한 공식반응으로써 일차적 일탈자에게 도덕적 열등아라는 오명이 씌워지고, 이와 같은 사실이 대중매체를 통해 알려짐으로써 전과자로 기록되어 종전과는 달리 타인과의 관계설정이나 구직 등이 어려워지면, 정상적인 사회생활을 하지 못하게 된다. |
|---|---|
| 불공정에 대한 자각 | 공식적인 처벌과정에서 일차적 일탈자는 사법집행의 불공정한 측면을 경험하게 되고, 사법제도의 공정성과 사회정의에 대한 신뢰를 유지할 수 없게된다. |
| 제도적 강제의 수용 | 공식적인 처벌을 받는 일차적 일탈자는 자신에 대한 사법기관의 판단을 수용할 수밖에 없게 된다. |

| 일탈하위문화에 대한 사회화 | 집행시설 내에서는 특유의 일탈하위문화가 존재하는데, 공식적인 처벌과정에서 이를 접한 일차적 일탈자는 범죄를 옹호하는 가치나 새로운 범죄기술을 습득하게 된다. |
|---|---|
| 부정적 정체성의 긍정적 측면 | 사법기관이 부정적 정체성을 부여하더라도, 이를 수용함으로써 얻게 되는 책임감 면책, 죄책감으로부터의 도피 등과 같은 이익 때문에 일차적 일탈자는 부정적 정체성을 거부할 수 없게 된다. |

## 16 Answer ①

**해설** | ① 소년부 판사는 피해자 또는 그 법정대리인·변호인·배우자·직계친족·형제자매가 의견진술을 신청할 때에는 피해자나 그 대리인등에게 심리기일에 의견을 진술할 기회를 주어야 한다(소년법 제25조의2 본문).
② 동법 제25조의2 제2호
③ 동법 제25조의3 제1항
④ 동조 제3항

## 17 Answer ②

**해설** | 뒤르켐은 자살론에서 급격한 경제성장기에는 전통적 규범력이 약화되어 아노미적 자살이 증가하고, 급격한 경기침체기보다 급격한 경제성장기에 아노미적 자살의 빈도가 더 높다고 주장하였다.

**[뒤르켐의 자살 유형]**
• 아노미적 자살 : 약화된 규제가 원인이다. 급격한 사회변동으로 인한 무규범과 혼란 등으로 자살하는 형태이다.
• 이기주의적 자살 : 사회통합 약화가 원인이다. 자신의 욕망에 의해 자살하는 형태로, 급격한 산업화·도시화 과정에서 발생한다.
• 이타주의적 자살 : 사회통합 강화가 원인이다. 집단의 존속을 위해 자살하는 형태이다(자살폭탄테러).
• 숙명적(운명적) 자살 : 과도한 규제가 원인이다. 사회 외적인 권위에 의해 자살하는 형태이다(고대 순장 등).

**[자살 유형]**

| 구 분 | 사회적 통합(유대) | 도덕적 규제 |
|---|---|---|
| 아주 강함 | 이타적 자살(자산폭탄테러) | 숙명론적 자살(고대 순장) |
| 아주 약함 | 이기적 자살(독거노인) | 아노미적 자살(불경기) |

**[범죄정상설·범죄기능설·범죄필요설·형법발전론 주장]**
• 범죄정상설 : 범죄는 사회병리 현상이 아니라 사회구조적 모순에서 발생하는 정상적이고 불가피한 현상으로, 어느 사회건 일정 수준의 범죄는 존재하기 마련이며, 일정 수준이 넘는 경우에만 이를 사회병리 현상으로 보았다.
• 범죄기능설 : 범죄에 대한 제재와 비난을 통해 사회의 공동체의식을 체험할 수 있도록 함으로써 사회의 유지·존속에 중요한 역할을 담당한다.
• 범죄필요설 : 사회가 진보하기 위해서는 발전에 필요한 비판과 저항 등 일정량의 범죄가 필요하다.
• 형법발전론 : 사회가 발전할수록 형벌은 억압적 형태에서 보상적 형태로 변화한다.

## 18 Answer ②

해설 | ② 옳은 것은 ㄱ, ㄴ, ㄷ이다.
ㄹ. 허쉬의 사회통제이론에 대한 설명이다. 허쉬는 사회통제이론에서 "우리는 모두 동물이며 자연적으로 누구든지 범죄를 저지를 수 있다."고 하면서 반사회적 행위의 근본적인 원인은 인간의 본성에 있으나, 사회적 통제가 그 본성을 억제하여 범죄를 저지르지 않게 된다고 하였다.
참고로, 타르드는 모방의 법칙을 주장하였다.

## 19 Answer ①

해설 | ① 옳은 것은 ㄴ, ㄹ이다.
ㄴ. (○) 소년법 제17조의2 제2항 제2호
ㄹ. (○) 동조 제17조의2 제1항
ㄱ. (×) 사건 본인이나 보호자는 소년부 판사의 허가를 받아 보조인을 선임할 수 있다(동법 제17조 제1항). 보호자나 변호사를 보조인으로 선임하는 경우에는 위 허가를 받지 아니하여도 된다(동조 제2항).
ㄷ. (×) 소년부 판사는 보조인이 심리절차를 고의로 지연시키는 등 심리진행을 방해하거나 소년의 이익에 반하는 행위를 할 우려가 있다고 판단하는 경우에는 보조인 선임의 허가를 취소할 수 있다(동조 제4항).

## 20 Answer ④

해설 | 포이어바흐는 심리강제설에 의한 일반예방 사상을 주장하고, 일반 국민에게 범죄로 얻는 쾌락보다 범죄로 받는 고통이 더욱 크다는 것을 알려 주는 심리적 강제로써만 범죄를 방지할 수 있으며, 이와 같은 심리적 강제는 형벌을 법전에 규정하고 이를 집행함으로써 효과적으로 이루어진다고 한다.

## 21 Answer ③

해설 | ③ 소년이 법정형으로 장기 2년 이상의 유기형에 해당하는 죄를 범한 경우에는 그 형의 범위에서 장기와 단기를 정하여 선고한다. 다만, 장기는 10년, 단기는 5년을 초과하지 못한다(소년법 제60조 제1항). 즉, 부정기형의 경우에 장기형의 상한은 10년이다. 또한 죄를 범할 당시 18세 미만인 소년에 대하여 사형 또는 무기형으로 처할 경우에는 15년의 유기징역으로 한다(동법 제59조). 다만, 만 18세의 소년에 대하여는 무기형을 선고할 수 있으므로, 그 상한은 없다.
① 동법 제49조 제3항
② 소년에 대한 구속영장은 부득이한 경우가 아니면 발부하지 못한다(동법 제55조 제1항). 모든 소년형 사사건은 필요적 변호사건에 해당한다.
④ 제18조 제1항 제3호(소년분류심사원에 위탁)의 조치가 있었을 때에는 그 위탁기간은 「형법」 제57조 제1항의 판결선고 전 구금일수로 본다(동법 제61조).

## 22 Answer ①

**해설** | ① 소년부 판사는 조사관에게 사건 본인, 보호자 또는 <u>참고인</u>의 심문이나 그 밖에 필요한 사항을 조사하도록 명할 수 있다(소년법 제11조 제1항).

② 동법 제13조 제1항·제2항

③ 동법 제10조

④ 동법 제18조 제3항

## 23 Answer ②

**해설** | 운명주의는 코헨이 아닌 밀러(W. B. Miller)의 하류계층문화이론에서 주장한 하류계층 사람들의 주요 관심사(focal concerns) 중 하나이다.

**[밀러의 하층계급문화이론의 주요 관심사]**

| 구분 | 관심사항 |
|---|---|
| Trouble(말썽·걱정) | 법이나 법집행기관 등과의 갈등을 오히려 영웅적이고 정상적이며 성공적으로 간주한다. |
| Toughness(강인·완강) | 남성다움과 육체적 힘을 과시하려고 하며, 강인함·대담함에 대한 관심이 크다. |
| Smartness(교활·영악) | 도박이나 사기, 탈법 등의 기만적인 방법으로써 다른 사람을 속일 수 있는 능력으로, 남이 나를 속이기 전에 내가 먼저 남을 속일 수 있어야 함을 강조한다. |
| Excitement(흥분·자극) | 스릴, 모험 등으로 권태감을 모면하는 데에 집중한다. |
| Fatalism(숙명·운명) | 자신의 생활을 숙명이라고 생각하면서 현실을 정당화하고, 성공은 요행이 중요하다고 생각하며, 체포되면 운이 없었다고 한다. |
| Autonomy(자율·자립) | 외부로부터의 통제나 간섭을 극도로 혐오하고, 명령을 받는 현실에 대해 반발한다. |

## 24 Answer ①

**해설** | ① 숙식제공은 6월을 초과할 수 없다. 다만, 필요하다고 인정하는 때에는 매회 6월의 범위 내에서 3회에 한하여 그 기간을 연장할 수 있다(보호관찰 등에 관한 법률 시행령 제41조 제2항). 따라서 <u>24개월</u>을 초과할 수 없다.

② 동법 제66조 제1항

③ 동법 제70조

④ 동법 시행령 제40조 제1항

**보호관찰 등에 관한 법률 제70조【갱생보호사업의 허가취소 등】** 법무부장관은 사업자가 다음 각 호의 어느 하나에 해당할 때에는 그 허가를 취소하거나 6개월 이내의 기간을 정하여 그 사업의 전부 또는 일부의 정지를 명할 수 있다. 다만, 제1호 또는 제4호에 해당하는 때에는 그 허가를 취소하여야 한다.

1. 부정한 방법으로 갱생보호사업의 허가를 받은 경우

2. 갱생보호사업의 허가조건을 위반한 경우

3. 목적사업 외의 사업을 한 경우

4. 정당한 이유 없이 갱생보호사업의 허가를 받은 후 6개월 이내에 갱생보호사업을 시작하지 아니하거나 1년 이상 갱생보호사업의 실적이 없는 경우

5. 제69조에 따른 보고를 거짓으로 한 경우

6. 이 법 또는 이 법에 따른 명령을 위반한 경우

## 25 Answer ②

**해설** | ② 보호관찰관의 장기 보호관찰기간은 2년으로 한다. 다만, 소년부 판사는 보호관찰관의 신청에 따라 결정으로써 1년의 범위에서 한 번에 한하여 그 기간을 연장할 수 있다(소년법 제33조 제3항). 따라서 최대 3년이다.
① 보호관찰 등에 관한 법률 제30조 제1호
③ 보호처분의 종류와 기간을 변경하는 경우 종전의 처분기간을 합산하여 보호처분의 기간은 1년을, 사회봉사·수강명령의 시간은 400시간을 각각 초과할 수 없다(가정폭력범죄의 처벌 등에 관한 특례법 제45조 제2항).
④ 보호처분의 종류와 기간을 변경할 때에는 종전의 처분기간을 합산하여 보호처분 기간은 1년을, 사회봉사·수강명령은 200시간을 각각 초과할 수 없다(성매매알선 등 행위의 처벌에 관한 법률 제16조 제2항).

# 2024년 보호9급 형사정책 정답 및 해설

| 01 | ③ | 02 | ③ | 03 | ③ | 04 | ② | 05 | ② | 06 | ③ | 07 | ③ | 08 | ③ | 09 | ① | 10 | ④ |
|----|---|----|---|----|---|----|---|----|---|----|---|----|---|----|---|----|---|----|---|
| 11 | ④ | 12 | ① | 13 | ④ | 14 | ④ | 15 | ② | 16 | ① | 17 | ③ | 18 | ① | 19 | ② | 20 | ④ |

## 01  Answer  ③

**해설** | 암수조사의 방법 중 '피해자 조사'는 암수범죄에 대한 간접적 관찰방법에 해당한다.

[암수조사방법]

| 직접적 관찰 | 간접적 관찰(설문조사) |
|---|---|
| • 자연적 관찰<br> - 참여적 관찰 : 직접 범죄에 가담하여 조사<br> - 비참여적 관찰 : CCTV 등을 설치하여 조사<br>• 인위적 관찰(실험) : 인위적 실험을 통해 조사 | • 피해자 조사<br>• 자기보고 조사<br>• 정보제공자 조사 |

## 02  Answer  ③

**해설** | 소년 가석방자는 「소년법」 제66조에 규정된 기간에 보호관찰을 받는데(보호관찰 등에 관한 법률 제30조 제3호), 소년법에 따르면, 징역 또는 금고를 선고받은 소년이 가석방된 후 그 처분이 취소되지 아니하고 가석방 전에 집행을 받은 기간과 같은 기간이 그 가석방기간이다(소년법 제66조).

[임시퇴원자]
퇴원일부터 6개월 이상 2년 이하의 범위에서 심사위원회가 정한 기간

## 03  Answer  ③

**해설** | 훈방과 통고처분은 경찰 단계의 다이버전이다. 검찰 단계의 다이버전에는 검사의 기소유예처분과 약식 명령청구 등이 있다.

## 04  Answer  ②

**해설** | 에고는 의식, 이드와 슈퍼에고는 무의식에 해당한다. 프로이트의 정신분석학에서 인간의 무의식은 무의식적 본능(또는 충동)의 세계인 이드와 무의식적 통제(또는 양심)의 세계인 슈퍼에고로 구성된다. 에고는 이와 달리 현실인식의 세계, 즉 의식을 구성한다.

## 05  Answer  ②

**해설** | 버제스는 동심원이론에서 구역을 중심지역(central business zone), 전이지대(transitional zone), 노동자

거주지대(working man's home zone), 중류층지대(residential zone), 통근자 거주지대(commuter's zone) 등으로 나뉘었고, 도시 중심부로부터 멀어질수록 범죄발생률이 낮아진다고 보았으며, 특히 전이지대에 범죄가 집중되는 것으로 나타났다고 주장하였다.

## 06 Answer ③

**해설** | ③ 보호관찰 등에 관한 법률 제42조 제2항
① 보호관찰관이 아니라, 보호관찰소의 장은 보호관찰 대상자가 제32조의 준수사항을 위반하였거나 위반하였다고 의심할 상당한 이유가 있고, 일정한 주거가 없는 경우, 조사를 위한 소환에 따르지 아니한 경우, 도주한 경우 또는 도주할 염려가 있는 경우의 어느 하나에 해당하는 사유가 있는 경우에는 관할 지방검찰청의 검사에게 신청하여 검사의 청구로 관할 지방법원 판사의 구인장을 발부받아 보호관찰 대상자를 구인(拘引)할 수 있다(동법 제39조 제1항).
② 유치된 사람에 대하여 보호관찰을 조건으로 한 형의 선고유예가 실효되거나 집행유예가 취소된 경우 또는 가석방이 취소된 경우에는 그 유치기간을 형기에 산입한다(동법 제45조).
④ 보호관찰소의 장은 유치 허가를 받은 때부터 24시간 이내에 (관할 지방검찰청의 검사에게) 그 신청을 하여야 한다(동법 제42조 제3항).

## 07 Answer ③

**해설** | ③ 교도소·구치소·소년교도소의 장은 징역 또는 금고의 형을 선고받은 소년이 「소년법」 제65조 각 호의 기간(무기형의 경우에는 5년, 15년 유기형의 경우에는 3년, 부정기형의 경우에는 단기의 3분의 1)을 지나면 그 교도소·구치소·소년교도소의 소재지를 관할하는 (보호관찰)심사위원회에 그 사실을 통보하여야 한다(보호관찰 등에 관한 법률 제21조 제1항).
① 소년법 제60조 제1항
② 특정강력범죄의 처벌에 관한 특례법 제4조 제2항
④ 대법원 1998.2.27. 97도3421

## 08 Answer ③

**해설** | ③ 허쉬는 인간은 누구든지 범죄의 가능성이 잠재되어 있음에도 불구하고 이를 통제하는데, 그 통제요인으로 개인이 사회와 맺고 있는 일상적인 유대를 지목하였다. 즉, 허쉬의 사회유대이론에 따르면, 모든 사람은 잠재적 범죄자로서 자신의 행위로 인해 주변인과의 관계가 악화하는 것을 두려워하기 때문에 범죄를 억제하게 된다.
① 에이커스(Akers)의 차별적 강화이론(사회적 학습이론)에 대한 설명이다.
② 라이스(Reiss)는 개인의 통제력 약화가 비행의 원인이라고 하는 개인통제이론을 주장하였고, 나이(Nye)는 비행을 예방하는 통제의 유형을 직접통제, 간접통제, 내부적 통제로 나누어 설명하였다. 이들의 통제이론에 따르면, 애정·인정·안전감 또는 새로운 욕구 등이 충족될수록 통제력을 발휘하게 되어 범죄를 저지를 확률은 낮아지게 된다.
④ 사이크스(Sykes)와 맛차(Matza)의 중화(기술)이론 중 책임의 부정에 대한 설명이다.

**09** Answer ①

해설 | 개별주의란 범죄인 처우의 개별화 이념에 따라 각각의 소년을 독립적으로 취급하고, 그 소년들의 개별적인 특성에 알맞은 처우를 하여야 한다는 원칙을 말한다. 따라서 병합이 아니라 분리하여야 한다.

**10** Answer ④

해설 | ④ 제32조 제1항 제4호(단기 보호관찰) 또는 제5호(장기 보호관찰)의 처분을 할 때에 1년 이내의 기간을 정하여 야간 등 특정 시간대의 외출을 제한하는 명령을 보호관찰 대상자의 준수사항으로 부과할 수 있다(소년법 제32조의2 제2항).
① 1개월 이내의 소년원 송치처분을 하는 경우, 보호관찰관의 장기 보호관찰처분과 병합 가능하다(동법 32조 제2항 제5호).
② 단기보호관찰기간은 1년으로 한다(동법 제33조 제2항). 기간의 연장규정은 없다.
③ 장기보호관찰기간은 2년으로 한다. 다만, 소년부 판사는 보호관찰관의 신청에 따라 결정으로써 1년의 범위에서 한 번에 한하여 그 기간을 연장할 수 있다(동법 제33조 제3항).

**11** Answer ④

해설 | 베카리아에 따르면, 사형은 예방목적의 필요한 한도를 넘는 불필요한 제도로서 폐지되어야 하고, 사면제도는 범죄자의 요행을 불러일으킴으로써 법에 대한 존중을 훼손하는 등의 문제점이 있으므로, 이 또한 반대하였다.

**12** Answer ①

해설 | ① 보호처분이 계속 중일 때에 사건 본인에 대하여 새로운 보호처분이 있었을 때에는 그 처분을 한 소년부 판사는 이전의 보호처분을 한 소년부에 조회하여 어느 하나의 보호처분을 취소하여야 한다(소년법 제40조).
② 동법 제38조 제1항 제2호
③ 동법 제39조
④ 동법 제38조 제1항 제1호

**13** Answer ④

해설 | ④ 사회봉사명령·수강명령 대상자에 대한 특별준수사항은 보호관찰 대상자에 대한 것과 같을 수 없고, 따라서 보호관찰 대상자에 대한 특별준수사항을 사회봉사명령·수강명령 대상자에게 그대로 적용하는 것은 적합하지 않다. 보호관찰법 제32조 제3항이 보호관찰 대상자에게 과할 수 있는 특별준수사항으로 정한 "범죄행위로 인한 손해를 회복하기 위하여 노력할 것(제4호)" 등 같은 항 제1호부터 제9호까지의 사항은 보호관찰 대상자에 한해 부과할 수 있을 뿐, 사회봉사명령·수강명령 대상자에 대해서는 부과할 수 없다(대법원 2020.11.5. 2017도18291).
① 보호관찰 등에 관한 법률 제29조 제1항
② 동법 제63조 제2항

③ 대법원 1997.6.13. 97도703

## 14 Answer ④

**해설** | 법규범과 문화적·사회적 규범이 일치하는 정도, 법집행자와 피집행자 간의 힘이 차이, 법규범 집행에 대한 갈등의 존재 여부 등이 범죄화에 영향을 미친다는 주장은 터크의 범죄화론이다. 봉거는 가진 자와 못 가진 자의 갈등적 양상이 심화되면서 양자는 모두 비인간화되고, 여기서 범죄생산의 비도덕성(탈도덕화)이 형성된다고 보았다.

## 15 Answer ②

**해설** | 브랜팅햄(Brantingham)과 파우스트(Faust)가 제시한 범죄예방 구조모델에 따르면, 사회환경 가운데 범죄의 원인이 될 수 있는 것을 정화하는 것은 1차적 예방에 해당한다. 1차적 범죄예방에는 조명, 시건장치(자물쇠), 접근통제 등과 같은 환경설비, 시민의 순찰 등과 같은 이웃감시, 경찰방범활동, 민간경비, 범죄예방교육 등이 있다.

## 16 Answer ①

**해설** |
① 1년 이하의 징역이나 금고, 자격정지 또는 벌금의 형을 선고할 경우에 제51조의 사항을 고려하여 뉘우치는 정상이 뚜렷할 때에는 그 형의 선고를 유예할 수 있다. 다만, 자격정지 이상의 형을 받은 전과가 있는 사람에 대해서는 예외로 한다(형법 제59조 제1항).
② 3년 이하의 징역이나 금고 또는 500만 원 이하의 벌금의 형을 선고할 경우에 제51조의 사항을 참작하여 그 정상에 참작할 만한 사유가 있는 때에는 1년 이상 5년 이하의 기간 형의 집행을 유예할 수 있다(동법 제62조 제1항 본문).
③ 우리나라는 총액벌금제를 채택하고 있다.
④ 허용되지 않는다(대법원 2007.2.22. 2006도8555).

## 17 Answer ③

**해설** |
③ 법무부장관은 송달받은 정보와 등록대상자 정보를 등록하여야 한다(성폭력범죄의 처벌 등에 관한 특례법 제44조 제1항). 등록정보의 공개는 여성가족부장관이 집행하며(동법 제47조 제2항), 등록정보의 고지 또한 여성가족부장관이 집행한다(동법 제49조 제2항).
① 동법 제45조의2
② 성폭력범죄자의 신상정보를 공개하는 것은 이를 통하여 성폭력범죄행위에 대하여 일반 국민에게 경각심을 주어 유사한 범죄를 예방하고, 성폭력범죄자로부터 잠재적인 피해자와 지역사회를 보호하기 위해 정보를 제공하며, 궁극적으로 피해자의 성을 보호하고 사회방위를 도모하기 위한 것이다(헌법재판소 2016.5.26. 2015헌바212).
④ 대법원 2012.5.24. 2012도2765

## 18 Answer ①

해설 | ① 치료명령은 검사의 지휘를 받아 보호관찰관이 집행한다(성폭력범죄자의 성충동 약물치료에 관한
　　　　　법률 제13조 제1항).
　　　② 동법 제15조 제3항
　　　③ 동법 제14조 제3항
　　　④ 동법 제14조 제4항 제1호, 제5항 제1호

## 19 Answer ②

해설 | ② 검사는 스토킹범죄로 징역형의 실형을 선고받은 사람이 그 집행을 종료한 후 또는 집행이 면제된
　　　　　후 10년 이내에 다시 스토킹범죄를 저지른 때, 스토킹범죄로 이 법에 따른 전자장치를 부착하였던
　　　　　전력이 있는 사람이 다시 스토킹범죄를 저지른 때, 스토킹범죄를 2회 이상 범하여(유죄의 확정판결을
　　　　　받은 경우를 포함한다) 그 습벽이 인정된 때의 어느 하나에 해당하고 스토킹범죄를 다시 범할 위험성
　　　　　이 있다고 인정되는 사람에 대하여 부착명령을 법원에 청구할 수 있다(전자장치 부착 등에 관한
　　　　　법률 제5조 제5항).
　　　① 동조 제1항 제4호
　　　③ 동조 제2항
　　　④ 동조 제4항 제2호

## 20 Answer ④

해설 | ④ 법원은 스토킹범죄의 원활한 조사·심리 또는 피해자 보호를 위하여 필요하다고 인정하는 경우에는
　　　　　결정으로 스토킹행위자에게 "잠정조치"를 할 수 있다. 잠정조치에는 국가경찰관서의 유치장 또는
　　　　　구치소에의 유치가 포함된다(스토킹범죄의 처벌 등에 관한 법률 제9조 제1항).
　　　① 동법 제3조 제2호
　　　② 동법 제4조 제1항 제2호
　　　③ 동법 제9조 제1항 제2호

**스토킹범죄의 처벌 등에 관한 법률 제9조【스토킹행위자에 대한 잠정조치】** ① 법원은 스토킹범죄의 원활한 조사
·심리 또는 피해자 보호를 위하여 필요하다고 인정하는 경우에는 결정으로 스토킹행위자에게 다음 각 호의
어느 하나에 해당하는 조치("잠정조치")를 할 수 있다.
1. 피해자에 대한 스토킹범죄 중단에 관한 서면경고
2. 피해자 또는 그의 동거인, 가족이나 그 주거 등으로부터 100미터 이내의 접근금지
3. 피해자 또는 그의 동거인, 가족에 대한 「전기통신기본법」 제2조 제1호의 전기통신을 이용한 접근금지
3의2. 「전자장치 부착 등에 관한 법률」 제2조 제4호의 위치추적 전자장치의 부착
4. 국가경찰관서의 유치장 또는 구치소에의 유치

# 2023년 보호7급 형사정책 정답 및 해설

| 01 | ① | 02 | ③ | 03 | ④ | 04 | ① | 05 | ② | 06 | ③ | 07 | ③ | 08 | ② | 09 | ② | 10 | ③ |
| 11 | ③ | 12 | ② | 13 | ④ | 14 | ③ | 15 | ① | 16 | ④ | 17 | ④ | 18 | ① | 19 | ④ | 20 | ④ |
| 21 | ④ | 22 | ① | 23 | ③ | 24 | ① | 25 | ④ | | | | | | | | | | |

## 01 Answer ①

**해설** | ② 범죄율은 인구 10만 명당 범죄발생건수를 나타내는데, 특정 기간별 범죄발생건수를 비교할 수 있다는 점에서 매우 유용한 자료이다. 다만, 무거운 범죄와 상대적으로 가벼운 범죄가 동등한 범죄로 취급되어 통계화된다는 문제점이 있다.
③ 자기보고식조사는 경미한 범죄의 실태파악은 가능하나, 처벌에 대한 두려움 등으로 인해 중대한 범죄의 실태파악은 곤란하다.
④ 피해조사는 실제 범죄피해자로 하여금 범죄피해 경험을 보고하게 하는 것으로, 가장 많이 사용된다. 다만, 범죄피해자의 기억에만 의존하게 되므로, 객관적이고 정확한 자료수집이 곤란하다.

## 02 Answer ③

**해설** | ③ 비범죄화 논의의 대표적 범죄로서 간통죄와 낙태죄가 있다.
① 비범죄화는 낙인이론의 산물로, 형법의 보충적 성격을 강조한다.
② 비범죄화는 형사처벌에 의한 낙인의 부정적 효과를 감소시킨다.
④ 피해자 없는 범죄는 비범죄화의 주요 대상으로 논의된다(도박, 매춘 등).

## 03 Answer ④

**해설** | 응보적 사법, 즉 전통적 형사사법에 대한 설명이다. 회복적 사법에서 피해자는 직접참여자로서 범죄해결 과정의 중심인물로 인식되고, 가해자는 책임을 수용하고 배상과 교화의 대상으로 인식된다.

**[전통적 형사사법과 회복적 사법 비교]**

| 기존의 형사처벌 | 회복적 사법 |
|---|---|
| • 범죄자 처벌 중심<br>• 국가(정부)가 주도하는 방식<br>• 가해자와 피해자 간 조정 없음 | • 피해자 (피해)회복 중심<br>• 피해자의 적극적인 참여 유도<br>• 가해자와의 갈등해소 · 원상회복 |

## 04 Answer ①

**해설** | ① 차별적 강화이론에 의하면, 범죄행동은 조작적 조건형성의 원리에 따라 학습된다. 즉, 스키너

(Skinner)의 조작적 조건화로 재구성한 것이 차별적 접촉강화이론이다.

② 행동주의 학습이론가들에 따르면, 범죄행위는 어떠한 행위에 대한 보상이나 처벌의 경험에 따라 학습되는 것이지, 비정상적이거나 도덕적으로 미성숙한 심리상태 때문에 범죄행위에 가담하는 것이 아니다.

③ 범죄자의 정신적 · 인지적 · 성격적 문제가 범죄행위를 유발한다는 결정론과 달리, 행동주의 학습이론 가들은 범죄자의 행위는 다른 사람들의 반응이나 자극에 따라 변화한다고 본다. 특히 행동만 강조하고 개인의 인지과정을 무시했다는 점과, 인간의 자유의지를 무시하고 인간을 외부통제자에 의해 조종당하는 존재로 보았다는 점에서 비판받았다.

④ 사회적 학습이론의 반두라는 보보인형실험으로써 TV 등 미디어를 통한 공격성 학습원리를 증명하였는데, 관찰자에게 제공되는 어떠한 강화자극이 없더라도 관찰과 모방을 통해 폭력과 같은 행동이 학습될 수 있음을 증명하였다는 데 의의가 있으며(대리강화), 미디어 등을 통한 간접적인 범죄학습이 가능하다는 점을 제시하였다.

## 05 Answer ②

해설 | ② 낮은 지능이 저조한 학업성취를 가져오고, 학업에서의 실패와 무능은 비행 및 범죄와 높은 관련성을 갖는다고 본 사람은 허쉬와 힌델랑이다. 아이젠크는 성격이론에서 자율신경계의 특징에 따라 사람들의 성격을 내향적인 사람과 외향적인 사람으로 분류하였다. 내향적인 사람은 처벌에 대한 불안감을 크게 느끼고 이를 회피하는 성향이 강하기 때문에 규범에 어긋난 행동을 하는 정도가 약한 반면, 외향적인 사람은 처벌에 대한 불안감을 대체로 덜 느끼고 기본적으로 새로운 자극을 항상 추구하기 때문에 그만큼 반사회적 행동을 저지를 가능성이 크다고 보았다.

④ 콜버그(Kohlberg)는 대부분의 일반청소년들은 3~4단계에 속하는 반면, 대부분의 비행청소년들은 1~2단계에 속한다고 보고 있으며, 더 높은 도덕적 판단수준이 내재화되도록 성장한 청소년은 비행행위를 저지르지 않게 된다고 주장하였다.

## 06 Answer ③

해설 | ③ 낮은 자기통제력의 근본적인 원인을 타고난 기질에서 찾지 않고, 부모의 부적절한 양육에 의한 결과라고 보았으며, 낮은 자기통제력과 관련하여 사회화의 결여가 범죄로 이어진다고 주장하였다.

① 갓프레드슨과 허쉬는 기존의 실증주의학파와 고전주의학파를 통합하려고 한 관계로, (일반이론) 자기통제이론은 모든 유형의 범죄를 설명한다.

④ 갓프레드슨과 허쉬는 범죄유발에 영향을 주는 요인을 자기통제력과 범죄기회라고 보았다. 따라서 범죄기회도 중요한 기능을 한다고 주장하였다.

## 07 Answer ③

해설 | ③ 선고하는 벌금이 1억 원 이상 5억 원 미만인 경우에는 300일 이상, 5억 원 이상 50억 원 미만인 경우에는 500일 이상, 50억 원 이상인 경우에는 1천일 이상의 노역장 유치기간을 정하여야 한다(형법 제70조 제2항).

① 벌금은 5만 원 이상으로 한다. 다만, 감경하는 경우에는 5만 원 미만으로 할 수 있다(동법 제45조).

② 동법 제78조

④ 형법 제55조 제1항 제6호의 벌금을 감경할 때의 다액의 2분의 1이라는 문구는 금액의 2분의 1이라고 해석하여 그 상한과 함께 하한도 2분의 1로 내려가는 것으로 해석하여야 한다. 형법 제55조 제1항 제6호에는 벌금을 감경할 때에는 그 다액의 2분의 1로 한다고 규정되어 있어 이를 문자 그대로 해석한다면 벌금을 감경할 때에는 그 상한액만이 2분의 1로 내려갈 뿐 하한액은 변동이 없게 된다고 보여진다. 그런데 그와 같이 해석한다면 재판실무상 벌금을 감경, 특히 작량감경하는 경우, 각종 특별법에 규정되어 있는 벌금의 형태 등을 고려할 때 불합리한 점이 생기므로, 그 상한과 함께 하한도 2분의 1로 내려가는 것으로 해석하여야 한다(대법원 1978.4.25. 78도246).

## 08 Answer ②

**해설** | ② 법원은 스토킹범죄를 저지른 사람에 대하여 유죄판결(선고유예는 제외한다)을 선고하거나 약식명령을 고지하는 경우에는 200시간의 범위에서 재범예방에 필요한 수강명령 또는 스토킹 치료프로그램의 이수명령을 병과할 수 있다(스토킹범죄의 처벌 등에 관한 법률 제19조 제1항).

① 스토킹범죄란 지속적 또는 반복적으로 스토킹행위를 하는 것을 말한다(동법 제2조 제2호).

③ 동법 제2조 제1호 가목

④ 동법 제19조 제4항 제2호

## 09 Answer ②

**해설** | ② 보호관찰 등에 관한 법률 제52조 제4항

① 보호관찰을 조건으로 한 형의 선고유예가 실효되거나, 보호관찰을 조건으로 한 집행유예가 실효되거나 취소된 때에는 보호관찰을 종료한다(동법 제51조 제1항 제2호).

③ 보호관찰의 임시해제 중에는 보호관찰을 하지 아니한다. 다만, 보호관찰 대상자는 준수사항을 계속하여 지켜야 한다(동법 제52조 제2항).

④ 보호관찰이 정지된 임시퇴원자가 22세가 된 때에는 보호관찰을 종료한다(동법 제51조 제1항 제6호).

## 10 Answer ③

**해설** | ③ 형의 집행유예를 선고받은 자에 대하여는 형선고의 효력을 상실하게 하는 특별사면 또는 형을 변경하는 감형을 하거나 그 유예기간을 단축할 수 있다(사면법 제7조).

① 동법 제3조 제2호

② 동법 제5조 제1항 제1호

④ 동법 제8조

## 11 Answer ③

**해설** | ③ 청소년이란 9세 이상 24세 이하인 사람을 말한다. 다만, 다른 법률에서 청소년에 대한 적용을 다르게 할 필요가 있는 경우에는 따로 정할 수 있다(청소년 기본법 제3조 제1호).

① 형법 제9조

② 소년법 제2조

④ 아동·청소년의 성보호에 관한 법률 제2조 제1호

## 12 Answer ②

해설 | 사이코패스 진단방법인 PCL−R은 심리학자 로버트 헤어(Robert D. Hare)가 PCL을 수정하여 개발한 것으로, 20개 항목에 40점을 최고점으로 하여 이에 근접할수록 사이코패스적 성향이 높다고 판단한다. 오늘날 PCL−R은 연구와 임상 부문에서 가장 빈번하게 사용되는 사이코패스 진단방법으로, 20개의 항목별 점수는 0~2점이다.

## 13 Answer ④

해설 | ④ 셸던(Sheldon)은 크고 근육질의 체형을 가진 자를 중배엽형으로 분류하고 비행행위에 더 많이 관여하는 경향이 있다고 주장하였다.
　　 ① 입양부모가 최소 중산층 이상이 되어야 입양심사를 통과할 수 있으므로, 입양부모들이 제공하는 환경이 전체 모집단의 환경을 대표한다고 볼 수 없다. 즉, 그 연구결과를 모집단에 일반화하기 어렵다는 단점이 있다.

**[셸던의 체형분류]**
- 내배엽형 : 소화기관(내장긴장형)=비만형, 온순·외향적 성격
- 중배엽형 : 근육, 뼈(신체긴장형)=운동형, 활동적·공격적 성격
- 외배엽형 : 피부, 신경계(두뇌긴장형)=세장형, 예민·내향적 성격

## 14 Answer ③

해설 | ③ 소년원장은 미성년자인 보호소년등이 친권자나 후견인이 없거나 있어도 그 권리를 행사할 수 없을 때에는 법원의 허가를 받아 그 보호소년등을 위하여 친권자나 후견인의 직무를 행사할 수 있다(보호소년 등의 처우에 관한 법률 제23조).
　　 ① 동법 제12조 제1항
　　 ② 20일 이내의 기간 동안 지정된 실(室) 안에서 근신하게 하는 징계는 14세 미만의 보호소년등에게 부과하지 못한다(동법 제15조 제3항).
　　 ④ 소년원장은 교정성적이 우수하거나 품행이 타인의 모범이 되는 보호소년등에게 포상을 할 수 있고(동법 제16조 제1항), 포상을 받은 보호소년등에게는 특별한 처우를 할 수 있다(동조 제2항).

## 15 Answer ①

해설 | **[샘슨의 집합효율성]**
- 빈곤이 그 자체로는 범죄와 관련이 없지만, 거주지 안정성이 낮은 곳의 빈곤은 폭력범죄와 높은 상관관계가 있음을 발견하였다.
- 지역사회가 자체의 공동가치를 실현할 수 있는 능력을 상실한 상태가 바로 사회해체이다.
- 적은 사회자본으로 인한 익명성이 근린지역의 범죄와 폭력을 증가시키는 것이다. 오히려 준법정신이 투철한 사람들은 범죄의 증가에 따라 타 지역으로 이주하게 되고, 결국 범죄와 폭력으로 만연한 근린은

지역사회의 와해가 더욱 촉진된다.
- 집합효율성 : 거리, 보도, 공원 등과 같은 공공장소에서 질서를 유지할 수 있는 능력
- 근린지역의 거주민들이 당국에 불만을 토로하거나 지역감시프로그램을 조직하는 것과 같이 질서유지를 위한 명확한 행동이 선택될 때 나타난다.
- 주민들은 근린의 '결속과 상호신뢰'가 근린의 '사회통제를 위해 개입하려는 주민들의 공유된 기대'와 연계될 때에만 범죄를 줄이기 위한 행동을 한다.

## 16  Answer  ④

**해설** | ④ 형사조정에 회부할 수 있는 형사사건의 구체적인 범위는 대통령령으로 정한다. 다만, 피의자가 도주하거나 증거를 인멸할 염려가 있는 경우, 공소시효의 완성이 임박한 경우, 불기소처분의 사유에 해당함이 명백한 경우(다만, <u>기소유예처분의 사유에 해당하는 경우는 제외한다</u>)에는 형사조정에 회부하여서는 아니 된다(범죄피해자 보호법 제41조 제2항).
  ① 동법 제41조 제1항
  ② 동법 제43조 제3항
  ③ 동법 제45조 제4항

## 17  Answer  ④

**해설** | ④ 소년부 판사는 위탁받은 자나 보호처분을 집행하는 자의 신청에 따라 결정으로써 보호처분과 부가처분을 변경할 수 있다. 다만, <u>보호자 등에게 감호위탁(제32조 제1항 제1호), 아동복지시설이나 그 밖의 소년보호시설에 감호위탁(제32조 제1항 제6호), 병원·요양소 또는 의료재활소년원에 위탁의 보호처분(제32조 제1항 제7호)과 보호관찰처분 시 대안교육 또는 상담·교육처분(제32조의2 제1항)은 직권으로 변경할 수 있다</u>(소년법 제37조 제1항). 따라서 1개월 이내의 소년원 송치처분(제32조 제1항 제8호)은 소년부 판사의 직권으로 변경할 수 없다.
  ① 동법 제32조 제4항
  ② 동법 제32조의2 제2항
  ③ 동법 제32조의2 제1항

## 18  Answer  ①

**해설** | ① 소년에 대한 부정기형을 집행하는 기관의 장은 <u>형의 단기가 지난</u> 소년범의 행형성적이 양호하고 교정의 목적을 달성하였다고 인정되는 경우에는 관할 검찰청 검사의 지휘에 따라 그 형의 집행을 종료시킬 수 있다(소년법 제60조 제4항).
  ② 동법 제65조 제1호
  ③ 동법 제63조
  ④ 동법 제59조

**소년법 제65조【소년의 가석방】** 징역 또는 금고를 선고받은 소년에 대하여는 다음 각 호의 기간이 지나면 가석방(假釋放)을 허가할 수 있다.
1. 무기형의 경우에는 5년

2. 15년 유기형의 경우에는 3년
3. 부정기형의 경우에는 단기의 3분의 1

## 19 Answer ④

**해설** | ④ 제1항 제1호(보호자, 소년을 보호할 수 있는 적당한 자 또는 시설에 위탁) 및 제2호(병원이나 그 밖의 요양소에 위탁)의 <u>위탁기간은 3개월</u>을, 제1항 제3호(소년분류심사원에 위탁)의 위탁기간은 1개월을 초과하지 못한다. 다만, 특별히 계속 조치할 필요가 있을 때에는 <u>1회에 한하여 결정으로써 연장할 수 있다</u>(소년법 제18조 제3항).
① 동법 제10조
② 동법 제12조
③ 동법 제13조 제2항

## 20 Answer ④

**해설** | ④ 국가는 이 법에 따라 구조금을 받은 사람이 거짓이나 그 밖의 부정한 방법으로 구조금을 받은 경우, 구조금을 받은 후 구조금을 지급하지 아니할 수 있는 경우에 규정된 사유가 발견된 경우, 구조금이 잘못 지급된 경우의 어느 하나에 해당하면 지구심의회 또는 본부심의회의 결정을 거쳐 그가 받은 구조금의 전부 또는 일부를 <u>환수할 수 있다</u>(범죄피해자 보호법 제30조 제1항).
① 동법 제31조
② 동법 제19조 제4항 제2호
③ 지구심의회에서 구조금 지급신청을 기각(일부기각된 경우를 포함한다) 또는 각하하면 신청인은 결정의 정본이 송달된 날부터 2주일 이내에 그 지구심의회를 거쳐 본부심의회에 재심을 신청할 수 있다(동법 제27조 제1항).

## 21 Answer ④

**해설** | 조직구성원은 매우 제한적이고 배타적이다.

**[아바딘스키(Abadinsky)가 제시한 조직범죄의 특성]**
• <u>비이념적</u> : 정치적인 것에는 관심이 없고 오로지 '돈'과 권력이 목적이다.
• <u>위계적 구조</u> : 조직구성원 간 권력구조(위계질서)가 계층적(수직적)으로 형성된다.
• <u>구성원 제한</u> : 조직구성원은 매우 제한적이고 배타적이다.
• <u>영속적 활동</u> : 조직의 활동이나 구성원의 참여가 평생 지속되는 경우가 많다.
• <u>불법수단 사용</u> : 조직의 이익이나 목적을 위해 폭력, 뇌물 등을 동원한다.
• <u>분업화·전문화</u> : 조직의 활동에서 임무나 역할을 철저하게 분업화하여 전문성을 확보한다.
• <u>독점성</u> : 폭력, 뇌물 등을 동원하여 특정 사업분야를 독점한다.
• <u>규범통제</u> : (합법적 조직과 같이) 규칙이나 규정에 따라 통제된다.

**22** Answer ①

해설 | ① 형법 제49조 본문에 의하면 '몰수는 타형에 부가하여 과한다'라고 하여 몰수형의 부가성을 명정하고 있으나 같은 법조 단서는 행위자에게 유죄의 재판을 아니할 때에도 몰수의 요건이 있는 때에는 몰수만을 선고할 수 있다고 규정함으로써 일정한 경우에 몰수의 부가형성에 대한 예외를 인정하고 있는 점으로 보아, 형법 제59조에 의하여 <u>형의 선고의 유예를 하는 경우</u>에도 몰수의 요건이 있는 때에는 <u>몰수형만의 선고를 할 수 있다</u>고 해석함이 상당하다(대법원 1973.12.11. 73도1133).

② 선고유예의 요건 중 '개전의 정상이 현저한 때'라고 함은, 반성의 정도를 포함하여 널리 형법 제51조가 규정하는 양형의 조건을 종합적으로 참작하여 볼 때 형을 선고하지 않더라도 피고인이 다시 범행을 저지르지 않으리라는 사정이 현저하게 기대되는 경우를 가리킨다고 해석할 것이고, 이와 달리 여기서의 '개전의 정상이 현저한 때'가 반드시 피고인이 죄를 깊이 뉘우치는 경우만을 뜻하는 것으로 제한하여 해석하거나, 피고인이 범죄사실을 자백하지 않고 부인할 경우에는 언제나 선고유예를 할 수 없다고 해석할 것은 아니다(대법원 2003.2.20. 2001도6138).

③ 형법 제59조의2

④ 형의 선고유예 판결이 확정된 후 2년을 경과한 때에는 형법 제60조에 따라 면소된 것으로 간주하고, 그 뒤에는 실효의 대상이 되는 선고유예의 판결이 존재하지 않으므로 선고유예 실효의 결정을 할 수 없다. 이는 원결정에 대한 집행정지의 효력이 있는 즉시항고 또는 재항고로 인하여 아직 선고유예 실효 결정의 효력이 발생하기 전 상태에서 상소심 절차 진행 중에 선고유예 기간이 그대로 경과한 경우에도 마찬가지이다(대법원 2018.2.6. 2017모3459).

**23** Answer ③

해설 | ③ 보호사건을 송치받은 소년부는 보호의 적정을 기하기 위하여 필요하다고 인정하면 결정으로써 사건을 다른 관할 소년부에 이송할 수 있으며(소년법 제6조 제1항), 소년부는 사건이 그 관할에 속하지 아니한다고 인정하면 결정으로써 그 사건을 관할 소년부에 이송하여야 한다(동조 제2항). 즉, 필요적 이송이다.

① 동법 제4조 제2항

② 법원은 소년에 대한 피고사건을 심리한 결과 보호처분에 해당할 사유가 있다고 인정하면 결정으로써 사건을 관할 소년부에 송치하여야 하며(동법 제50조), 소년부는 법원으로부터 송치받은 사건을 조사 또는 심리한 결과 사건의 본인이 19세 이상인 것으로 밝혀지면 결정으로써 송치한 법원에 사건을 다시 이송하여야 한다(동법 제51조).

④ 범죄·촉법·우범소년을 발견한 보호자 또는 학교·사회복리시설·보호관찰소의 장은 이를 관할 소년부에 통고할 수 있다(동법 제4조 제3항).

**24** Answer ①

해설 | ① 힌델랑의 생활양식이론은 범죄예방을 위한 체포가능성의 확대와 처벌확실성의 확보보다는, 개인의 직업활동과 여가활동을 포함하는 일상활동의 생활양식이 그 사람의 범죄피해 위험성을 결정하는 중요한 요인이 된다고 한다. 즉, 범죄와 접촉할 가능성이 큰 생활양식을 가진 사람이 범죄피해자가 되기 쉬우므로, 범죄예방을 위해서는 외부에서 활동하는 시간을 줄이고, 가족과 함께하는 시간을

늘리는 등 범죄와 접촉할 가능성이 적은 생활양식으로 변화할 필요가 있음을 강조하였다.

② 브랜팅햄과 파우스트의 범죄예방모델은 질병예방의 보건의료모형을 차용하였다. 1차적 예방은 질병예방을 위해 주변환경의 청결·소독과 같은 위생상태를 개선하는 것과 유사하고, 2차적 예방은 질병에 걸린 사람들을 격리하고 주변 사람들에게 예방접종을 하는 것과 유사하며, 3차적 예방은 중병에 걸린 사람을 입원시켜 치료하는 것과 유사하다. 즉, 1차적 범죄예방은 범죄를 야기할 가능성이 있는 문제점을 미연에 방지할 목적으로 범죄의 기회를 제공하거나 범죄를 촉진하는 물리적·사회적 환경조건을 변화시키는 것을 말하고, 2차적 범죄예방은 범죄의 가능성이 있는 잠재적 범죄자를 조기에 발견하고 그를 감시·교육함으로써 반사회적 행위에 이르기 전에 미리 예방하는 것을 말하며, 3차적 범죄예방은 범죄자를 대상으로 하는 범죄예방조치를 통하여 재범을 방지할 수 있도록 하는 것을 말한다.

③ 코헨(Cohen)과 펠슨(Felson)의 일상활동이론에 따르면, 동기화된 범죄자와 매력적인 목표물, 보호능력의 부재나 약화라는 범죄의 발생조건의 충족을 제지함으로써 범죄를 예방할 수 있다.

**[브랜팅햄(Brantingham)과 파우스트(Faust)의 범죄예방모델]**

| 구분 | 대상 | 내용 | 사례 |
|---|---|---|---|
| 1차 예방 | 일반인 | • 범죄예방교육 실시<br>• 물리적·사회적 '환경' 개선 | 방범교육, 환경설계, CCTV 설치 등 |
| 2차 예방 | 잠재적 범죄자 | • 잠재적 범죄자 조기발견<br>• 우범자 대상 관리·교육 실시 | 우범지역 분석, 재범예측 등 |
| 3차 예방 | 범죄자(전과자) | 재범방지(교화·개선) | 재범예방프로그램, 사회복귀 등 |

## 25 Answer ④

**해설** | 코헨의 비행하위문화이론에 대한 설명이다. 코헨은 사회가 중류계층의 기준으로 평가되므로, 하류계층 청소년들은 학교에서부터 부적응을 경험하게 되고, 중류계층의 성공목표를 합법적으로 성취할 수 없음에 지위좌절이라는 문화갈등이 발생하며, 지위좌절을 겪는 하류계층 청소년들이 이를 해결하기 위한 수단으로써 비행하위문화를 형성한다고 보았다. 그러나 밀러는 하류계층의 비행이 중류계층에 대한 반발에서 비롯된 것이라는 코헨의 주장에 반대하고, 하류계층만의 독특한 문화 자체가 비행을 발생시킨다고 주장하였다.

# 2022년 보호7급 형사정책 정답 및 해설

| 01 | ① | 02 | ④ | 03 | ② | 04 | ④ | 05 | ④ | 06 | ② | 07 | ① | 08 | ① | 09 | ① | 10 | ③ |
|----|---|----|---|----|---|----|---|----|---|----|---|----|---|----|---|----|---|----|---|
| 11 | ③ | 12 | ③ | 13 | ④ | 14 | ③ | 15 | ① | 16 | ③ | 17 | ④ | 18 | ② | 19 | ④ | 20 | ② |
| 21 | ④ | 22 | ② | 23 | ④ | 24 | ② | 25 | ② | | | | | | | | | | |

## 01   Answer   ①

**해설** | **보호소년 등의 처우에 관한 법률 제14조의2【보호장비의 사용】** ③ 원장은 다음 각 호의 어느 하나에 해당하는 경우에는 소속 공무원으로 하여금 보호소년등에 대하여 수갑, 포승 또는 보호대 외에 가스총이나 전자충격기를 사용하게 할 수 있다.

1. 이탈, 자살, 자해하거나 이탈, 자살, 자해하려고 하는 때
2. 다른 사람에게 위해를 가하거나 가하려고 하는 때
3. 위력으로 소속 공무원의 정당한 직무집행을 방해하는 때
4. 소년원·소년분류심사원의 설비·기구 등을 손괴하거나 손괴하려고 하는 때
5. 그 밖에 시설의 안전 또는 질서를 크게 해치는 행위를 하거나 하려고 하는 때

## 02   Answer   ④

**해설** | 甲은 우범소년에 해당한다.

④ 甲의 나이가 13세이므로, 14세 이상의 소년에게만 할 수 있는 사회봉사명령은 부과할 수 없으나(소년법 제32조 제3항), 12세 이상의 소년에게만 할 수 있는 수강명령은 부과할 수 있다(동법 제32조 제4항).

① 촉법·우범소년이 있을 때에는 경찰서장은 직접 관할 소년부에 송치하여야 하며(동법 제4조 제2항), 소년보호사건을 송치하는 경우에는 송치서에 사건 본인의 주거·성명·생년월일 및 행위의 개요와 가정상황을 적고, 그 밖의 참고자료를 첨부하여야 한다(동법 제5조).

② 범죄·촉법·우범소년을 발견한 보호자 또는 학교·사회복리시설·보호관찰소(보호관찰지소를 포함한다)의 장은 이를 관할 소년부에 통고할 수 있다(동법 제4조 제3항).

③ 동법 제13조

## 03   Answer   ②

**해설** | ② 소년이 소년분류심사원에 위탁되지 아니하였을 때에도 소년에게 신체적·정신적 장애가 의심되는 경우, 빈곤이나 그 밖의 사유로 보조인을 선임할 수 없는 경우, 그 밖에 소년부 판사가 보조인이 필요하다고 인정하는 경우 법원은 직권에 의하거나 소년 또는 보호자의 신청에 따라 보조인을 선정할 수 있다(소년법 제17조의2 제2항).

① 동법 제17조의2 제1항

③ 사건 본인이나 보호자는 소년부 판사의 허가를 받아 보조인을 선임할 수 있으며(동법 제17조 제1항), 보호자나 변호사를 보조인으로 선임하는 경우에는 위 허가를 받지 아니하여도 된다(동조 제2항).
④ 동법 제17조 제5항

## 04  Answer  ④

해설 | ④ 제32조 제1항 제4호(단기 보호관찰) 또는 제5호(장기 보호관찰)의 처분을 할 때에 3개월 이내의 기간을 정하여 「보호소년 등의 처우에 관한 법률」에 따른 대안교육 또는 소년의 상담·선도·교화와 관련된 단체나 시설에서의 상담·교육을 받을 것을 동시에 명할 수 있다(소년법 제32조의2 제1항).
① 동법 제32조 제1항 제1호
② 동조 동항 제6호
③ 제32조 제1항 제4호(단기 보호관찰) 또는 제5호(장기 보호관찰)의 처분을 할 때에 1년 이내의 기간을 정하여 야간 등 특정 시간대의 외출을 제한하는 명령을 보호관찰 대상자의 준수사항으로 부과할 수 있다(동법 제32조의2 제2항).

## 05  Answer  ④

해설 | 공리주의자인 벤담은 최대다수 최대행복의 원리를 바탕으로 범죄를 설명하였는데, 처벌의 비례성과 형벌의 일반예방을 통하여 성취될 수 있는 최대다수의 최대행복을 강조하였고, 범죄를 공동체에 대한 해악으로 취급하였으며, 형벌은 응보의 목적보다는 예방의 목적으로 행사되어야 한다는 입장이었다.

## 06  Answer  ②

해설 | ② 소년원장은 교정성적이 양호하며 교정의 목적을 이루었다고 인정되는 보호소년[「소년법」 제32조 제1항 제8호(1개월 이내의 소년원 송치)에 따라 송치된 보호소년은 제외한다]에 대하여는 보호관찰 심사위원회에 퇴원을 신청하여야 한다(보호소년 등의 처우에 관한 법률 제43조 제3항).
① 동조 제4항
③ 동법 제46조 제1항
④ 동법 제45조의2 제2항

## 07  Answer  ①

해설 | 셀린(Sellin)은 이민집단의 경우처럼 특정 문화집단의 구성원이 다른 문화의 영역으로 이동할 때에 발생할 수 있는 갈등을 일차적 문화갈등으로 보았고, 단일문화가 각기 다른 독특한 행위규범을 갖는 여러 개의 상이한 하위문화로 분화될 때에 발생할 수 있는 갈등을 이차적 문화갈등으로 보았다.

## 08  Answer  ①

해설 | ① 책임의 부정은 자신의 행위에 대한 책임을 가정환경, 빈곤 등의 외부적 요인에 전가시키는 것으로, 기초수급자로 지정받지 못한 채 어렵게 살고 있던 중에 배가 고파서 편의점에서 빵과 우유를 훔쳤다고 주장하는 경우가 이에 해당한다.

② 가해의 부정
③ 피해자의 부정
④ 비난자에 대한 비난

**09** Answer ①

**해설** | ① 징역 또는 금고는 무기 또는 유기로 하고 유기는 1개월 이상 30년 이하로 한다. 단, 유기징역 또는
유기금고에 대하여 형을 가중하는 때에는 50년까지로 한다(형법 제42조).
② 동법 제44조 제2항
③ 동법 제69조 제2항
④ 동법 제70조 제2항

**10** Answer ③

**해설** | 차별적 접촉이론에 의하면, 법률위반에 대한 호의적인 정의가 비호의적인 정의보다 클 때 개인은 범죄를
저지른다. 즉, 사람들이 법률을 위반해도 무방하다는 생각을 학습한 정도가 법률을 위반하면 안 된다는
생각을 학습한 정도보다 클 때 범죄를 저지르게 된다는 것이다. 이처럼 차별적 접촉이론은 나쁜 친구들을
사귀면 범죄를 저지를 것이라는 식의 단순한 등식이 아니라, 불법적인 생각과 접촉한 정도와 준법적인
생각과 접촉한 정도의 차이가 범죄유발의 중요한 요인이라고 본다.

**11** Answer ③

**해설** | 레크레이션 시설의 설치, 산책길에 벤치의 설치 등 해당 지역에 일반인의 이용을 장려하여 그들에 의한
감시기능을 강화하는 전략은 활동성 지원에 해당한다. CPTED는 감시와 접근통제, 공동체 강화를 기본원
리로 자연적 감시, 접근통제, 영역성 강화, 활동성 지원, 유지·관리 등 5가지 실천전략으로 구성된다.
영역성 강화는 주거지의 영역을 공적 영역이 아닌 사적 영역화함으로써 외부인을 통제하고, 외부인
스스로가 자신이 통제대상이라는 것을 자각하게 함으로써 범죄를 예방하는 전략이다. 조경, 도로의
포장, 특수 울타리 설치, 출입구 통제강화, 표지판 설치, 내부공원 조성 등은 주민들의 소유재산이나
자기의 사적 영역이라는 인식을 강화하는 영역성 강화의 예이다.

**[CPTED의 기본 원리]**
- 자연적 감시 : 누구나 쉽게 외부인의 관찰이 가능하도록 하여 가시성을 극대화시킨다.
  예 주택설계 시 골목길로 테라스 배치, CCTV, 가로등 확대 등
- 접근통제 : 외부로부터의 출입이나 접근을 제한하도록 설계하여 범죄를 예방한다.
  예 건물 출입구 단일화, 방범경보장치 설치 등
- 영역성 강화 : '사적 영역'(경계) 표시로 외부인의 인식을 강화하고 범죄기회를 차단한다.
  예 보안시스템 표지판 설치, 조경관리, 출입통제 강화 등
- 활동성 지원 : 주민참여 증대를 위한 설계로써 자연적 감시와 접근통제를 강화한다.
  예 놀이터, 근린공원이나 체육시설 배치, 벤치 설치 등
- 유지·관리 : 지속적인 유지·관리로써 안전한 이미지를 구축한다.
  예 파손 즉시 보수, 청결유지(낙서 지우기) 등

## 12 Answer ③

해설 | <u>부정기형은 형벌개별화원칙에 기여하나</u>, 수형자의 특성에 따라서 수형기간이 달라지는 문제점이 있으며, 교도관의 자의가 개입할 여지가 있고, 석방결정과정에서 적정절차의 보장이 결여될 위험이 있다.

## 13 Answer ④

해설 | **전자장치 부착 등에 관한 법률 제21조의2 【보호관찰명령의 청구】** 검사는 다음 각 호의 어느 하나에 해당하는 사람에 대하여 형의 집행이 종료된 때부터 「보호관찰 등에 관한 법률」에 따른 보호관찰을 받도록 하는 명령(이하 "보호관찰명령"이라 한다)을 법원에 청구할 수 있다.
1. 성폭력범죄를 저지른 사람으로서 성폭력범죄를 다시 범할 위험성이 있다고 인정되는 사람
2. 미성년자 대상 유괴범죄를 저지른 사람으로서 미성년자 대상 유괴범죄를 다시 범할 위험성이 있다고 인정되는 사람
3. 살인범죄를 저지른 사람으로서 살인범죄를 다시 범할 위험성이 있다고 인정되는 사람
4. 강도범죄를 저지른 사람으로서 강도범죄를 다시 범할 위험성이 있다고 인정되는 사람
5. 스토킹범죄를 저지른 사람으로서 스토킹범죄를 다시 범할 위험성이 있다고 인정되는 사람

## 14 Answer ③

해설 | ③ 카타르시스가설은 폭력물 시청이 감정정화 혹은 대리만족을 유도하여 공격성향을 감소시킨다는 가설이고, 억제가설은 폭력물 시청이 공포심을 불러일으켜 공격성향을 감소시킨다는 가설이다. 따라서 두 가설 모두 매스컴의 순기능성을 강조하는 이론이다.
① 체스니-린드는 여성범죄와 남성범죄가 서로 다르게 증가한다고 주장한다. 특히 여성의 체포·기소·구금은 1970년대 이후 매우 증가하였는데, 여성이 남성과 다른 범죄를 범하는 것뿐만 아니라, 여자 청소년은 남자청소년과 비교하여 차별적으로 처벌받기 때문이다.
② 상대적 박탈이론(relative deprivation theory)은 1949년 스토우퍼와 동료들의 「미군(The American Soldier)」 연구에 기초하는데, 그들은 제2차 세계대전 동안 미군의 계급과 만족도 사이에 존재하는 특별한 관계를 설명하기 위해 상대적 박탈감이라는 용어를 만들었다. 또한 머튼에 의하면, 하류계층 사람은 상류계층 사람과의 관계에서 상대적 박탈감을 느끼는 것이 아니라 같은 입장에 있는 사람과 비교함으로써 상대적 박탈감을 느끼므로, 아노미 조건에 대한 개인적 해석의 차이가 가능하고, 이러한 차별적 해석이 개인의 행위에 영향을 미친다.

## 15 Answer ①

해설 | ① 범죄피해자보상제도는 미결구금의 폐해를 줄이기 위한 정책과는 관련이 없다.
② 헌법재판소 2019.2.28. 2015헌마1204
③ 대법원 2009.12.10. 2009도11448
④ 「형사소송법」에 따른 일반 절차 또는 재심이나 비상상고 절차에서 무죄재판을 받아 확정된 사건의 피고인이 미결구금을 당하였을 때에는 이 법에 따라 국가에 대하여 그 구금에 대한 보상을 청구할 수 있다(형사보상 및 명예회복에 관한 법률 제2조 제1항).

---

**16** Answer ③

해설 | 울프강(Wolfgang)의 폭력하위문화이론, 코헨(Cohen)의 비행하위문화이론, 밀러(Miller)의 하위계층문화이론은 모두 '하위문화이론(Subcultural Theory)'에 포함된다.

**17** Answer ④

해설 | ④ 상황적 범죄예방활동으로 인해 오히려 사회 전체적인 측면에서 범죄를 줄일 수 없게 된다는 비판을 받는 개념은 '전이효과'이다. '이익의 확산효과'는 상황적 범죄예방활동이 다른 지역으로까지 확대되어 사회 전체적인 측면에서 범죄가 줄어들게 된다는 개념이다.
① 뉴먼은 주택건축과정에서 공동체의 익명성을 줄이고, 범죄자의 침입과 도주를 차단하며, 순찰·감시가 용이하도록 구성하여 범죄예방을 도모하여야 한다는 방어공간의 개념을 사용하였다.
② 상황적 범죄예방모델은 범죄기회가 주어진다면 누구든지 범죄를 저지를 수 있다고 전제하므로, 범죄예방은 범죄기회의 감소로써 달성할 수 있다고 한다.
③ 레피토는 범죄의 전이를 '범죄예방활동으로 인해 범죄의 장소, 시간, 유형 등이 다른 형태로 변경되는 것'이라고 정의하고, 그 유형을 공간적(지역적) 전이, 시간적 전이, 전술적 전이, 목표물 전이, 기능적 전이 등 5가지로 분류하였다.

**18** Answer ②

해설 | ② 양형기준표는 양형인자를 먼저 가중인자와 감경인자로 구분하고, 양형에 미치는 영향력을 고려하여 다시 특별양형인자와 일반양형인자로 구분하며, 마지막으로 이를 행위인자와 행위자·기타인자로 구분한다. 즉, 가중인자와 감경인자가 특별양형인자와 일반양형인자인 것은 아니다.
① 양형위원회는 모든 범죄에 통일적으로 적용되는 단일한 양형기준을 설정하는 방식이 아닌, 개별범죄의 특성을 반영하여 범죄군별로 독립적인 양형기준을 설정하는 방식을 채택하였다. 즉, 보호법익과 행위태양을 기준으로 유사한 범죄군을 취합하고, 그 범죄군 내에서 다시 범죄의 특수성을 고려하여 개별적인 양형기준을 설정하는 방식이다.
③ 양형기준은 형종 및 형량 기준과 집행유예 기준으로 구성되는데, 형종 및 형량 기준은 동일한 범죄군에 속한 범죄들을 일정한 기준에 따라 여러 가지 범죄유형으로 분류하고, 각 범죄유형별로 감경·기본·가중의 3단계 권고형량범위를 제시하고 있다.
④ 양형기준이란 법관이 형을 정함에 있어 참고하는 기준으로, 법관은 양형기준에서 대상 범죄유형을 찾아 권고형량범위와 함께 집행유예 여부를 결정하게 되는데, 3년 이하의 징역 또는 금고에 해당하는 때에는 실형이 권고되는 경우, 집행유예가 권고되는 경우, 어느 쪽도 권고되지 않는 경우(실형과 집행유예 중에서 선택 가능)로 구분되어 있는 집행유예 기준에 따라 그 여부를 결정한다.

**19** Answer ④

해설 | ④ 성폭력범죄자의 성충동 약물치료에 관한 법률에 의한 약물치료명령은 사람에 대하여 성폭력범죄를 저지른 성도착증 환자로서 성폭력범죄를 다시 범할 위험성이 있다고 인정되는 19세 이상의 사람에 대하여 약물투여 및 심리치료 등의 방법으로 도착적인 성기능을 일정 기간 동안 약화 또는 정상화하는 치료를 실시하는 보안처분으로, 원칙적으로 형집행종료 이후 신체에 영구적인 변화를 초래할

수도 있는 약물의 투여를 피청구자의 동의 없이 강제적으로 상당 기간 실시하게 된다는 점에서 헌법이 보장하고 있는 신체의 자유와 자기결정권에 대한 가장 직접적이고 침익적인 처분에 해당하므로, 장기간의 형집행이 예정된 사람에 대해서는 그 형집행에도 불구하고 재범의 방지와 사회복귀의 촉진 및 국민의 보호를 위한 추가적인 조치를 취할 필요성이 인정되는 불가피한 경우에 한하여 이를 부과함이 타당하다(대법원 2014.12.11. 2014도6930).

① 이 사건 법률조항은 성범죄 전력에 기초하여 어떠한 예외도 없이 그 대상자의 재범위험성을 당연시할 뿐 아니라, 형의 집행이 종료된 때로부터 10년이 경과하기 전에는 결코 재범의 위험성이 소멸하지 않는다는 입장에 있다고 할 수 있다. 이처럼 이 사건 법률조항이 성범죄 전력만으로 재범의 위험성이 있다고 간주하고 일률적으로 장애인복지시설에 10년간 취업제한을 하는 것은 지나친 기본권 제한에 해당한다(헌법재판소 2016.7.28. 2015헌마915).

② 대법원 2011.7.28. 2011도5813,2011전도99

③ 취업제한명령은 범죄인에 대한 사회 내 처우의 한 유형으로서 형벌 그 자체가 아니라 보안처분의 성격을 가지는 것이지만, 실질적으로 직업선택의 자유를 제한하는 것이다(대법원 2019.10.17. 2019도11540).

## 20  Answer  ②

**해설** | ② 제1심 또는 제2심의 형사공판 절차에서 일정한 범죄에 관하여 유죄판결을 선고할 경우, 법원은 직권에 의하여 또는 피해자나 그 상속인(이하 "피해자"라 한다)의 신청에 의하여 피고사건의 범죄행위로 인하여 발생한 직접적인 물적 피해, 치료비 손해 및 위자료의 배상을 명할 수 있으며(소송촉진 등에 관한 특례법 제25조 제1항), 피해자는 제1심 또는 제2심 공판의 변론이 종결될 때까지 사건이 계속(係屬)된 법원에 제25조(배상명령)에 따른 피해배상을 신청할 수 있다(동법 제26조 제1항 전단).

① 형을 정함에 있어서는 범인의 연령, 성행, 지능과 환경, 피해자에 대한 관계, 범행의 동기, 수단과 결과, 범행 후의 정황을 참작하여야 한다(형법 제51조).

④ 정부는 「형사소송법」 제477조 제1항에 따라 집행된 벌금에 100분의 6 이상의 범위에서 대통령령으로 정한 비율을 곱한 금액을 기금에 납입하여야 한다(범죄피해자보호기금법 제4조 제2항).

## 21  Answer  ④

**해설** | ④ 징역형과 함께 치료명령을 받은 사람 및 그 법정대리인은 주거지 또는 현재지를 관할하는 지방법원(지원을 포함한다)에 치료명령이 집행될 필요가 없을 정도로 개선되어 성폭력범죄를 다시 범할 위험성이 없음을 이유로 치료명령의 집행면제를 신청할 수 있다. 다만, 징역형과 함께 치료명령을 받은 사람이 치료감호의 집행 중인 경우에는 치료명령의 집행면제를 신청할 수 없다(성폭력범죄자의 성충동 약물치료에 관한 법률 제8조의2 제1항).

① 동법 제8조 제1항

② 검사는 사람에 대하여 성폭력범죄를 저지른 성도착증 환자로서 성폭력범죄를 다시 범할 위험성이 있다고 인정되는 19세 이상의 사람에 대하여 약물치료명령(이하 "치료명령"이라고 한다)을 법원에 청구할 수 있다(동법 제4조 제1항).

③ 검사는 치료명령 청구대상자(이하 "치료명령 피청구자"라 한다)에 대하여 정신건강의학과 전문의의 진단이나 감정을 받은 후 치료명령을 청구하여야 한다(동법 제4조 제2항).

## 22 Answer ②

**해설** | 사회에 새롭게 등장한 법익침해행위를 형법전에 편입해야 할 필요성을 인정함에 사용되는 범죄개념은 실질적 범죄개념이다. 형사정책의 중요한 목표 중 하나는 현행법상 가벌화되지 않은 반사회적 행위를 신범죄화하는 것과, 사회의 변화에 따라 이제는 가벌화할 필요가 없는 행위를 비범죄화하는 것이고, 이의 척도가 되는 범죄개념이 바로 실질적 범죄개념이다.

## 23 Answer ④

**해설** | ④ 제32조의 보호처분을 받은 소년에 대하여는 그 심리가 결정된 사건은 다시 공소를 제기하거나 소년부에 송치할 수 없다. 다만, 제38조 제1항 제1호(보호처분이 계속 중일 때에 사건 본인이 처분 당시 19세 이상인 것으로 밝혀져 소년부 판사가 결정으로써 그 보호처분을 취소하고 검찰청 검사에게 송치)의 경우에는 공소를 제기할 수 있다(소년법 제53조).

① 소년법은 인격이 형성되는 과정에 있기에 그 개선가능성이 풍부하고 심신의 발육에 따르는 특수한 정신적 동요상태에 놓여 있는 소년의 특수성을 고려하여 소년의 건전한 성장을 돕기 위해 형사처분에 관한 특별조치로서 제60조 제1항에서 소년에 대하여 부정기형을 선고하도록 정하고 있다. 다만, 소년법 제60조 제1항에 정한 '소년'은 소년법 제2조에 정한 19세 미만인 자를 의미하는 것으로 이에 해당하는지는 사실심판결 선고 시를 기준으로 판단하여야 하므로, 제1심에서 부정기형을 선고받은 피고인이 항소심 선고 이전에 19세에 도달하는 경우 정기형이 선고되어야 한다. 이 경우 피고인만이 항소하거나 피고인을 위하여 항소하였다면 형사소송법 제368조가 규정한 불이익변경금지원칙이 적용되어 항소심은 제1심판결의 부정기형보다 무거운 정기형을 선고할 수 없다(대법원 2020.10.22. 2020도4140).

② 소년에 대한 부정기형을 집행하는 기관의 장은 형의 단기가 지난 소년범의 행형(行刑)성적이 양호하고 교정의 목적을 달성하였다고 인정되는 경우에는 관할 검찰청 검사의 지휘에 따라 그 형의 집행을 종료시킬 수 있다(소년법 제60조 제4항).

③ 징역 또는 금고를 선고받은 소년이 가석방된 후 그 처분이 취소되지 아니하고 가석방 전에 집행을 받은 기간과 같은 기간이 지난 경우에는 형의 집행을 종료한 것으로 한다(동법 제66조 본문). 따라서 가석방된 후 그 처분이 취소되지 아니하고 6년이 경과한 때에 형의 집행을 종료한 것으로 한다.

## 24 Answer ②

**해설** | 청소년기 한정형(adolescence-limited) 일탈의 원인과 관계있는 것은 ㄱ, ㄷ이다.

ㄱ, ㄷ. 청소년기 한정형은 아동기에는 일탈행동을 저지르지 않다가 사춘기에 접어들면서 집중적으로 일탈행동을 저지르고, 성인이 되어 일탈행동을 멈추는 유형이다. 사춘기에 일탈행동에 가담하는 주된 이유는 성장격차 때문인데, 사춘기 동안 성인들의 역할이나 지위를 갈망하면서 생애 지속형의 일탈을 흉내 내고, 흡연이나 음주 등의 경미한 지위비행을 일삼는다.

ㄴ, ㄹ. 생애 지속형은 아동기부터 일탈행동이 시작되어 평생 동안 범죄행동을 지속하는 유형으로, 생래적인 신경심리학적 결함으로 인해 아동기 동안 언어 및 인지능력에서 장애증상을 보이고, 각종 문제를 일으킨다.

## 25 Answer ②

**해설** | 범죄자의 재범확률을 낮추고 궁극적으로는 사회의 범죄율을 감소시키는 효과를 기대할 수 있는 것은 재통합적 수치심(reintegrative shaming)이다. 재통합적 수치심 부여는 범죄자를 사회와 결속시키기 위해 고도의 낙인을 찍는 것이고, 해체적 수치심 부여는 범죄자에게 명백한 낙인을 찍어 커다란 수치심을 주는 것으로, 결과적으로 전자는 재범확률이 낮은 반면에 후자는 재범확률이 높았다. 재통합적 수치심 부여는 용서의 단어나 몸짓, 일탈자라는 낙인을 벗겨 주는 의식을 통해 범법자가 법을 준수함으로써 공동체로 돌아가기 위한 재통합의 노력을 말하고, 이는 사회의 범죄율을 감소시키는 경향이 있다. 참고로, 해체적 수치심 부여는 수치를 당한 범죄자와 공동체가 화해하려는 시도조차 하지 않는 낙인을 찍는 것을 말하고, 이는 사회의 범죄율 감소에 도움이 되지 않는다.

# 2021년 보호7급 형사정책 정답 및 해설

| 01 ② | 02 ② | 03 ③ | 04 ③ | 05 ② | 06 ③ | 07 ④ | 08 ② | 09 ④ | 10 ① |
|---|---|---|---|---|---|---|---|---|---|
| 11 ② | 12 ① | 13 ① | 14 ④ | 15 ④ | 16 ④ | 17 ② | 18 ② | 19 ① | 20 ③ |
| 21 ④ | 22 ③ | 23 ④ | 24 ③ | 25 ① | | | | | |

## 01 Answer ②

해설 | 케틀레(Quetelet)는 암수범죄와 관련하여 정비례의 법칙을 주장하면서 명역범죄(공식적으로 인지된 범죄)와 암역범죄 사이에는 변함없는 고정관계가 존재하고, 이로 인해 명역범죄가 크면 그만큼 암역범죄도 크고, 명역범죄가 작으면 그만큼 암역범죄도 작다고 하였다. 참고로, 서덜랜드는 정비례의 법칙을 부정하였다.

## 02 Answer ②

해설 | 보호소년 등의 처우에 관한 법률 제14조의2 【보호장비의 사용】 ① 보호장비의 종류는 다음 각 호와 같다.
1. 수갑
2. 포승(捕繩)
3. 가스총
4. 전자충격기
5. 머리보호장비
6. 보호대(保護帶)

## 03 Answer ③

해설 | 글래이저의 차별적(분화적) 동일화이론에 따르면, 사람은 누구나 자신을 다른 누군가와 동일화하려는 경향이 있는데, 자신의 범죄행위를 수용할 수 있다고 믿는 실재의 인간이나 관념상의 인간에게 자신을 동일화하는 과정을 통해 자기 자신을 합리화함으로써 범죄행위를 저지른다. 따라서 가족이나 친구 등의 직접적인 접촉대상보다는 매스미디어 등의 간접적인 접촉대상이나, 자신의 행동을 평가하는 준거집단의 성격이 범죄학습과정에서 더욱 중요하게 작용한다고 본다.
참고로, 범죄를 학습의 결과로 보는 차별적 접촉이론의 관점과 동일한 면이 있으나, 서덜랜드의 '접촉'이 아닌 '동일화'라는 개념을 사용하여 범죄학습 대상을 확대함으로써 차별적 접촉이론을 수정·보완하였다(사람은 동일화과정을 통해 범죄행위를 수행한다. 동일화 → 합리화 → 범죄행위).

## 04 Answer ③

해설 | 인간의 합리적인 이성을 신뢰하지 않고 범죄원인을 개인의 소질과 환경에 있다고 하는 결정론을 주장한

것은 실증학파 범죄이론이다. 고전학파 범죄이론은 인간을 자유의지에 따라 선택하는 합리적이고 이성적인 존재로 전제하는 비결정론을 주장하였다.

**05** Answer ②

**해설** | 코헨과 펠슨(Cohen & Felson)의 일상활동이론에 의하면, 동기를 가진 범죄자, 적당한 범행대상의 존재, 범죄에 대한 보호장치나 감시인의 부재 등과 같은 요소가 결집되면 범죄가 발생한다.

**06** Answer ③

**해설** | ③ 법원은 동일한 범죄사실에서 피해자등의 증인신문의 신청인이 여러 명인 경우에는 진술할 자의 수를 제한할 수 있다(형사소송법 제294조의2 제3항).
① 동조 제4항
② 동법 제294조의3 제1항
④ 동법 제161조의2 제4항

**07** Answer ④

**해설** | ④ 형사조정절차를 개시하기 위해서는 당사자의 동의가 있어야 한다(범죄피해자 보호법 시행령 제52조 제1항).
① 동법 제41조 제2항 제1호
② 동법 시행령 제48조 제1항
③ 동법 제45조 제4항

**08** Answer ②

**해설** | ② 항고는 결정의 집행을 정지시키는 효력이 없다(소년법 제46조).
① 동법 제43조 제2항, 제44조 제1항
③ · ④ 동법 제43조 제1항

**09** Answer ④

**해설** | ④ 소년분류심사원이 설치되지 아니한 지역에서는 소년분류심사원이 설치될 때까지 소년분류심사원의 임무는 소년원이 수행하고, 위탁소년 및 유치소년은 소년원의 구획된 장소에 수용한다(보호소년 등의 처우에 관한 법률 제52조).
① 동법 제11조
② 동법 제14조의2 제7항
③ 동법 제14조의3 제2항

**10** Answer ①

**해설** | ② 제33조 제1항 각 호의 어느 하나에 해당하는 사건(국선변호인 선임 대상사건) 및 같은 조 제2항

· 제3항의 규정에 따라 변호인이 선정된 사건에 관하여는 변호인 없이 개정하지 못한다. 단, 판결만을 선고할 경우에는 예외로 한다(형사소송법 제282조).
③ 형의 집행유예나 선고유예를 선고할 때에는 제1항(부정기형)을 적용하지 아니한다(소년법 제60조 제3항). 즉, 부정기형을 선고하지 못한다.
④ 소년에 대한 부정기형을 집행하는 기관의 장은 형의 단기가 지난 소년범의 행형(行刑)성적이 양호하고 교정의 목적을 달성하였다고 인정되는 경우에는 관할 검찰청 검사의 지휘에 따라 그 형의 집행을 종료시킬 수 있다(동조 제4항).

## 11 Answer ②

**해설** | ② 검사는 미성년자 대상 유괴범죄를 저지른 사람으로서 미성년자 대상 유괴범죄를 다시 범할 위험성이 있다고 인정되는 사람에 대하여 부착명령을 법원에 청구할 수 있다. 다만, 유괴범죄로 징역형의 실형 이상의 형을 선고받아 그 집행이 종료 또는 면제된 후 다시 유괴범죄를 저지른 경우에는 부착명령을 청구하여야 한다(전자장치 부착 등에 관한 법률 제5조 제2항). 즉, 반드시 부착하는 것은 아니다.
① 동법 제4조
③ 동법 제12조 제1항
④ 동법 제17조 제2항

## 12 Answer ①

**해설** | ① 치료감호대상자에 대한 치료감호를 청구할 때에는 정신건강의학과 등의 전문의의 진단이나 감정(鑑定)을 참고하여야 한다. 다만, 제2조 제1항 제3호[소아성기호증(小兒性嗜好症), 성적 가학증(性的加虐症) 등 성적 성벽(性癖)이 있는 정신성적 장애인으로서 금고 이상의 형에 해당하는 성폭력범죄를 지은 자]에 따른 치료감호대상자에 대하여는 정신건강의학과 등의 전문의의 진단이나 감정을 받은 후 치료감호를 청구하여야 한다(치료감호 등에 관한 법률 제4조 제2항, 검사의 치료감호 청구 시 전문의의 진단 또는 감정).
② 동법 제8조
③ 동법 제10조 제3항
④ 동법 제27조

## 13 Answer ①

**해설** | 코헨은 비행하위문화의 특징으로서 악의성, 부정성, 비합리성(비공리성) 등을 제시하였다. 자율성은 밀러가 제시한 내용이다.

**[코헨(Cohen)의 비행하위문화이론(집단문화이론) 특징]**

| 비공리성 | 다른 사람의 물건을 훔치는 경우, 그 행위는 경제적 효용가치를 얻기 위한 행위가 아닌 스릴이나 동료로부터 인정받아 지위를 얻기 위한 행위이다. |
|---|---|
| 악의성 | 다른 사람들에게 불편을 주고, 이로 인해 고통당하는 모습에서 쾌감을 느낀다. |
| 부정성(거부주의) | 합법적 사회규범이나 어른들의 문화를 부정·거부하고 그들 나름대로의 문화를 정당화한다.<br>※ 코헨은 하위계층의 소년들이 사회의 일반문화와 정반대되는 방향으로 하위문화의 가치나 |

| | |
|---|---|
| 부정성(거부주의) | 규범을 설정하는 과정을 반항형성(反抗形成)이라는 개념으로 표현함 |
| 변덕 | 일정한 체계 없이 매 순간 바뀌는 마음과 가치체계를 말한다. |
| 단락적 쾌락주의 | 장기적 계획이나 목표가 아닌 현실적 쾌감에 급급한 심리를 말한다. |
| 집단자율성 | 외부에 대한 극도의 적개심(반항)과 내부에 대한 응집력을 말한다. |

**[밀러의 하위계층 주요 관심사]**

| | |
|---|---|
| Trouble<br>(말썽 · 걱정 · 사고치기) | • 주위 사람들의 주목을 끌고 높은 평가를 받기 위해 사고를 치지만, 그 사고의 결과를 회피하기 위해 노력한다.<br>• 법이나 법집행기관 등과의 갈등을 오히려 영웅적 · 정상적 · 성공적인 것으로 간주한다. |
| Toughness<br>(강인 · 완강) | • 남성다움과 육체적 힘을 과시하려고 하며, 강인함 · 대담함에 대한 관심이 크다.<br>• 하류계층은 공부에 열중하고 인정에 얽매이는 것을 남자답지 못하다고 생각한다. |
| Smartness<br>(교활 · 영악 · 영리함) | • 영리함이란 지적인 총명함을 의미하는 것이 아니라, 도박이나 사기, 탈법 등의 기만적인 방법으로 다른 사람을 속일 수 있는 능력을 의미한다.<br>• 남이 나를 속이기 전에 내가 먼저 남을 속일 수 있어야 함을 강조한다. |
| Excitement<br>(흥분 · 자극 · 스릴) | • 하류계층이 거주하는 지역에서 도박이나 싸움, 음주 등이 많이 발생하는 것은 그들이 흥분거리를 찾기 때문이다.<br>• 스릴, 모험 등으로 권태감을 모면하는 데에 집중한다. |
| Fatalism<br>(운명 · 숙명) | • 자신의 미래는 스스로의 노력보다는 통제할 수 없는 운명에 달려 있다고 믿는다.<br>• 하류계층은 행운이나 불행에 의존하는데, 범죄를 저지르고 체포되더라도 이를 운수가 좋지 않았기 때문이라고 판단한다.<br>• 빈곤한 사람은 때로 그들의 생활이 숙명이라고 생각하면서 현실을 정당화한다. |
| Autonomy<br>(자율 · 자립) | • 다른 사람으로부터 간섭받는 것을 극도로 혐오하고, 외부로부터의 명령이나 통제에 잠재의식적으로 반발한다.<br>• 사회의 권위 있는 기구들에 대해 경멸적인 태도를 취한다. |

## 14　Answer　④

**해설 |** ④ 사형집행을 위한 구금은 미결구금도 아니고 형의 집행기간도 아니며 특별감형은 형을 변경하는 효과만 있을 뿐이고 이로 인하여 형의 선고에 의한 기성의 효과는 변경되지 아니하므로 사형이 무기징역으로 특별감형된 경우 사형의 판결확정일에 소급하여 무기징역형이 확정된 것으로 보아 무기징역형의 형기기산일을 사형의 판결확정일로 인정할 수도 없고 사형집행대기기간이 미결구금이나 형의 집행기간으로 변경된다고 볼 여지도 없으며, 또한 특별감형은 수형 중의 행장의 하나인 사형집행대기기간까지를 참작하여 되었다고 볼 것이므로 사형집행대기기간을 처음부터 무기징역을 받은 경우와 동일하게 가석방요건 중의 하나인 형의 집행기간에 다시 산입할 수는 없다(대법원 1991.3.4. 90모59).

① 형법 제59조에 의하여 형의 선고를 유예하는 판결을 할 경우에도 선고가 유예된 형에 대한 판단을 하여야 하므로, 선고유예판결에서도 그 판결이유에서는 선고형을 정해 놓아야 하고 그 형이 벌금형일 경우에는 벌금액뿐만 아니라 환형유치처분까지 해 두어야 한다(대법원 2015.1.29. 2014도15120).

② 형법 제59조 제1항은 "1년 이하의 징역이나 금고, 자격정지 또는 벌금의 형을 선고할 경우 제51조의 사항을 참작하여 개전의 정상이 현저한 때에는 그 선고를 유예할 수 있다. 단, 자격정지 이상의

형을 받은 전과가 있는 자에 대하여는 예외로 한다."고 규정하고 있는바, 위 단서에서 정한 "자격정지 이상의 형을 받은 전과"라 함은 자격정지 이상의 형을 선고받은 범죄경력 자체를 의미하는 것이고, 그 형의 효력이 상실된 여부는 묻지 않는 것으로 해석함이 상당하다. 따라서 형의 집행유예를 선고받은 자는 형법 제65조에 의하여 그 선고가 실효 또는 취소됨이 없이 정해진 유예기간을 무사히 경과하여 형의 선고가 효력을 잃게 되었다고 하더라도 형의 선고의 법률적 효과가 없어진다는 것일 뿐, 형의 선고가 있었다는 기왕의 사실 자체까지 없어지는 것은 아니므로, 형법 제59조 제1항 단서에서 정한 선고유예 결격사유인 "자격정지 이상의 형을 받은 전과가 있는 자"에 해당한다고 보아야 한다 (대법원 2007.5.11. 2005도5756).
③ 형법 제73조 제1항

## 15 Answer ④

**해설** | ④ 대통령령으로 정한 금액(500만 원) 범위 내의 벌금형이 확정된 벌금 미납자는 검사의 납부명령일부터 30일 이내에 주거지를 관할하는 지방검찰청(지방검찰청지청을 포함한다)의 검사에게 사회봉사를 신청할 수 있다(벌금 미납자의 사회봉사 집행에 관한 특례법 제4조 제1항 본문).
① 대법원 2020.11.5. 2017도18291
② 보호관찰 등에 관한 법률 제61조 제2항
③ 사회봉사 국민공모제에 대한 설명이다.

## 16 Answer ④

**해설** | ④ 피해자구조청구권의 대상이 되는 범죄피해에 해외에서 발생한 범죄피해의 경우를 포함하고 있지 아니한 것이 현저하게 불합리한 자의적인 차별이라고 볼 수 없어 평등원칙에 위배되지 아니한다(헌법재판소 2011.12.29. 2009헌마354).
① 배우자(사실상 혼인관계를 포함한다) 및 구조피해자의 사망 당시 구조피해자의 수입으로 생계를 유지하고 있는 구조피해자의 자녀는 유족구조금을 지급받을 수 있는 유족 중 1순위에 해당한다(범죄피해자 보호법 제18조 제1항 제1호).
② 범죄피해자 보호법에 의한 범죄피해 구조금 중 위 법 제17조 제2항의 유족구조금은 사람의 생명 또는 신체를 해치는 죄에 해당하는 행위로 인하여 사망한 피해자 또는 그 유족들에 대한 손실보상을 목적으로 하는 것으로서, 위 범죄행위로 인한 손실 또는 손해를 전보하기 위하여 지급된다는 점에서 불법행위로 인한 소극적 손해의 배상과 같은 종류의 금원이라고 봄이 타당하다(대법원 2017.11.9. 2017다228083).
③ 이 법은 외국인이 구조피해자이거나 유족인 경우에는 해당 국가의 상호보증이 있는 경우에만 적용한다(범죄피해자 보호법 제23조).

## 17 Answer ②

**해설** | ② 집행유예의 요건에 관한 형법 제62조 제1항이 형의 집행을 유예할 수 있다고만 규정하고 있다고 하더라도, 이는 같은 조 제2항이 그 형의 일부에 대하여 집행을 유예할 수 있는 때를 형을 병과할 경우로 한정하고 있는 점에 비추어 보면, 조문의 체계적 해석상 하나의 형의 전부에 대한 집행유예에 관한 규정이라 할 것이고, 또한 하나의 자유형에 대한 일부 집행유예에 관하여는 그 요건, 효력

및 일부 실형에 대한 집행의 시기와 절차, 방법 등을 입법에 의해 명확하게 할 필요가 있어, 그 인정을 위해서는 별도의 근거규정이 필요하므로 하나의 자유형 중 일부에 대해서는 실형을, 나머지에 대해서는 집행유예를 선고하는 것은 허용되지 않는다(대법원 2007.2.22. 2006도8555).

① 벌금, 과료, 몰수, 추징, 과태료, 소송비용, 비용배상 또는 가납의 재판의 집행을 위한 검사의 명령은 집행력 있는 채무명의와 동일한 효력이 있다(형사소송법 제477조 제2항).

③ 벌금을 납입하지 아니한 자는 1일 이상 3년 이하, 과료를 납입하지 아니한 자는 1일 이상 30일 미만의 기간 노역장에 유치하여 작업에 복무하게 한다(형법 제69조 제2항).

④ 벌금형에 따르는 노역장 유치는 실질적으로 자유형과 동일하므로, 그 집행에는 자유형의 집행에 관한 규정을 준용한다(형사소송법 제492조).

## 18 Answer ②

**해설** | 모두 더하면 7년이 된다.

(가) 「형법」상 선고유예를 받은 자의 보호관찰기간은 <u>1년</u>으로 한다(형법 제59조의2 제2항).

(나) 가석방의 기간은 무기형에 있어서는 10년으로 하고, 유기형에 있어서는 남은 형기로 하되, 그 기간은 10년을 초과할 수 없으며(동법 제73조의2 제1항), 가석방된 자는 가석방기간 중 보호관찰을 받는다(동조 제2항 본문). 따라서 「형법」상 실형 5년을 선고받고 3년을 복역한 후 가석방된 자의 보호관찰기간은 남은 형기인 <u>2년</u>이다.

(다) 「소년법」상 단기 보호관찰을 받은 소년의 보호관찰기간은 <u>1년</u>으로 한다(소년법 제33조 제2항).

(라) 「치료감호 등에 관한 법률」상 피치료감호자에 대한 치료감호가 가종료된 자의 보호관찰기간은 <u>3년</u>으로 한다(치료감호 등에 관한 법률 제32조 제2항).

## 19 Answer ①

**해설** | ① 회복적 사법과는 관련이 없다. 코헨과 펠슨의 일상활동이론은 시간의 흐름에 따른 범죄율의 변화를 설명하기 위한 이론으로, 일상활동 유형의 구조적 변화가 동기화된 범죄자, 적절한 범행대상 및 보호의 부재라는 세 가지 요소에 시공간적으로 영향을 미치고, 이에 따라 범죄율이 변화한다고 주장한다. 즉, 세 가지 요소 중 어느 하나라도 부족하다면 범죄활동은 예방될 수 있다.

② 회복적 사법은 공적 통제장치에 의한 응보적 사법을 지양하고, 범죄로 인한 피해자, 가해자, 그 밖의 관련자 및 지역공동체가 함께 범죄로 인한 문제를 치유하면서 기존의 관계를 회복하도록 유도하는 절차, 레머트는 경미범죄자, 과실범죄자 등의 이차적 일탈의 예방에 많은 공헌을 하였다. 경미한 일탈은 낙인의 방지와 제한을 통한 이차적 일탈의 예방을 목표로 비범죄화시켰고, 공적 개입과 그로 인한 공식낙인보다는 다양한 대체처분으로 전환시켰다. 레머트의 낙인이론은 공적 통제가 사회적 낙인을 유발하므로, 이를 최소화할 수 있도록 범죄자에 대한 국가개입의 축소와 비공식적인 사회 내 처우의 실시를 강조한다는 점에서 회복적 사법과 맥락을 같이 한다.

③ 퀴니(Quinney)와 페핀스키(Pepinsky)는 평화구축 범죄학에서 평화롭고 정의로운 사회를 실현하는 데 범죄학의 목표가 있다고 보고, 경험적 연구보다는 종교적이고 철학적인 가르침으로부터 영감을 얻는 것에 관심을 가졌다. 평화주의 범죄학의 기본적인 주제는 연락, 관심, 배려 등으로, 중재와 갈등해결, 화해, 고통완화 그리고 범죄를 줄이려는 노력을 통해 범죄자를 지역공동체에 재통합시켜야 한다고 주장한다.

④ 회복적 사법이 재통합적 수치심 부여이론을 근본이론으로 삼는 이유는, 범죄자 하나에 초점을 두어 그를 비난하는 것이 아니라, 객관적인 범죄행위에 관심을 가지고 가족, 친구, 지역사회 구성원 전체가 자발적으로 참여하여 문제의 해결을 위해 실천방안을 제시하기 때문이다. 재통합적 수치심 부여는 용서의 단어나 몸짓, 일탈자라는 낙인을 벗겨 주는 의식을 통해 범법자가 법을 준수함으로써 공동체로 돌아가기 위한 재통합의 노력을 말한다.

## 20 Answer ③

해설 | 레머트의 이차적 일탈론에 의하면, 일차적 일탈이 타인이나 사회통제기관에 발각되면 낙인이 찍히고, 낙인으로 인해 합법적·경제적 기회의 감소, 대인관계의 축소 등이 수반되며, 결국 자아왜곡으로 이어져 자기 스스로를 일탈자로 간주하고, 이차적 일탈을 저지르면서 지속적인 범죄행위로 나아가게 된다. 일탈행위에 대한 사회적 반응 중에서 사법기관에 의한 공식적인 반응(처벌은 일차적 일탈자에게 오명을 씌우고, 사법제도의 불공정성을 자각하게 하며, 제도적으로 강제당하고, 일탈하위문화를 사회화하며, 죄책감이나 책임감을 회피할 수 있는 긍정적인 이익을 제공한다)은 일상생활에서의 비공식적 반응보다 심각한 낙인효과를 불러일으키는데, 이로써 일차적 일탈자가 이차적 일탈자로 발전하게 된다.

## 21 Answer ④

해설 | ④ 소년부 판사는 보호처분을 하기 전까지 화해를 권고할 수 있다. 이 경우 화해를 권고하기 위한 기일(이하 "화해권고기일"이라 한다)까지 소년, 보호자 및 피해자(피해자가 미성년자인 경우 그 보호자도 포함한다)의 서면에 의한 동의를 받아야 하며(소년심판규칙 제26조의2 제1항), 소년, 보호자 및 피해자는 화해권고절차가 종료할 때까지 동의를 서면에 의하여 철회할 수 있다(동조 제2항).
① 소년법 제25조의3 제1항
② 동조 제2항
③ 동조 제3항

## 22 Answer ③

해설 | 기간을 연장할 수 있는 보호처분은 ⓒ, ㉣이다.
㉠ 보호관찰관의 단기 보호관찰기간은 1년으로 한다(소년법 제33조 제2항). 기간연장에 대한 규정이 없으므로, 그 기간을 연장할 수 없다.
ⓒ·㉣ 보호자 또는 보호자를 대신하여 소년을 보호할 수 있는 자에게 감호위탁, 아동복지시설이나 그 밖의 소년보호시설에 감호위탁, 병원, 요양소 또는 의료재활소년원에 위탁하는 기간은 6개월로 하되, 소년부 판사는 결정으로써 6개월의 범위에서 한 번에 한하여 그 기간을 연장할 수 있다. 다만, 소년부 판사는 필요한 경우에는 언제든지 결정으로써 그 위탁을 종료시킬 수 있다(동조 제1항). 기간연장에 대한 규정이 있으므로, 그 기간을 연장할 수 있다.
ⓒ 장기로 소년원에 송치된 소년의 보호기간은 2년을 초과하지 못한다(동조 제6항). 기간연장에 대한 규정이 없으므로, 그 기간을 연장할 수 없다.

**23** Answer ④

해설 | ④ 허쉬는 사회유대이론에서 비행억제요인인 사회연대의 요소로 애착(attachment), 전념(commitment), 참여(involvement), 믿음(belief)을 제시하였는데, 부모 등 가족구성원이 실망할 것을 우려해서 비행을 그만두는 것은 사회연대의 요소 중 애착(attachment)에 해당한다.

　　　① 퀴니는 범죄를 개인의 소질에 의한 것이 아닌 자본주의의 모순으로 인한 자연적인 사회현상으로 보고, 자본가 계급의 억압적 전술로부터 살아남기 위한 노동자 계급(피지배집단)의 범죄를 적응(화해)범죄와 대항(저항)범죄로 구분하였다. 이에 따르면 절도, 강도, 마약거래 등 경제적 약탈범죄와 살인, 폭행, 강간 등 같은 계층을 대상으로 하는 대인범죄는 적응범죄, 시위나 파업 등은 대항범죄의 예이다.

　　　② 레클리스는 범죄유발요인을 압력요인·유인요인·배출요인으로 구분하였는데, 압력요인의 예로 열악한 생활조건(빈곤, 실업 등), 가족갈등, 열등한 신분적 지위, 성공기회 박탈 등을, 유인요인의 예로 나쁜 친구들, 비행(범죄)하위문화, 범죄조직, 불건전한 대중매체 등을, 배출요인의 예로 불안감, 불만감, 내적 긴장감, 증오심, 공격성, 즉흥성, 반역성 등을 들었다.

　　　③ 세상은 모두 타락했고, 경찰도 부패했다고 말하는 것은 중화기술의 유형 중 '비난자에 대한 비난'에 해당한다.

**24** Answer ③

해설 | • 응보형주의 내지 고전주의에 의하면, 범죄는 사람의 자유의지에 따른 선택에 의해 발생한다.
　　　• 응보형주의는 형벌의 본질이 범죄에 대한 정당한 응보에 있다고 주장하는 사상이다. 즉, 범죄는 위법한 해악이므로 범죄를 행한 자에게는 그 범죄에 상응하는 해악을 가하는 것이 바로 형벌이고, 따라서 형벌의 본질은 응보에 있으며, 형벌의 내용은 악에 대한 보복적 반동으로서의 고통을 의미한다.
　　　• 응보형주의는 사람은 자유의지를 가지고 자신의 행위를 스스로 결정한다는 고전주의사상을 배경으로 하므로, 범죄는 사람의 의지에 의해 발생하는 것으로 본다.

**25** Answer ①

해설 | 전환제도가 도입되면 기존의 제도하에서는 형사사법의 대상이 되지 않았던 문제가 그 대상이 되어 사회적 통제가 강화될 우려가 있다. 즉, 형사제재를 받지 않던 사람도 전환제도의 시행으로써 일정한 형사제재를 받게 되어 형사사법망이 확대되는 결과를 초래한다. 따라서 형사사법 대상자 확대 및 형벌 이외의 비공식적 사회통제망 확대는 전환제도의 단점에 해당한다.

# 2020년 보호7급 형사정책 정답 및 해설

| 01 ③ | 02 ② | 03 ③ | 04 ① | 05 ① | 06 ② | 07 ④ | 08 ④ | 09 ② | 10 ② |
| 11 ④ | 12 ④ | 13 ① | 14 ④ | 15 ③ | 16 ④ | 17 ③ | 18 ③ | 19 ② | 20 ② |

## 01 Answer ③

**해설** | 개별적 사례조사는 범죄자 개개인에 대해 인격과 환경 등 여러 요소를 종합적으로 분석하여 상호연결관계를 규명하는 방법이다. 조사대상자에 대한 개별적 사례조사나 그의 과거사를 조사하는 것으로, 일기나 편지 등 개인의 극히 내밀한 정보의 획득이 요구된다. 연구자가 직접 범죄자 집단에 들어가 함께 생활하면서 그들의 생활을 관찰하는 조사방법은 참여관찰법이다.

## 02 Answer ②

**해설** | 형벌은 행위자의 행위에 대한 책임을 전제로 하지만, 보안처분은 행위자의 재범위험성을 전제로 한다. 보안처분은 위법한 행위의 존재는 요구되지만, 반드시 유책할 필요는 없다(심신장애인, 약물중독자 등).

**[보안처분이론 요약]**

| 구분 | 이원주의(이원론) | 일원주의(일원론) | 대체주의 |
|---|---|---|---|
| 의의 | 형벌과 보안처분 구별 | 형벌과 보안처분 동일시 | • 선고단계 : 이원론<br>• 집행단계 : 일원론 |
| 학자 | 클라인, 메이어,<br>비르크메이어, 베링(응보형) | 리스트, 페리, 락신(목적형 ·<br>교육형 · 사회방위론자) | 칼 슈토스 |
| 논거 | • 형벌(응보)<br>• 보안처분(사회방위 · 교정교육) | 형벌과 보안처분 동일시<br>(모두 사회방위) | • 현실적응성 有<br>• 형사정책적 측면 고려 |
| 대체성 | 대체성 부정, 병과 인정 | 대체성 인정, 병과 부정<br>(어느 하나만을 선고하여 집행) | 요건과 선고는 별개,<br>집행 시 대체성 인정 |
| 선고기관 | 행정처분(행정청) | 형사처분(법원) | 특별법이나 형소법에 특별규정 |
| 문제점 | • 이중처벌 위험<br>• 명칭사기 · 상품사기 | • 책임주의에 반함<br>• 중복 시 문제가 됨 | • 책임주의와 불일치<br>• 양자 적용범위 불분명<br>• 정의관념에 반할 우려 |

## 03 Answer ③

**해설** | 형사정책의 대상에는 형식적 의미의 범죄뿐만 아니라, 실질적 의미의 범죄도 포함된다.

**[형식적 의미의 범죄와 실질적 의미의 범죄]**
• 형식적 의미의 범죄 : 순수한 법적 개념, 교정학의 연구대상

• 실질적 의미의 범죄 : 범죄의 실질을 가지는 반사회적인 법익침해행위, 범죄의 상대성, 형사정책의 연구대상

## 04 Answer ①

**해설** | 신념이란 내적 통제를 의미하는 것으로, 허쉬는 사람들마다 사회규범을 준수하여야 한다고 믿는 정도에는 차이가 있고, 규범에 대한 믿음이 약할수록 비행이나 범죄를 저지를 가능성이 높다고 보았다.

**[탄넨바움(Tannenbaum)의 악의 극화]**
『범죄와 지역사회』에서 범죄자를 만들어 내는 과정을 '일탈강화의 악순환'으로 묘사한 낙인이론

## 05 Answer ①

**해설** | 사회해체이론은, 급격한 도시화·산업화는 지역사회에 기초한 통제의 붕괴를 낳게 되고, 이는 사회해체로 이어져 범죄나 비행이 유발된다는 이론으로, 전이지역(틈새지역)에서의 하류계층의 높은 범죄율을 설명하는 데에 유용하다.
참고로, 화이트칼라 범죄 등 기업범죄를 설명하는 데에 유용한 이론은 차별적 접촉이론이다.

## 06 Answer ②

**해설** | ① 나이는 (소년비행의) 범죄통제방법 중 비공식적인 간접통제가 가장 효율적인 방법이라고 주장하였다.
③ 지문은 피해자의 부정에 대한 설명이다. 가해의 부정은 자신의 행위로 피해를 입은 사람이 없다고 주장함으로써 그 행위를 합리화하는 기술이다.
④ 통제이론은 "개인이 왜 범죄를 하게 되는가"의 측면이 아니라 "개인이 왜 범죄로 나아가지 않게 되는가"의 측면에 초점을 맞춘다.

## 07 Answer ④

**해설** | 아노미 상황에서 개인의 적응유형 중 반역형에 대한 설명이다.

**[아노미 상황에서 개인의 적응유형]**

| 적응유형 | 문화적 목표 | 제도적 수단 | 적응대상 |
|---|---|---|---|
| 동조(순응)형 | + | + | 정상인 |
| 개혁(혁신)형 | + | − | 전통적 의미의 범죄자 (강도, 절도 등 재산범죄) |
| 의례형 | − | + | 샐러리맨, 관료 |
| 도피형 | − | − | 마약·알코올중독자, 부랑자 |
| 반역(혁명)형 | +, − | +, − | 혁명가, 투쟁적 정치가 |

## 08 Answer ④

**해설** | 합법적인 기회구조와 비합법적인 기회구조 모두가 차단된 상황에서 폭력을 수용한 경우에 나타나는

하위문화는 갈등적 하위문화이다.

참고로, 범죄적 하위문화는 합법적 기회구조는 차단되어 있으나, 비합법적 기회구조와는 접촉이 가능하여 범죄가 장려되고 불법이 생활화되는 하위문화이다.

**[클로워드(Cloward)와 올린(Ohlin)의 (비행)하위문화 유형]**

| 하위문화 유형 | 내용 |
|---|---|
| 범죄적 하위문화 | 범죄의 학습기회와 수행기회가 많은 지역에서 발생하는 하위문화로, 청소년은 관습적이고 비행적인 가치를 내면화함으로써 절도, 강도 등의 범죄나 비행을 일상적으로 수행 |
| 갈등적 하위문화 | 조직적인 범죄의 학습기회는 없으나, 사회통제가 취약하여 폭력 등의 수행기회는 있는 곳에서 발생하는 하위문화 |
| 도피적 하위문화 | 범죄의 학습기회와 수행기회가 제한된 지역에서 발생하는 하위문화로, 합법적·비합법적 기회가 모두 단절되어 있는 이중실패자가 대부분이며, 폭력보다는 술, 마약 등의 획득·소비에 몰두 |

## 09 Answer ②

**해설** | ② 판결 전 조사(보호관찰 등에 관한 법률 제19조 제1항)는 성인·소년형사사건에 대한 조사이고, 결정 전 조사는 소년보호사건에 대한 조사이다.

**보호관찰 등에 관한 법률 제19조의2【결정 전 조사】** ① 법원은「소년법」제12조(전문가의 진단)에 따라 소년 보호사건에 대한 조사 또는 심리를 위하여 필요하다고 인정하면 그 법원의 소재지 또는 소년의 주거지를 관할하는 보호관찰소의 장에게 소년의 품행, 경력, 가정상황, 그 밖의 환경 등 필요한 사항에 관한 조사를 의뢰할 수 있다.

① 법원은 피고인에 대하여「형법」제59조의2(선고유예 시 보호관찰) 및 제62조의2(집행유예 시 보호관찰, 사회봉사·수강명령)에 따른 보호관찰, 사회봉사 또는 수강을 명하기 위하여 필요하다고 인정하면 그 법원의 소재지 또는 피고인의 주거지를 관할하는 보호관찰소의 장에게 범행동기, 직업, 생활환경, 교우관계, 가족상황, 피해회복 여부 등 피고인에 관한 사항의 조사를 요구할 수 있다(동법 제19조 제1항).

③ 검사는 소년 피의사건에 대하여 소년부 송치, 공소제기, 기소유예 등의 처분을 결정하기 위하여 필요하다고 인정하면 피의자의 주거지 또는 검찰청 소재지를 관할하는 보호관찰소의 장, 소년분류심사원장 또는 소년원장(이하 "보호관찰소장등"이라 한다)에게 피의자의 품행, 경력, 생활환경이나 그 밖에 필요한 사항에 관한 조사를 요구할 수 있다(소년법 제49조의2 제1항).

④ 검사는 부착명령을 청구하기 위하여 필요하다고 인정하는 때에는 피의자의 주거지 또는 소속 검찰청(지청을 포함한다) 소재지를 관할하는 보호관찰소(지소를 포함한다)의 장에게 범죄의 동기, 피해자와의 관계, 심리상태, 재범의 위험성 등 피의자에 관하여 필요한 사항의 조사를 요청할 수 있다(전자장치 부착 등에 관한 법률 제6조 제1항).

## 10 Answer ②

**해설** | ① 만 19세 미만의 자에 대하여 부착명령을 선고한 때에는 19세에 이르기까지 이 법에 따른 전자장치를 부착할 수 없다(전자장치 부착 등에 관한 법률 제4조).

② 동법 제14조 제3항

③ 전자장치 부착 대상범죄는 성폭력범죄, 미성년자 대상 유괴범죄, 살인범죄, 강도범죄 및 스토킹범죄이다(동법 제2조).

④ (전자장치) 부착명령의 집행 중 다른 죄를 범하여 금고 이상의 형이 확정된 때에는 전자장치 부착명령의 집행이 정지된다(동법 제13조 제6항 제2호).

## 11 Answer ④

**해설 |** ④ 보호소년 등의 처우에 관한 법률 제15조 제3항

① 소년원장은 보호소년이 22세가 되면 퇴원시켜야 한다(동법 제43조 제1항).

② 보호장비는 징벌의 수단으로 사용되어서는 아니 된다(동법 제14조의2 제7항).

③ 보호소년등을 소년원이나 소년분류심사원에 수용할 때에는 법원소년부의 결정서, 법무부장관의 이송허가서 또는 지방법원 판사의 유치허가장에 의하여야 한다(동법 제7조 제1항).

**보호소년 등의 처우에 관한 법률 제15조 【징계】** ① 원장은 보호소년등이 제14조의4 각 호의 어느 하나에 해당하는 행위를 하면 제15조의2 제1항에 따른 보호소년등처우·징계위원회의 의결에 따라 다음 각 호의 어느 하나에 해당하는 징계를 할 수 있다.

1. 훈계
2. 원내 봉사활동
3. 서면사과
4. 20일 이내의 텔레비전 시청제한
5. 20일 이내의 단체체육활동 정지
6. 20일 이내의 공동행사 참가정지
7. 20일 이내의 기간 동안 지정된 실(室) 안에서 근신하게 하는 것(단, 14세 이상, 매주 1회 이상 실외운동 실시)

## 12 Answer ④

**해설 |** ④ 소년법 제32조의2 제3항

① 사회봉사명령 처분은 14세 이상의 소년에게만 할 수 있으며(동법 제32조 제3항), 수강명령 처분은 12세 이상의 소년에게만 할 수 있다(동법 제32조 제4항).

② 수강명령은 100시간을 초과할 수 없다(동법 제33조 제4항).

③ 보호자 등에게 감호 위탁, 아동복지시설이나 그 밖의 소년보호시설에 감호 위탁, 병원·요양소 또는 소년의료보호시설에 위탁하는 기간은 6개월로 하되, 소년부 판사는 결정으로써 6개월의 범위에서 한 번에 한하여 그 기간을 연장할 수 있다(동법 제33조 제1항 본문).

## 13 Answer ①

**해설 |** 성인수형자에 대한 가석방 적격 심사는 가석방심사위원회의 관장사무이다(형의 집행 및 수용자의 처우에 관한 법률 제119조).

**[보호관찰심사위원회와 보호관찰소의 관장사무]**

| 보호관찰심사위원회 | 보호관찰소 |
|---|---|
| • 가석방과 그 취소에 관한 사항(가석방 결정심사 - 소년)<br>• 임시퇴원, 임시퇴원의 취소 및 보호소년의 퇴원에 관한 사항<br>• 보호관찰의 임시해제와 그 취소에 관한 사항<br>• 보호관찰의 정지와 그 취소에 관한 사항<br>• 가석방 중인 사람의 부정기형의 종료에 관한 사항 | • 보호관찰, 사회봉사명령 및 수강명령의 집행<br>• 갱생보호<br>• 검사가 보호관찰관이 선도(先導)함을 조건으로 공소제기를 유예하고 위탁한 선도업무<br>• 범죄예방 자원봉사위원에 대한 교육훈련 및 업무지도<br>• 범죄예방활동 |

## 14  Answer  ④

**해설** | ④ 가석방의 처분을 받은 자가 감시에 관한 규칙을 위배하거나, 보호관찰의 준수사항을 위반하고 그 정도가 무거운 때에는 가석방처분을 취소할 수 있다(형법 제75조).

① 형기에 산입된 판결선고 전 구금일수는 가석방을 하는 경우 집행한 기간에 산입한다(동법 제73조 제1항).

② 가석방의 기간은 무기형에 있어서는 10년으로 하고, 유기형에 있어서는 남은 형기로 하되, 그 기간은 10년을 초과할 수 없다(동법 제73조의2 제1항).

③ 징역이나 금고의 집행 중에 있는 사람이 행상(行狀)이 양호하여 뉘우침이 뚜렷한 때에는 무기형은 20년, 유기형은 형기의 3분의 1이 지난 후 행정처분으로 가석방을 할 수 있다(동법 제72조 제1항).

## 15  Answer  ③

**해설** | ㉠ (○) 사건 본인이나 보호자는 소년부 판사의 허가를 받아 보조인을 선임할 수 있으며(소년법 제17조 제1항), 보호자나 변호사를 보조인으로 선임하는 경우에는 소년부 판사의 허가를 받지 아니하여도 된다(동조 제2항).

㉡ (○) 동법 제4조 제3항

㉣ (○) 동법 제19조 제2항

㉢ (×) 소년이 법정형으로 장기 2년 이상의 유기형에 해당하는 죄를 범한 경우에는 그 형의 범위에서 장기와 단기를 정하여 선고한다. 다만, 장기는 10년, 단기는 5년을 초과하지 못한다(동법 제60조 제1항).

## 16  Answer  ④

**해설** | ④ 형법 제62조 제2항

① 형의 선고유예를 받은 날로부터 2년을 경과한 때에는 면소된 것으로 간주한다(동법 제60조).

② 형의 선고를 유예하는 경우에 보호관찰의 기간은 1년으로 하고(동법 제59조의2 제2항), 형의 집행을 유예하는 경우에 보호관찰의 기간은 집행을 유예한 기간으로 한다(동법 제62조의2 제2항 본문).

③ 사회봉사명령 또는 수강명령은 집행유예기간 내에 이를 집행한다(동법 제62조의2 제3항).

## 17 Answer ③

해설 | ⓛ (○) 18세 미만인 소년에게는 「형법」 제70조에 따른 유치선고(노역장 유치선고)를 하지 못한다(소년법
제62조 본문).

ⓒ (○) 동법 제63조

⑦ (×) 특정강력범죄를 범한 당시 18세 미만인 소년을 사형 또는 무기형에 처하여야 할 때에는 「소년법」
제59조(15년의 유기징역)에도 불구하고 그 형을 20년의 유기징역으로 한다(특정강력범죄의 처벌에
관한 특례법 제4조 제1항). 존속살해죄는 특정강력범죄의 처벌에 관한 특례법의 적용을 받는다(동법
제2조 제1항).

ⓔ (×) 3년이 지나면 가석방을 허가할 수 있다(동법 제65조 제2호).

**소년법 제65조 【가석방】** 징역 또는 금고를 선고받은 소년에 대하여는 다음 각 호의 기간이 지나면 가석방(假釋放)
을 허가할 수 있다.
1. 무기형의 경우에는 5년
2. 15년 유기형의 경우에는 3년
3. 부정기형의 경우에는 단기의 3분의 1

## 18 Answer ③

해설 | ③ 소년법 제47조 제1항

① 항고를 제기할 수 있는 기간은 7일로 한다(동법 제43조 제2항).

② 고등법원이 아닌 관할 가정법원 또는 지방법원 본원 합의부에 항고할 수 있다(동법 제43조 제1항).

④ 항고법원은 항고가 이유가 있다고 인정한 경우에는 원결정을 취소하고 사건을 원소년부에 환송하거
나 다른 소년부에 이송하여야 한다. 다만, 환송 또는 이송할 여유가 없이 급하거나 그 밖에 필요하다고
인정한 경우에는 원결정을 파기하고 불처분 또는 보호처분의 결정을 할 수 있다(동법 제45조 제2항).

## 19 Answer ②

해설 | ② 치료감호 등에 관한 법률 제7조

① 치료감호와 형이 병과된 경우에는 치료감호를 먼저 집행한다(동법 제18조 전단).

③ 지문의 경우, 치료감호의 기간은 15년을 초과할 수 없다(동법 제16조 제2항).

④ 법원은 치료명령대상자에 대하여 형의 선고 또는 집행을 유예하는 경우에는 치료기간을 정하여
치료를 받을 것을 명할 수 있으며(동법 제44조의2 제1항), 치료를 명하는 경우 보호관찰을 병과하여
야 한다(동조 제2항).

## 20 Answer ②

해설 | ① 대판 2019.1.17. 2018도17726

② 검사는 불기소처분의 사유에 해당함이 명백한 경우(다만, 기소유예처분의 사유에 해당하는 경우는
제외한다)에는 형사조정에 회부하여서는 아니 된다(범죄피해자 보호법 제41조 제2항 제3호).

③ 동법 제3조 제1항 제1호

④ 성폭력범죄의 처벌 등에 관한 특례법 제27조 제6항

# 2018년 보호7급 형사정책 정답 및 해설

| 01 | ② | 02 | ③ | 03 | ① | 04 | ③ | 05 | ② | 06 | ① | 07 | ① | 08 | ② | 09 | ④ | 10 | ① |
|----|----|----|----|----|----|----|----|----|----|----|----|----|----|----|----|----|----|----|----|
| 11 | ③ | 12 | ③ | 13 | ④ | 14 | ① | 15 | ④ | 16 | ③ | 17 | ② | 18 | ② | 19 | ④ | 20 | ② |

## 01   Answer   ②

**해설** | 화이트칼라 범죄는 범죄에 대한 사회의 반응이나 피해에 대한 인식이 결여되거나 미온적이어서 일반인이 그 유해성을 느끼지 못하는 경우가 많다.

**[화이트칼라 범죄의 특징]**

| 구분 | 내용 |
|------|------|
| 개념 | 경영인 등 높은 사회적 지위를 가진 자들이 이욕(利慾)적 동기에서 자신의 직업활동과 관련하여 행하는 범죄(서덜랜드) |
| 특징 | • 화이트칼라 범죄에 대한 사회의 반응이나 피해에 대한 인식이 결여되어 있다.<br>• 개인보다는 사회 전체나 국가 전체에 광범위한 피해를 야기한다.<br>• 화이트칼라 범죄는 직업활동과 관련하여 일어나기 때문에 적발이 용이하지 않고, 증거수집이 어려우며, 법률의 허점을 교묘히 이용하거나 권력과 결탁하여 조직적으로 은밀히 이루어져 암수범죄율이 높다. |

## 02   Answer   ③

**해설** | ③ 범죄율은 인구 10만 명당 범죄발생건수를 의미하므로 인구변화율이 반영되지만, 범죄시계는 인구변화율이 반영되지 않으므로 공식통계로서의 가치가 없다.
　　② 참여적 관찰법은 연구자가 직접 범죄자 집단에 들어가 함께 생활하면서 그들의 생활, 심리 등을 관찰하여 범죄의 실태, 원인 등을 파악하는 조사방법이므로, 체포되지 않은 범죄자들의 일상을 관찰할 수 있다.
　　② 범죄통계는 수사기관 등의 정부기관이 범죄현상을 조사·집계하여 공식통계를 작성함으로써 사회의 대량적 현상으로서의 범죄내용, 규모 및 추이를 나타낸다. 따라서 이를 분석하면 범죄의 일반적인 경향과 특징을 파악할 수 있다.
　　④ 피해자조사는 간접적 관찰방법의 하나로, 자기보고조사나 정보제공자조사에 비해 신뢰도가 높아 현재 암수범죄의 조사방법으로서 많이 활용되고 있다.

## 03   Answer   ①

**해설** | ① 범죄자와 비범죄자의 학습과정에는 차이가 없고, 접촉유형에 차이가 있다고 본다.
　　② 서덜랜드의 차별적 접촉이론은 범죄행위를 사회적 상호작용을 통해 학습되는 정상적인 것으로 보았다.
　　③ 글래이저의 차별적(분화적) 동일시이론에 따르면, 사람은 누구나 자신을 다른 누군가와 동일화하려는 경향이 있는데, 자신의 범죄행위를 수용할 수 있다고 믿는 실재의 인간이나 관념상의 인간에게

자신을 동일화하는 과정을 통해 자기 자신을 합리화함으로써 범죄행위를 저지른다. 따라서 범죄자와의 직접적인 접촉이 없이도 TV, 영화 등 매스미디어에 의한 범죄행위의 학습이 가능하다.
④ 버제스와 에이커스의 차별적 강화이론은, 차별적 접촉이론을 보완하여 차별적 접촉 이후 '강화'를 통해 범죄행위에 이르게 된다고 보았다.

## 04 Answer ③

**해설** | 일반예방주의는 범죄예방의 대상을 '일반인'에 두는 고전학파의 견해로, 형벌의 목적을 일반인에게 겁을 주어 범죄를 저지르지 않도록 예방하는 데 두고 있다. 베카리아(C. Beccaria), 벤담(J. Bentham), 포이에르바흐(Feuerbach) 등이 대표적인 학자이다.

- 형집행과정에서의 일반예방(위하설) : 준엄하고 가혹한 형집행을 일반인에게 공개함으로써 범죄예방효과를 거두는 것을 의미한다.
- 형벌예고에 의한 일반예방(심리강제설) : 심리강제설은 일반예방주의를 집대성한 포이에르바흐가 주장하였다. 이는 형벌의 내용을 명확히 법률에 규정하여 범죄를 범한 때에는 이익보다 더 큰 해악이 따른다는 것을 일반인에게 알려 범죄예방효과를 거두는 것을 말한다. 일반예방주의는 범죄자에게 형벌을 과함으로써 일반인에 대한 범죄예방의 효과를 기대하는 사고방식이다. 즉, 일반예방주의에서는 엄격한 법규정과 엄정한 법집행은 일반인들에 대해 위하력으로 작용하게 되고, 이에 따라 범죄행위가 억제될 수 있다고 본다. 특별예방주의는 범죄자를 대상으로 하여 처벌 또는 범죄인의 개별적 특성에 따른 처우, 교육 등에 의해 재범을 방지할 수 있도록 하는 것을 말한다.

## 05 Answer ②

**해설** | A - ㄹ : 비난자에 대한 비난
B - ㄱ : 책임의 부정
C - ㄴ : 가해의 부정
D - ㄷ : 피해자의 부정

## 06 Answer ①

**해설** | ① 낙인이론은 2차적 일탈의 원인에 대해서는 낙인으로써 적절히 설명하고 있으나, 낙인 이전의 단계에서 일어나는 1차적 일탈의 원인에 대해서는 설명하지 못한다는 비판을 받는다.
② 탄넨바움은 악의 극화이론을 통해 사회적 규정에 의한 부정적 낙인은 비행청소년에게 부정적 자아관념을 심게 되고, 이로 인해 비행청소년이 스스로를 일탈자로 규정하게 됨으로써 일탈행위를 지속하게 된다고 보았다.
③ 레머트는 사회적 낙인에 이르는 과정을 1차적 일탈과 2차적 일탈로 나누었는데, 1차적 일탈은 다양한 원인에 의해 발생할 수 있고 일시적이나, 2차적 일탈은 1차적 일탈에 대한 낙인에 의해 발생하고 지속적이라고 보았다.
④ 베커는 주지위(mater status)이론에서 사회집단은 일정한 행위를 한 자를 일탈자로 규정하는데, 범죄를 저지른 자에게 그 규율을 적용하여 낙인을 찍게 되면, 그 낙인은 사회적 상호작용에서 일정한 사회적 지위(주지위)로 작용한다고 보았다.

## 07   Answer   ①

**해설** | 자유의지에 따라 이성적으로 행동하는 인간을 전제로 하여 범죄의 원인을 분석한 것은 실증주의가 나타나기 전인 17~18세기의 고전주의이다.

## 08   Answer   ②

**해설** | 교정기관에서의 가석방 등을 통해 교정시설에 구금되는 사람의 수를 줄일 수 있으므로, 교정시설의 과밀화 현상을 해소하는 데에 기여할 수 있다.

**[범죄 예측방법의 분류]**

| 구분 | 의의 | 장점 | 단점 |
|---|---|---|---|
| 직관적 관찰방법 | 사법기관이나 교정기관의 직업적 경험에 의해 직관적으로 예측하는 방법 | 직업적 경험이 풍부한 자의 직관에 의하므로, 개별 범죄자에 대한 가장 적합한 예측이 가능하다. | 관찰자의 주관적 편견이나 자의에 따라 판단하는 경우, 객관적 신뢰성이 결여될 수 있다. |
| 임상적 예측방법 | 정신과의사(정신의학)나 범죄심리학자(심리학) 등에 의해 행위자에 대한 조사, 관찰, 임상실험 등으로 예측하는 방법 | 전문가에 의한 탁월한 식견에 의하므로 적합한 예측이 가능하다. | 비용이 많이 들고, 관찰자의 주관적 평가가능성을 배제할 수 없으며, 자료를 잘못 해석할 가능성도 있다. |
| 통계적 예측방법 | 범죄자의 행위별 특징을 계량화·점수화하여 누적점수를 기초로 향후 범죄가능성을 예측하는 방법 | 객관적 기준으로 실효성과 공평성이 높고, 누구나 쉽게 사용할 수 있으며, 비용이 적게 든다. | 예측표의 목록은 개별 연구자에 따라 다르게 작성되므로, 보편타당한 예측표를 작성하기 어렵다. |
| 통합적 예측방법 | 각각의 예측방법의 한계를 극복하고자 직관적 관찰방법과 통계적 예측방법을 조합하여 예측하는 방법 | 각각의 예측방법의 단점을 보완할 수 있다. | 각각의 예측방법에 내재된 단점을 완전히 제거하는 것은 불가능하다. |

## 09   Answer   ④

**해설** | 범죄의 전이효과란 상황적 범죄예방모델의 효과를 부정하는 주장으로, 어느 한 지역의 범죄기회를 차단한다 해도 그 범죄행위는 다른 장소, 다른 시간으로 이전될 뿐이므로, 전체적으로 보면 범죄감소의 효과가 없음을 말한다.
참고로, 긍정적 영향이란 혜택의 확산으로 직접적인 목표지역, 통제하는 사람, 개입대상이 되는 유형의 범죄 또는 개입되는 시기를 넘어서 개입의 유익한 효과가 퍼지는 것을 말한다.

## 10   Answer   ①

**해설** | 다이버전은 공식적 형사절차로부터의 이탈과 사회 내 처우프로그램에의 위탁을 내용으로 한다. 따라서 구속적부심사제도나 보석 등은 단지 피고인을 구속하지 않은 상태에서 수사나 재판을 진행하는 것에 불과할 뿐, 사회 내 처우프로그램 등 새로운 절차에 위탁하는 것이 아니므로, 다이버전이라고 할 수 없다.

## 11 Answer ③

해설 | ③ 일수벌금제는 1910년 스웨덴의 타이렌(Thyren) 교수에 의해 주장되고, 포르투갈에서 최초로 실시되었다. 우리나라는 일수벌금제가 아닌 총액벌금제를 채택하고 있다.
① 형법 제59조 제1항
② 재산형 등에 관한 검찰 집행사무규칙 제12조
④ 벌금 미납자의 사회봉사 집행에 관한 특례법 제1조, 제6조

## 12 Answer ③

해설 | ③ 형의 선고를 유예하는 경우에 재범방지를 위하여 지도 및 원호가 필요한 때에는 <u>보호관찰을 받을 것을 명할 수 있다</u>(형법 제59조의2 제1항). 사회봉사나 수강명령은 집행유예 시 명할 수 있고, 선고유예 시에는 명할 수 없다.
① 동법 제42조
② 동법 제72조 제1항
④ 동법 제69조 제2항

## 13 Answer ④

해설 | 암수범죄의 간접적 조사방법인 설문조사에는 자기보고조사, 피해자조사, 정보제공자조사 등이 있는데, 정치범죄나 가정범죄와 같이 조직관계, 내밀한 관계에서 일어나는 범죄들은 <u>스스로 밝히기 꺼려하는 경우가 많아 자기보고조사나 피해자조사로 그 범죄의 암수를 밝히기 어렵고</u>, 은밀히 일어나는 범죄들은 <u>제3자가 정보를 가지고 있는 경우가 드물어 정보제공조사로 그 범죄의 암수를 밝히기 어렵다</u>.

**[암수범죄의 종류]**

| 절대적 암수범죄 | 실제로 범죄가 발생하였으나 수사기관에 의해 인지되지 않은 범죄(매춘, 낙태, 도박, 마약 등) |
|---|---|
| 상대적 암수범죄 | 수사기관에 의해 인지되었으나 아직 피의자 검거 등의 해명이 이루어지지 않아 공식범죄통계에 반영되지 않은 범죄 |

## 14 Answer ①

해설 | ① 징역 또는 금고를 선고받은 소년에 대하여는 특별히 설치된 교도소 또는 일반 교도소 안에 특별히 분리된 장소에서 그 형을 집행한다. 다만, 소년이 형의 집행 중에 23세가 되면 일반 교도소에서 집행할 수 있다(소년법 제63조).
② 동법 제59조
③ 동법 제60조 제1항
④ 동법 제49조의3

## 15 Answer ④

해설 | ④ ㄱ, ㄴ, ㄷ 모두 옳은 지문이다.

ㄱ. 협력주의란 소년의 보호를 위하여 국가뿐만 아니라, 보호자, 시민단체 등 사회 전체가 협력하여야 한다는 원칙을 말한다.

ㄴ. 밀행주의란 소년범에 대한 사회적 비난 또는 낙인의 결과를 초래하는 것을 방지하기 위해 소년범의 처리과정을 외부에 노출시켜서는 안 된다는 원칙을 말한다.

ㄷ. 예방주의란 소년의 특성 및 장래를 고려하여 소년범에 대해 과거의 비행에 대한 처벌보다는 장래의 범죄를 예방하는 데 중점을 두어야 한다는 원칙을 말한다.

**[소년보호주의의 원리]**

| 구분 | 내용 |
|---|---|
| 인격주의 | 소년의 객관적 비행사실보다는 그의 인격적 특성을 중요시하여 인격에 내재된 범죄의 위험성을 제거하는 데 힘써야 한다는 원칙 |
| 예방주의 | 소년범에 대해 과거의 비행에 대한 처벌보다는 장래의 범죄를 예방하는 데 중점을 두어야 한다는 원칙 |
| 개별주의 | 범죄인 처우의 개별화 이념에 따라 각각의 소년을 독립적으로 취급하고, 그 소년의 개별적인 특성에 알맞은 처우를 하여야 한다는 원칙 |
| 과학주의 | 소년범에 대해 보다 과학적인 교육과 보호를 위하여 조사·심리·처우의 단계에서 심리학, 의학, 교육학, 사회학 등 과학적이고 전문적인 지식을 활용하여야 한다는 원칙 |
| 교육주의 | 교육적 관점에서 소년에 대한 처벌보다는 교화·개선에 중점을 두고 보호처분 등을 통하여 소년을 건전하게 육성하자는 원칙 |
| 협력주의 | 소년의 보호를 위하여 국가뿐만 아니라, 보호자, 시민단체 등 사회 전체가 협력하여야 한다는 원칙 |
| 밀행주의 | 소년범에 대한 사회적 비난 또는 낙인의 결과를 초래하는 것을 방지하기 위하여 소년범의 처리과정을 외부에 노출시켜서는 안 된다는 원칙 |

## 16 Answer ③

**해설** | ③ 단기 보호관찰기간은 1년으로 한다(소년법 제33조 제2항). 장기 보호관찰기간은 2년으로 한다. 다만, 소년부 판사는 보호관찰관의 신청에 따라 결정으로써 1년의 범위에서 한 번에 한하여 그 기간을 연장할 수 있다(동조 제3항).

① 제1항 제2호(수강명령) 및 제10호(장기 소년원 송치)의 처분은 12세 이상의 소년에게만 할 수 있다(동법 제32조 제4항).

② 동법 제33조 제4항

④ 동조 제5항·제6항

## 17 Answer ②

**해설** | ② "범죄피해자"란 타인의 범죄행위로 피해를 당한 사람과 그 배우자(사실상의 혼인관계를 포함한다), 직계친족 및 형제자매를 말한다(범죄피해자 보호법 제3조 제1항 제1호).

③ 법원은 범죄로 인한 피해자를 증인으로 신문하는 경우 증인의 연령, 심신의 상태, 그 밖의 사정을 고려하여 증인이 현저하게 불안 또는 긴장을 느낄 우려가 있다고 인정하는 때에는 직권 또는 피해자·법정대리인·검사의 신청에 따라 피해자와 신뢰관계에 있는 자를 동석하게 할 수 있다(형사소송법 제163조의2 제1항).

## 18 Answer ②

해설 | ② 범죄피해자 보호법 제42조 제2항
① 공소시효의 완성이 임박한 형사사건인 경우에는 형사조정에 회부하여서는 아니 된다(동법 제41조 제2항).

**범죄피해자 보호법 제41조【형사조정 회부】** ② 형사조정에 회부할 수 있는 형사사건의 구체적인 범위는 대통령령으로 정한다. 다만, 다음 각 호의 어느 하나에 해당하는 경우에는 형사조정에 회부하여서는 아니 된다.
1. 피의자가 도주하거나 증거를 인멸할 염려가 있는 경우
2. 공소시효의 완성이 임박한 경우
3. 불기소처분의 사유에 해당함이 명백한 경우(다만, 기소유예처분의 사유에 해당하는 경우는 제외한다)

③ 검사는 피의자와 범죄피해자(이하 "당사자"라 한다) 사이에 형사분쟁을 공정하고 원만하게 해결하여 범죄피해자가 입은 피해를 실질적으로 회복하는 데 필요하다고 인정하면 당사자의 신청 또는 직권으로 수사 중인 형사사건을 형사조정에 회부할 수 있다(동법 제41조 제1항).
④ 불기소처분의 사유에 해당함이 명백한 경우에는 형사조정에 회부하여서는 아니 된다. 다만, 기소유예처분의 사유에 해당하는 경우는 제외한다(동법 제41조 제2항 제3호). 즉, 기소유예처분의 사유에 해당하는 경우에는 형사조정에 회부할 수 있다.

## 19 Answer ④

해설 | ④ 특별준수사항이다(보호관찰 등에 관한 법률 제32조 제3항 제4호).
① 동법 제32조 제2항 제2호
② 동법 제32조 제2항 제3호
③ 동법 제32조 제2항 제4호

**보호관찰 등에 관한 법률 제32조【보호관찰 대상자의 준수사항】** ② 보호관찰 대상자는 다음 각 호의 사항을 지켜야 한다(일반준수사항).
1. 주거지에 상주하고 생업에 종사할 것
2. 범죄로 이어지기 쉬운 나쁜 습관을 버리고 선행을 하며 범죄를 저지를 염려가 있는 사람들과 교제하거나 어울리지 말 것
3. 보호관찰관의 지도·감독에 따르고 방문하면 응대할 것
4. 주거를 이전하거나 1개월 이상 국내외여행을 할 때에는 미리 보호관찰관에게 신고할 것

## 20 Answer ②

해설 | ② 소년부 판사는 사건 본인을 보호하기 위하여 긴급조치가 필요하다고 인정하면 제13조 제1항에 따른 소환 없이 동행영장을 발부할 수 있다(소년법 제14조).
① 동법 제13조 제2항
③ 동법 제17조 제1항·제2항
④ 동법 제11조 제1항

# 2016년 보호7급 형사정책 정답 및 해설

| 01 | ③ | 02 | ② | 03 | ② | 04 | ④ | 05 | ② | 06 | ③ | 07 | ③ | 08 | ③ | 09 | ② | 10 | ① |
| 11 | ③ | 12 | ④ | 13 | ④ | 14 | ① | 15 | ④ | 16 | ② | 17 | ④ | 18 | ① | 19 | ① | 20 | ② |

## 01 Answer ③

**해설** | 퀴니는 초기연구에서 다양한 집단들의 갈등현상을 다루었으나, 후기연구에서는 보다 마르크스주의적 관점을 취하였다. 범죄란 자본주의의 물질적 상황에 의해 어쩔 수 없이 유발되는 반응형태라고 보았으며, 마르크스 이후 발전된 경제계급론을 총체적으로 흡수하여 자본주의사회에서의 범죄 및 범죄통제를 분석하였다.

## 02 Answer ②

**해설** | 뒤르켐의 아노미이론과 밀러의 하위계층문화이론에 대한 내용이다.

## 03 Answer ②

**해설** | ㉢·㉤은 사회적 처우이고, ㉠·㉡·㉣은 사회 내 처우이다.

## 04 Answer ④

**해설** | ④ 보호처분이 계속 중일 때에 징역, 금고 또는 구류를 선고받은 소년에 대하여는 먼저 그 형을 집행한다(소년법 제64조).
① 동법 제49조 제1항
② 동법 제49조의3
③ 동법 제59조

## 05 Answer ②

**해설** | ㉢ (×) 사회봉사명령 처분은 <u>14세 이상의 소년</u>에게만 할 수 있다(소년법 제32조 제3항).
㉣ (×) 징역 또는 금고와 동시에 <u>벌금을 선고받은 사람은 사회봉사를 신청할 수 없으며</u>(벌금 미납자의 사회봉사 집행에 관한 특례법 제4조 제2항 제1호), 법원은 사회봉사를 신청할 수 없는 사람이 신청을 한 경우에는 사회봉사를 허가하지 아니한다(동법 제6조 제2항 제2호).
㉠ (○) 판사는 심리의 결과 보호처분이 필요하다고 인정하는 경우에는 결정으로 「보호관찰 등에 관한 법률」에 따른 사회봉사·수강명령 처분을 할 수 있다(가정폭력범죄의 처벌 등에 관한 특례법 제40조 제1항 제4호).
㉡ (○) 판사는 심리 결과 보호처분이 필요하다고 인정할 때에는 결정으로 「보호관찰 등에 관한 법률」

에 따른 사회봉사·수강명령 처분을 할 수 있다(성매매알선 등 행위의 처벌에 관한 법률 제14조 제1항 제3호).

ⓜ (○) 법원이 아동·청소년대상 성범죄를 범한 사람에 대하여 형의 집행을 유예하는 경우에는 수강명령 외에 그 집행유예기간 내에서 보호관찰 또는 사회봉사 중 하나 이상의 처분을 병과할 수 있다(아동·청소년의 성보호에 관한 법률 제21조 제4항).

## 06 Answer ③

**해설** | 1개월 이내의 소년원 송치와 보호관찰관의 단기 보호관찰은 병합할 수 없다(소년법 제32조 제2항).

[보호처분의 병합]
소년법 제32조 【보호처분의 결정】 ② 다음 각 호 안의 처분 상호 간에는 그 전부 또는 일부를 병합할 수 있다.
1. 제1항 제1호(보호자 또는 보호자를 대신하여 소년을 보호할 수 있는 자에게 감호위탁)·제2호(수강명령)·제3호(사회봉사명령)·제4호(보호관찰관의 단기 보호관찰) 처분
2. 제1항 제1호·제2호·제3호·제5호(보호관찰관의 장기 보호관찰) 처분
3. 제1항 제4호·제6호(「아동복지법」에 따른 아동복지시설이나 그 밖의 소년보호시설에 감호위탁) 처분
4. 제1항 제5호·제6호 처분
5. 제1항 제5호·제8호(1개월 이내의 소년원 송치) 처분

## 07 Answer ③

**해설** | ③ 검사는 피의자와 범죄피해자(이하 "당사자"라 한다) 사이에 형사분쟁을 공정하고 원만하게 해결하여 범죄피해자가 입은 피해를 실질적으로 회복하는 데 필요하다고 인정하면 당사자의 신청 또는 직권으로 수사 중인 형사사건을 형사조정에 회부할 수 있다(범죄피해자 보호법 제41조 제1항).
① 국가 또는 지방자치단체는 제33조에 따라 등록한 범죄피해자 지원법인(이하 "등록법인"이라 한다)의 건전한 육성과 발전을 위하여 필요한 경우에는 예산의 범위에서 등록법인에 운영 또는 사업에 필요한 경비를 보조할 수 있다(동법 제34조 제1항).
② 구조금 지급에 관한 사항을 심의·결정하기 위하여 각 지방검찰청에 범죄피해구조심의회(이하 "지구심의회"라 한다)를 두고 법무부에 범죄피해구조본부심의회(이하 "본부심의회"라 한다)를 둔다(동법 제24조 제1항).
④ 동법 제21조 제1항

## 08 Answer ③

**해설** | ③ 범죄인자 접촉빈도와 범죄발생과의 관계에 대한 이론인 습관성가설은 매스컴과 범죄의 관계규명에 주로 활용되었다. 습관성가설에 따르면, 매스컴의 폭력장면 등을 장기적으로 접하게 되면 범죄행위에 대해 무감각하게 되고, 범죄를 미화하는 가치관이 형성되어 범죄가 유발될 가능성이 높아진다. 참고로, 마약범죄 발생의 원인규명에 주로 활용되는 이론은 도파민가설이다. 도파민가설에 따르면, 마약중독은 인체가 약물에 의해 도파민의 적정량을 유지하는 기능을 상실했을 때 발생한다.
[메스컴의 범죄에 대한 영향력을 긍정하는 견해] 단기효과(캇츠, 버코비츠, 윌슨), 장기효과(슈람)

| 모방효과(자극성가설) | 매스컴의 범죄수법을 모방하여 새로운 범죄를 행함 |
|---|---|

| 강화작용 | 매스컴이 상류층의 화려한 생활을 소개함으로써 과소비를 조장하고, 소외된 계층의 범죄성을 조성 |
|---|---|
| 둔감화작용 | 매스컴의 지속적인 노출로 폭력에 둔감하게 되고, 덜 흥분하게 되며, 죄책감을 느끼지 않고 폭력을 행사 |
| 습관성가설 | 매스컴의 폭력장면 등을 장기적으로 접하게 되면 범죄행위에 대해 무감각하게 되고, 범죄를 미화하는 가치관이 형성 |

① 라카사뉴는 범죄의 원인으로서 경제적 사정을 중시하고, 곡물가격과 재산범죄의 관계에 대한 실증적 연구를 시도하였다.

② 케틀레는 인신범죄는 따뜻한 지방, 재산범죄는 추운지방에서 상대적으로 많이 발생한다고 하였다.

④ 엑스너는 제1차 세계대전 당시 독일의 범죄현상에 대해 연구하였는데, 전쟁의 추이가 범죄에 미치는 영향을 네 단계로 나누어 전쟁과 범죄의 관련성을 설명하였다.

**[엑스너(Exner)의 전쟁단계구분]**

| 감격기 (Kriegsbegeisterungszeit) | 전쟁이 발발하는 단계에는 국민적 통합 분위기에 의해 범죄발생이 오히려 감소한다. |
|---|---|
| 의무이행기 (Pfichterfullungszeit) | 전쟁이 어느 정도 진행되는 단계에는 물자가 부족해지지만, 국민은 각자 인내심을 가지고 의무를 이행하여 범죄율에는 특별한 변화가 없다. 다만, 성인에 의한 통제력이 약화되는 관계로 소년범죄는 증가할 수 있다. |
| 피로기(피로이완기) (Dramattungszeit) | 전쟁이 장기화된 단계에는 인내심의 약화로 범죄가 증가하게 된다. 특히 청소년범죄와 여성범죄가 늘어난다. |
| 붕괴기 (Zusammenbruchszeit) | 패전이 임박한 단계(소위 붕괴기)에는 도덕심이 극도로 약화되어 각종 범죄가 급속히 증가하고, 전후기에는 패전국이 승전국보다 더욱 심각한 범죄문제를 겪게 된다. |

**09** Answer ②

**해설** | ② 소년부는 조사 또는 심리한 결과 금고 이상의 형에 해당하는 범죄사실이 발견된 경우 그 동기와 죄질이 형사처분을 할 필요가 있다고 인정하면 결정으로써 사건을 관할 지방법원에 대응한 검찰청 검사에게 송치하여야 한다(소년법 제7조 제1항).

① 동법 제3조 제1항·제2항

③ 동법 제19조 제1항

④ 동법 제33조 제5항·제6항

**10** Answer ①

**해설** | ① 벌금을 선고할 때에는 동시에 그 금액을 완납할 때까지 노역장에 유치할 것을 명할 수 있다(형법 제69조 제1항 단서).

② 동법 제69조 제2항

③ 동법 제45조

④ 동법 제70조 제2항

## 11 Answer ③

**해설** | 크레취머는 사람의 체형 중 투사형이 범죄확률이 높고, 절도범이나 사기범 중에는 세장형이 많다고 하였다.

| 투사형 | 근육이 잘 발달된 체형으로, 둔중하고 무미건조한 성격을 가지고 있으며, 폭력적인 성향을 갖는 경우가 많아 범죄확률이 높고, 주로 폭력범죄를 저지른다고 한다. |
|---|---|
| 세장형 | 키가 크고 마른 체형으로, 민감하고 비사교적인 성격을 가지고 있으며, 사기범이나 절도범이 많고, 누범률이 높다고 한다. |
| 비만형 | 키가 작고 뚱뚱한 체형으로, 자극에 대한 동요가 많고 정이 많으며, 범죄확률이 낮은데, 범죄를 저지른다면 주로 사기범이 많고, 폭력범도 종종 있다고 한다. |
| 발육부전형 | 주로 풍속범죄나 질서위반범죄를 많이 저지르고, 때때로 폭력범죄를 저지른다고 한다. |

## 12 Answer ④

**해설** | ㉠-C, ㉡-D, ㉢-A, ㉣-B

## 13 Answer ④

**해설** | ㉡ (×) 통계적 예측법(점수법)은 범죄자의 특징을 계량화하여 그 점수의 다소에 따라 장래의 범죄가능성을 예측하는 방법으로, 누구나 쉽게 이용할 수 있고 객관적이며 비용이 절감되지만, 개별 범죄자의 고유한 특성이나 편차를 충분히 반영할 수 없다는 단점이 있다.

㉤ (×) 재판단계에서 행해지는 예측은 재범예측과 적응예측이 있는데, 양형책임을 결정하는 중요한 수단으로 작용하고, 가장 중요한 양형기준이 되며, 처우개별화를 위해서도 필요하다.

㉠ (○) 글룩 부부는 다섯 가지 요인으로 가중실점방식(특정 항목의 점수를 가중하거나 감점하는 방식)에 의한 범죄예측표를 개발하였다.

㉢ (○) 직관적 예측법은 형사사법 종사자들의 직업경험 등에 의한 인간의 보편적인 직관적 예측능력에 기초한 방법으로, 전문성이 결여되어 있고, 객관적 기준확보가 곤란하며, 허위긍정의 예측오류가능성이 높다.

㉣ (○) 조기예측은 특정인의 범죄행위 이전에 미리 그 위험성을 예측하는 방법으로, 잠재적 비행자를 조기에 식별하여 위험한 사람을 분류함으로써 범죄예방에 도움을 주기 위한 목적을 가지고 있고, 사법예측이 아니라는 특징이 있다.

## 14 Answer ①

**해설** | ① 자기보고식조사는 일정한 집단을 대상으로 면접이나 설문지를 통해 개개인의 범죄나 비행을 보고하게 하여 암수범죄를 측정하는 방법이다. 자기보고식조사의 단점은 조사대상자들이 불성실하게 응답하는 경우에 올바른 자료를 구할 수 없다는 점이다. 특히 자료수집과 처리과정에서 익명성을 보장하나, 자신이 저지른 범죄의 발각에 대한 두려움으로 인해 경미범죄는 자술하나, 강력범죄는 자술하지 않는 경우가 많다.

② 범죄피해조사는 실제 범죄피해자로 하여금 범죄피해경험을 보고하게 하는 방법이다.

③ 추행조사는 일정 수의 범죄자나 비범죄자를 일정 기간 계속 추적하여 그들의 특성이나 사회적 조건의 변화상태 등을 분석하고, 그 변화상태와 범죄의 연결관계를 살펴보는 방법이다.

④ 참여관찰조사는 연구자가 직접 범죄자 집단에 들어가 함께 생활하면서 그들의 생활, 심리 등을 관찰하여 범죄의 실태, 원인 등을 파악하는 방법이다.

## 15 Answer ④

**해설** | ④ 범죄여성은 감정적으로뿐만 아니라 신체적으로도 다른 여성과 구별되는 특징이 있다고 하였다.

② 폴락(Pollak)은 여성범죄는 형사사법 속에서도 '기사도정신'에 입각하여 관대하게 처벌되기 때문에 범죄수가 과소하게 집계되고 있다고 하였다.

③ 아들러(Adler)는 여성의 사회적 역할이 변하고 그 생활상이 남성의 생활상과 유사해지면서 여성의 범죄활동도 남성과 닮아 간다는 '신여성범죄론'를 주장하였다.

### [폴락(Otto Pollak)의 여성범죄 특징]

• 여성범죄는 일반인의 생각보다 훨씬 많고 지능적이지만 잘 발각되지 않고, 형사사법 속에서도 '기사도정신'에 입각하여 관대하게 처벌되기 때문에 범죄수가 과소하게 집계되고 있다.

• 여성범죄의 피해자는 남편, 자녀, 가족, 연인과 같이 면식이 있는 자로 한정되어 있다.

• 여성은 생물학적으로 사기성이 있고, 선천적으로 교활하며 감정적이고, 복수심 또한 강하기 때문에 범죄성이 남성에 뒤지지 않는다.

• 여성이 살인을 하는 경우, 독살 등의 비폭력적 방법을 주로 사용하나, 사소한 범죄수준을 일단 넘어서면 잔혹하고 폭력적으로 변한다.

• 여성은 범죄에 직접 가담하지 않고, 그 배후에서 범죄와 관련되어 있다.

• 여성범죄는 소규모로 반복되는 경향이 있다.

## 16 Answer ②

**해설** | ② 보호관찰은 보호관찰 대상자의 주거지를 관할하는 보호관찰소 소속 보호관찰관이 담당한다(보호관찰 등에 관한 법률 제31조).

① 동법 제29조 제1항

③ 동법 제33조의2 제1항

④ 동법 제45조의2는 2019.4.16. 삭제되었다.

## 17 Answer ④

**해설** | 혁신형은 범죄자들의 전형적인 적응방식으로, 문화적 목표는 수용하지만 제도화된 수단은 거부하는 형태이다. 지문은 의례형에 대한 설명이다.

| 적응유형 | 문화적 목표 | 제도적 수단 | 적응대상 |
|---|---|---|---|
| 동조(순응)형 | + | + | 정상인 |
| 개혁(혁신)형 | + | - | 전통적 의미의 범죄자<br>(강도, 절도 등 재산범죄) |

| 의례형 | - | + | 샐러리맨, 관료 |
|---|---|---|---|
| 도피형 | - | - | 마약·알코올중독자, 부랑자 |
| 반역(혁명)형 | +, - | +, - | 혁명가, 투쟁적 정치가 |

## 18  Answer  ①

**해설** | ① 살인죄의 미수범과 예비, 음모죄도 포함된다(전자장치 부착 등에 관한 법률 제2조 제3호의2 가목).
② 동법 제4조
③ 동법 제14조 제2항
④ 동법 제16조의2 제4항

## 19  Answer  ①

**해설** | ① 1년 이내가 아닌 1년이다. 형의 선고를 유예하는 경우에 재범방지를 위하여 지도 및 원호가 필요한 때에는 보호관찰을 받을 것을 명할 수 있으며(형법 제59조의2 제1항), 보호관찰의 기간은 1년으로 한다(동조 제2항).
② 동법 제61조 제2항
③ 동법 제62조의2 제1항·제2항
④ 동법 제73조의2 제2항

## 20  Answer  ②

**해설** | ② 소년부 판사는 사건의 조사 또는 심리에 필요하다고 인정하면 기일을 지정하여 사건 본인이나 보호자 또는 참고인을 소환할 수 있으며(소년법 제13조 제1항), 사건 본인이나 보호자가 정당한 이유 없이 소환에 응하지 아니하면 소년부 판사는 동행영장을 발부할 수 있다(동조 제2항). 따라서 참고인을 소환할 수 있으나, 소환불응 시 동행영장을 발부할 수는 없다.
① 동법 제49조의2 제1항
③ 보호관찰 등에 관한 법률 제19조 제1항
④ 동법 제26조 제1항

# 2014년 보호7급 형사정책 정답 및 해설

| 01 | ② | 02 | ③ | 03 | ① | 04 | ④ | 05 | ③ | 06 | ② | 07 | ④ | 08 | ① | 09 | ② | 10 | ③ |
| 11 | ② | 12 | ④ | 13 | ② | 14 | ③ | 15 | ④ | 16 | ① | 17 | ③ | 18 | ① | 19 | ② | 20 | ④ |

## 01 Answer ②

**해설** | 지문은 범죄학에 대한 내용이다.

참고로, 좁은 의미의 형사정책은 범죄자에 대한 형사법상 강제시책으로, 형벌과 이와 유사한 수단으로써 범죄자 및 잠재적 범죄자를 방지하기 위한 국가의 입법·사법·행정상 활동을 의미한다. "최선의 사회정책이 가장 좋은 형사정책이다"라는 말은 넓은 의미의 국가작용으로서의 형사정책을 의미한다.

## 02 Answer ③

**해설** | ㉠ 동조형(confirmity), ㉡ 개혁형(혁신형, innovation), ㉢ 도피형(은둔형·회피형·퇴행형, retreatism), ㉣ 반역형(혁명형·전복형, rebellion)

| 적응유형 | 문화적 목표 | 제도적 수단 | 적용대상 |
| --- | --- | --- | --- |
| 동조(순응)형 | + | + | 정상인 |
| 개혁(혁신)형 | + | − | 전통적 의미의 범죄자<br>(강도, 절도 등 재산범죄) |
| 의례형 | − | + | 샐러리맨, 관료 |
| 도피형 | − | − | 마약·알코올중독자, 부랑자 |
| 반역(혁명)형 | +, − | +, − | 혁명가, 투쟁적 정치가 |

## 03 Answer ①

**해설** | ② 일반적으로 열등한 사람이 우월한 사람을 모방하는 경향이 있다(하류층이 상류층을 모방).

③ 범죄자와 비범죄자 간의 차이는 학습과정의 차이가 아니라 접촉유형의 차이에서 발생한다.

④ 글래이져에 따르면, 범죄를 학습하는 과정에 있어서는 누구와 자신을 동일시하는지 또는 자기의 행동을 평가하는 준거집단의 성격이 어떠한지가 더욱 중요하게 작용한다.

## 04 Answer ④

**해설** | 청소년이란 9세 이상 24세 이하인 사람을 말한다(청소년 기본법 제3조 제1호 본문).

## 05 Answer ③

**해설** | ⓒ (○) 소년법 제49조의3
　　　　ⓔ (○) 기소유예제도의 장점에 해당한다.
　　　　㉠ (×) 기소법정주의의 단점에 해당한다.
　　　　ⓒ (×) 기소유예제도는 정치적 개입이나 부당한 불기소처분의 가능성 등 검사의 지나친 자의적 재량의
　　　　여지가 있다.

## 06 Answer ②

**해설** | ② 형사소송법 제478조
　　　　① 벌금은 판결확정일로부터 30일 내에 납입하여야 하며(형법 제69조 제1항 본문), 벌금을 납입하지
　　　　아니한 자는 1일 이상 3년 이하의 기간 노역장에 유치하여 작업에 복무하게 한다(동조 제2항).
　　　　③ 검사의 허가를 받아 벌금을 분할납부하거나 납부를 연기받을 수 있다(재산형 등에 관한 검찰 집행사
　　　　무규칙 제12조 제1항).
　　　　④ 500만원 이하의 벌금형이 확정된 벌금 미납자는 법원의 허가를 받아 사회봉사를 할 수 있으며(벌금
　　　　미납자의 사회봉사 집행에 관한 특례법 제6조 제2항 제1호), 이 경우 사회봉사시간에 상응하는 벌금
　　　　액을 낸 것으로 본다(동법 제13조).

## 07 Answer ④

**해설** | ⓒ 버식과 웹은 지역사회 해체를 '지역사회의 무능력', 즉 지역사회가 주민들의 공통된 가치체계를 실현
　　　　하지 못하고, 지역주민들이 공통적으로 겪는 문제를 해결할 수 없는 상태라고 정의하고, 그 원인을
　　　　주민이동성(population turnover)과 주민이질성(population heterogeneity)으로 보았다.
　　　　ⓔ 비공식적 감시의 약화와 지역주민에 의한 직접적인 통제가 어렵다고 보았다.
　　　　㉤ 특정 지역은 주민이동으로 인한 거주민의 변화에도 불구하고 계속적으로 범죄율이 높아진다고 보았
　　　　다(지역사회의 반사회적 문화가 지역 내에서 계승).

## 08 Answer ①

**해설** | ⓔ 종래에 형사처벌의 대상이 아니었던 문제가 다이버전의 대상이 됨으로써 형사사법의 통제망이 확대
　　　　된다는 문제점이 있다.

## 09 Answer ②

**해설** | ② 부착명령의 청구는 공소가 제기된 특정범죄사건의 항소심 변론종결 시까지 하여야 하며(전자장치
　　　　부착 등에 관한 법률 제5조 제6항), 법원은 공소가 제기된 특정범죄사건을 심리한 결과 부착명령을
　　　　선고할 필요가 있다고 인정하는 때에는 검사에게 부착명령의 청구를 요구할 수 있다(동조 제7항).
　　　　① 동법 제5조 제1항~제5항
　　　　③ 동법 제28조 제1항
　　　　④ 동법 제22조 제1항

## 10 Answer ③

**해설** | ③ <u>소년에 대한 부정기형을 집행하는 기관의 장은</u> 형의 단기가 지난 소년범의 행형(行刑)성적이 양호하고 교정의 목적을 달성하였다고 인정되는 경우에는 관할 검찰청 <u>검사의 지휘에 따라</u> 그 형의 집행을 종료시킬 수 있다(소년법 제60조 제4항).
  ① 동조 제1항
  ② 동조 제3항
  ④ 동법 제65조

## 11 Answer ②

**해설** | 셀린(Sellin)은 이질적 문화 간의 충돌에 의한 갈등을 1차적 갈등이라고 하고, 동일한 문화 안에서의 사회변화에 의한 갈등을 2차적 갈등이라고 설명하였다.

## 12 Answer ④

**해설** | 모두 낙인이론이 주장하는 형사정책적 결론에 부합한다.

### [낙인이론의 공헌 및 비판]

| | |
|---|---|
| 공헌 | • 동기의 문제에서 정의의 문제로, 범죄문제 자체보다 범죄통제의 문제로 관심을 전환시켰다.<br>• 소년사법 분야나 경미범죄, 과실범죄 등에 대해 그 예방차원으로 비범죄화, 다이버전, 시설 내 구금수용의 철폐 등 사회 내 처우의 근거가 되었다.<br>• 상징적 상호작용론을 수용하여 피해자 없는 범죄에 대해서도 관심을 기울였고, 범죄피해자조사를 통한 공식범죄통계를 보완하였다.<br>  ※ 5D : 비범죄화(Decriminalization), 전환(Diversion), 비시설처우(Deinstitutional Treatment), 비형벌화(Depen-alization), 적법절차(Due process) 등 |
| 비판 | • 사회통제의 전체적 구조를 간과하여 미시적·사회심리학적 이론의 한계를 보였다. 연구대상이 하류계층의 일탈로 그 범위가 한정되어 있어 기업범죄나 숨겨진 제도적 폭력 등은 간과하고, 구조적 불평등 문제를 무시하여 비판범죄학의 출현계기가 되었다.<br>• 일탈의 원인으로서 사회통제나 사회반응의 효과를 너무 강조하여 사회통제기관에 대한 비판적 시각을 나타내었다.<br>• '낙인 없으면 일탈도 없다'는 지나친 상대주의에 빠진 결과 일탈자의 주체적 특징이 무시되었다.<br>• 최초의 일탈에 대한 원인설명이 부족하고, 반교정주의로 발전할 위험성이 크다.<br>• 규범을 위반하는 모든 사람이 스스로 일탈자라는 낙인을 수용하지는 않는다.<br>• 화이트칼라 범죄와 같은 지배계층의 범죄에 관대한 경향이 있다.<br>• 통제완화 후 범죄감소의 경험적 증거가 부족하고, 낙인 이후의 환경적 차이를 고려하지 않았다.<br>• 범죄피해자에 대한 관심이 적었다는 비판이 있다. |

## 13 Answer ②

**해설** | ㉡ ( ○ ) 소년법 제49조 제1항
  ㉢ ( ○ ) 동법 제25조의3 제1항
  ㉣ ( ○ ) 동법 제29조 제1항

㉠ (×) 촉법·우범소년이 있을 때에는 경찰서장은 직접 관할 소년부에 송치하여야 한다(동법 제4조 제2항).

㉤ (×) 보호처분의 결정 및 부가처분 등의 결정 또는 보호처분·부가처분 변경 결정이 해당 결정에 영향을 미칠 법령위반이나 중대한 사실오인이 있거나, 처분이 현저히 부당한 경우에는 사건 본인·보호자·보조인 또는 그 법정대리인은 관할 가정법원 또는 지방법원 본원 합의부에 항고할 수 있다(동법 제43조 제1항). 항고는 결정의 집행을 정지시키는 효력이 없다(동법 제46조).

## 14 Answer ③

**해설** | ③ 치료감호와 형이 병과된 경우에는 <u>치료감호를 먼저 집행한다</u>. 이 경우 치료감호의 집행기간은 형 집행기간에 포함한다(치료감호 등에 관한 법률 제18조).
① 동법 제1조
② 동법 제7조
④ 동법 제16조 제2항

## 15 Answer ④

**해설** | 선천적·후천적으로 범죄성향이 있으나 개선이 가능한 자에 대해서는 개선을 위한 형벌을 부과하여야 한다. 다만, 단기자유형은 피해야 한다고 주장했다.

## 16 Answer ①

**해설** | ① 물적 피해는 구조대상 범죄피해에 해당하지 않고, 가해자 불명, 무자력 사유, 피해자의 생계유지 곤란 등은 구조금 지급요건에 해당하지 않는다(범죄피해자 보호법 제16조).
② 소송촉진 등에 관한 특례법 제25조 제1항
③ 형사소송법 제223조, 제232조 제1항
④ 동법 제294조의2 제1항

## 17 Answer ③

**해설** | ③ 보호관찰관의 장기 보호관찰(제5호)과 단기 소년원 송치(제9호) 처분 상호 간에는 병합할 수 없다(소년법 제32조 제2항).
① 동조 제3항
② 동조 제4항
④ 동법 제32조의2 제1항

## 18 Answer ①

**해설** | 맛차와 사이크스는 코헨과 달리, 대부분의 비행소년은 다른 사람들과 마찬가지로 일상적이고 준법적인 행동을 하지만, 특별한 경우에 한하여 위법적인 행동을 하고, 규범위반에 대해 일련의 표준적 합리화(중화)를 하며, 내적 통제의 약화가 곧 범죄의 원인이 된다고 보았다.

**19** Answer ②

해설 | ② 집행유예의 선고를 받은 후 그 선고의 실효 또는 취소됨이 없이 유예기간을 경과한 때에는 <u>형의</u>
<u>선고는 효력을 잃는다</u>(형법 제65조).
① 동법 제60조
③ 동법 제76조 제1항
④ 사면법 제5조 제1항 제1호

**20** Answer ④

해설 | ④ 가정폭력범죄의 처벌 등에 관한 특례법이 정한 보호처분 중의 하나인 사회봉사명령은 가정폭력범죄
를 범한 자에 대하여 환경의 조정과 성행의 교정을 목적으로 하는 것으로서 형벌 그 자체가 아니라
보안처분의 성격을 가지는 것이 사실이다. 그러나 한편으로 이는 가정폭력범죄행위에 대하여 형사처
벌 대신 부과되는 것으로서, 가정폭력범죄를 범한 자에게 의무적 노동을 부과하고 여가시간을 박탈하
여 실질적으로는 신체적 자유를 제한하게 되므로, 이에 대하여는 <u>원칙적으로 형벌불소급의 원칙에</u>
<u>따라 행위시법을 적용함이 상당하다</u>(대판 2008.7.24. 2008어4).
① 일반적으로 보안처분은 반사회적 위험성을 가진 자에 대하여 사회방위와 교화를 목적으로 격리수용
하는 예방적 처분이라는 점에서 범죄행위를 한 자에 대하여 응보를 주된 목적으로 그 책임을 추궁하
는 사후적 처분인 형벌과 구별되어 그 본질을 달리하는 것으로서 형벌에 관한 죄형법정주의나 일사부
재리 또는 법률불소급의 원칙은 보안처분에 그대로 적용되지 않는다(대판 1988.11.16. 88초60).
② 아동·청소년의 성보호에 관한 법률이 정한 공개명령 및 고지명령제도는 아동·청소년대상 성폭력범
죄 등을 효과적으로 예방하고 그 범죄로부터 아동·청소년을 보호함을 목적으로 하는 일종의 보안처
분으로서, 그 목적과 성격, 운영에 관한 법률의 규정 내용 및 취지 등을 종합해 보면, 공개명령
및 고지명령제도는 <u>범죄행위를 한 자에 대한 응보 등을 목적으로 그 책임을 추궁하는 사후적 처분인</u>
<u>형벌과 구별되어 그 본질을 달리한다</u>(대판 2012.5.24. 2012도2763).
③ 특정 범죄자에 대한 보호관찰 및 전자장치 부착 등에 관한 법률에 의한 성폭력범죄자에 대한 전자감
시제도는, 성폭력범죄자의 재범방지와 성행교정을 통한 재사회화를 위하여 그의 행적을 추적하여
위치를 확인할 수 있는 전자장치를 신체에 부착하게 하는 부가적인 조치를 취함으로써 성폭력범죄로
부터 국민을 보호함을 목적으로 하는 일종의 보안처분이다. 이러한 전자감시제도의 목적과 성격,
운영에 관한 법률의 규정 내용 및 취지 등을 종합해 보면, 전자감시제도는 범죄행위를 한 자에 대한
응보를 주된 목적으로 책임을 <u>추궁하는 사후적 처분인 형벌과 구별되어 본질을 달리한다</u>(대판
2011.7.28. 2011도5813).

# 2013년 보호7급 형사정책 정답 및 해설

| 01 | ③ | 02 | ③ | 03 | ③ | 04 | ④ | 05 | ④ | 06 | ① | 07 | ② | 08 | ② | 09 | ① | 10 | ④ |
| 11 | ② | 12 | ③ | 13 | ② | 14 | ③ | 15 | ① | 16 | ③ | 17 | ② | 18 | ③ | 19 | ② | 20 | ④ |

## 01  Answer  ③

**해설** | 회복적 사법은 회복목표가 불명확하고 재량이 광범위하여 평가기준이 가변적이라는 문제가 있다.

**[회복적 사법의 장단점]**

| 장점 | 단점 |
|---|---|
| • 지역사회의 자율적 분쟁해결능력을 향상시키고 재범위험을 감소시킨다.<br>• 범죄자의 낙인효과를 최소화하고, 사회복귀를 촉진시킨다.<br>• 형사사법절차를 통해 해결하기 어려운 범죄에 효과적으로 대응할 수 있다.<br>• 형사사법기관, 특히 법원의 업무부담을 감소시킨다.<br>• 형사사법 작용에 대한 국민의 신뢰를 증대시킬 수 있다. | • 회복적 사법은 회복목표가 불명확하고 재량이 광범위하여 평가기준이 가변적이라는 문제가 있다.<br>• 피해자의 용서와 이해를 전제로 하므로 피해자에게 희생을 강요할 수 있다.<br>• 법원이 아닌 경찰, 검찰, 보호관찰기관 등에 의한 해결은 사법절차의 공정성과 명확성을 훼손시킬 수 있다.<br>• 합의실패 시 해결이 지연되고, 감정이 더욱 악화될 우려가 있다.<br>• 회복적 사법이 낙인효과나 재범을 감소시킨다는 실증적 증거가 미약하다.<br>• 산업화된 현대사회에서 지역사회의 적극적인 참여를 기대하기 어렵다.<br>• 형사화해의 대상이 되는 범죄가 한정적이어서 전체 범죄에 적용할 수 없다.<br>• 유죄확정 전의 화해절차는 무죄추정의 원칙에 반하고, 법관에 의해 재판받을 권리를 침해할 우려가 있다. |

## 02  Answer  ③

**해설** | ③ 헌법재판소는 사형제도의 존치 여부는 민주적 정당성을 가진 입법부가 결정할 입법정책적 문제라고 한 바 있다.

① 형법상 절대적 법정형으로서 사형을 과할 수 있는 죄는 적국과 합세하여 대한민국에 항적한 여적죄이다.

② 죄를 범할 당시 18세 미만인 소년에 대하여 사형 또는 무기형으로 처할 경우에는 15년의 유기징역으로 한다(소년법 제59조).

④ 우리나라는 1997년 12월 30일 마지막으로 사형을 집행한 이래 현재까지 사형을 집행하고 있지 않아 국제사면위원회로부터 실질적 사형폐지국으로 분류되고 있다.

**03** Answer ③

해설 | 적법절차 관점은 형사사법기관의 자유재량을 최소한으로 줄이고, 형사사법절차상 범죄자의 권리와 법적
절차를 충실히 지켜야 한다는 관점이다.

**04** Answer ④

해설 | ④ 보호관찰 부과대상이 아니다.
① 형의 선고를 유예하는 경우에 재범방지를 위하여 지도 및 원호가 필요한 때에는 보호관찰을 받을
것을 명할 수 있다(형법 제59조의2 제1항).
② 형의 집행을 유예하는 경우에는 보호관찰을 받을 것을 명하거나 사회봉사 또는 수강을 명할 수
있다(동법 제62조의2 제1항).
③ 가석방된 자는 가석방기간 중 보호관찰을 받는다. 다만, 가석방을 허가한 행정관청이 필요가 없다고
인정한 때에는 그러하지 아니하다(동법 제73조의2 제2항).

**05** Answer ④

해설 | 하류계층의 문화를 범죄적 하위문화, 갈등적 하위문화, 도피적 하위문화로 분류한 것은 클로워드와
올린의 차별적 기회구조이론이다.

**06** Answer ①

해설 | ㄱ. (×) 책임은 언제나 하나의 고정된 크기를 가지므로, 정당한 형벌이란 책임에 일치하는 하나일
수밖에 없다고 보는 이론으로, 책임을 응보 또는 속죄로써 상쇄시키는 것을 형벌의 주된 관심사로
본다. 유일점 형벌이론에 따르면, 정확하게 유일점으로 고정된 크기의 형을 확정함에는 오로지
책임만이 양형의 결정적 기준이 되고, 이로써 충분한 것으로 보기 때문에 예방적 관점은 고려의
대상이 되지 않는다는 점에서 목적형, 즉 일반예방 및 특별예방이라는 현대 형벌의 주된 기능 내지
목적에 부합하지 않는다는 비판을 받는다.
ㄴ. (○) 공판절차 이분론은 소송절차를 범죄사실의 인정절차와 양형절차로 나누자는 이론으로, 범죄사
실의 인정절차를 순화하고, 양형절차를 과학화·합리화하여 변호권을 보장하면서 피고인을 보호하
여야 한다는 주장이다.
ㄷ. (○) 판결 전 조사제도는 재판부의 요청에 따라 판결선고 전에 보호관찰관이 피고인의 성격, 성장과
정, 범행동기, 피해회복 여부 등에 대한 제반사항을 조사하고, 그 결과를 형량에 참고하는 제도이다.
미국에서 보호관찰제도와 밀접한 관련을 가지고 발전되어 온 제도로, 법관의 양형합리화, 변호인의
변호활동 보완, 피고인의 인권보장에 도움이 되고, 교정시설에서 개별처우의 자료로 활용할 수 있으
며, 지역사회에서 범죄인처우지침으로 사용될 수도 있다.
ㄹ. (×) 가석방된 자는 가석방기간 중 보호관찰을 받는다. 다만, 가석방을 허가한 행정관청이 필요가
없다고 인정한 때에는 그러하지 아니하다(형법 제73조의2 제2항).

## 07 Answer ②

해설 | ㄱ. 공식범죄통계는 통계산출과정에서 일선기관의 재량, 범죄율 축소 등 여러 가지 문제점으로 인해 부정확한 통계가 구성될 수 있고, 범죄의 질적 비중이나 인과관계 파악이 어려우며, 범죄피해의 구체적 상황이나 범죄자의 개인적 특성을 파악하는 데도 한계가 있다.
　　ㄴ. 범죄피해조사는 응답자의 기억에 오류가 있을 수 있고, 그 내용을 부풀리거나 축소하는 등 사실대로 응답하지 않는 등의 문제점이 제기된다.
　　ㄷ. 공식범죄통계는 한정된 정보로 인해 범죄현상의 내재적 상관관계나 범죄원인을 파악하기 어렵다.

## 08 Answer ②

해설 | ② 신청인 및 그 대리인은 공판절차를 현저히 지연시키지 아니하는 범위에서 재판장의 허가를 받아 소송기록을 열람할 수 있고, 공판기일에 피고인이나 증인을 신문할 수 있으며, 그 밖에 필요한 증거를 제출할 수 있고(소송촉진 등에 관한 특례법 제30조 제1항), 제1항의 허가를 하지 아니한 재판에 대하여는 불복을 신청하지 못한다(동조 제2항).
　　① 피해자는 제1심 또는 제2심 공판의 변론이 종결될 때까지 사건이 계속된 법원에 제25조에 따른 피해배상을 신청할 수 있으며(동법 제26조 제1항), 피해자는 피고사건의 범죄행위로 인하여 발생한 피해에 관하여 다른 절차에 따른 손해배상청구가 법원에 계속 중일 때에는 배상신청을 할 수 없다(동조 제7항).
　　③ 배상명령은 유죄판결의 선고와 동시에 하여야 하며(동법 제31조 제1항), 배상명령은 일정액의 금전지급을 명함으로써 하고 배상의 대상과 금액을 유죄판결의 주문에 표시하여야 한다. 배상명령의 이유는 특히 필요하다고 인정되는 경우가 아니면 적지 아니한다(동조 제2항).
　　④ 유죄판결에 대한 상소가 제기된 경우에는 배상명령은 피고사건과 함께 상소심으로 이심된다(동법 제33조 제1항). 상소심에서 원심판결을 유지하는 경우에도 원심의 배상명령을 취소하거나 변경할 수 있다(동조 제4항).

## 09 Answer ①

해설 | C. (×) 형법의 보장적 기능(책임주의원칙)이 형사정책을 제한한다는 점에 대한 설명이다.
　　A. (○) 형사정책의 종합과학성(학제적 성격)에 대한 설명이다.
　　B. (○) 범죄정상설
　　D. (○) 헨티히는 범죄피해자에 대해 수동적 관점이 아닌 범죄화과정에 있어서 적극적 주체라는 능동적 관점에서 설명하고자 하였다.
　　E. (○) 카이저는 '프라이브르크 프로젝트'라고 알려진 일련의 연구활동을 통해 피해조사방법으로 피해자연구를 수행하면서 암수범죄에 대해 연구하였는데, 이로써 현실에서는 정의가 제대로 구현되지 못하고 있다는 점을 지적했고, 암수범죄로 인해 범죄에 대한 대책을 수립하는 데 범죄통계가 불충분하다는 것을 시사한다.

## 10 Answer ④

해설 | 소년분류심사는 소년보호사건의 조사·심리를 위하여 행하여진다. 소년형사사건은 관할 검찰청 검사에

게 송치하여 처리한다.

## 11 Answer ②

**해설** | [슈나이더(Schnerider)의 정신병질 10분법]

| 구분 | 성격의 특징 | 범죄상관성 |
|---|---|---|
| 발양성<br>(發揚性) | • 자신의 운명과 능력에 대해 과도하게 낙관함<br>• 경솔, 불안정성<br>• 실현가능성이 없는 약속 남발 | • 상습누범자 중에 많음<br>• 상습사기범, 무전취식자<br>• 죄의식 결여, 충동적 행동 |
| 우울성<br>(憂鬱性) | • 염세적 · 회의적 인생관에 빠져 자책성 불평이 심함<br>• 과거 후회, 장래 걱정 | • 자살 유혹이 강함<br>• 강박관념에 의한 성범죄를 간혹 범함<br>• 자살자, 살인범 |
| 의지박약성<br>(意志薄弱性) | • 모든 환경에 저항을 상실하여 우왕좌왕하고, 지능이 낮음<br>• 인내심과 저항력 빈약 | • 상습누범자가 가장 많음(누범의 60% 이상)<br>• 각종 중독자, 매춘부 등에 많음<br>• 상습누범자, 성매매여성, 마약중독자 |
| 무정성<br>(無情性) | • 동정심 · 수치심 · 회오 등 인간의 고등감정이 결여되어 냉혹 · 잔인함<br>• 복수심이 강하고 완고하며 교활함<br>• 자기중심적<br>• 사이코패스(Psychopath) | • 범죄학상 가장 문제시됨<br>• 목적달성을 위한 흉악범(살인, 강도, 강간 등), 범죄단체 조직, 누범 등에 많음<br>• 생래적 범죄인, XYY범죄인 |
| 폭발성<br>(爆發性) | • 자극에 민감하고 병적 흥분자<br>• 음주 시 무정성 · 의지박약성과 결합되면 매우 위험하나, 타 유형에 비해 자기치료가 가능함 | • 살상, 폭행, 모욕, 손괴 등 충동범죄의 대부분과 관련되고, 충동적인 자살도 가능<br>• 간질성 기질 |
| 기분이변성<br>(氣分易變性) | 기분동요가 많아 예측이 곤란하고, 크래페린의 욕동인에 해당함 | • 방화, 도벽, 음주광, 과음, 도주증상에 따른 격정범으로서 상해, 모욕, 규율위반 등을 범함<br>• 방화범, 상해범 |
| 과장성<br>(誇張性) | • 자기중심적이고, 자신에의 주목 및 관심을 유발하고자 하며, 자기기망적 허언을 남발함<br>• 욕구좌절 시 히스테리 반응을 보임 | • 타인의 사기에 걸려들 가능성 높음<br>• 구금수형자 중 꾀병자가 많음<br>• 고등사기범(화이트칼라 범죄) |
| 자신결핍성<br>(自信缺乏性) | • 능력부족의 인식으로 주변을 의식하고, 강박관념에 시달림<br>• 주변 사정에 민감하여 도덕성은 강함 | • 도덕성이 강해 범죄와의 관련은 적음<br>• 강박관념으로 인한 범죄의 가능성 존재 |
| 광신성<br>(狂信性) | • 개인적 · 이념적 사항에 열중하여 그에 따라서만 행동하는 강한 성격<br>• 정의감에 따라 소송을 즐김 | 종교적 광신자, 정치적 확신범 |
| 무력성<br>(無力性) | 심신의 부조화 상태를 호소하여 타인의 동정을 바라고, 신경질적임 | 범죄와의 관련성은 적음 |

• 적극적 범죄 관련 : 기분이변성, 무정성, 발양성, 의지박약성, 폭발성, 과장성, 광신성(열광성)
• 소극적 범죄 관련 : 무력성, 자신결핍성, 우울성

## 12 Answer ③

**해설** | ㄴ. 밀행주의의 내용이다.

**[소년보호주의의 원리]**

| 구분 | 내용 |
|------|------|
| 인격주의 | 소년의 객관적 비행사실보다는 그의 인격적 특성을 중요시하여 인격에 내재된 범죄의 위험성을 제거하는 데 힘써야 한다는 원칙 |
| 예방주의 | 소년범에 대해 과거의 비행에 대한 처벌보다는 장래의 범죄를 예방하는 데 중점을 두어야 한다는 원칙 |
| 개별주의 | 범죄인 처우의 개별화 이념에 따라 각각의 소년을 독립적으로 취급하고, 그 소년의 개별적인 특성에 알맞은 처우를 하여야 한다는 원칙 |
| 과학주의 | 소년범에 대해 보다 과학적인 교육과 보호를 위하여 조사 · 심리 · 처우의 단계에서 심리학, 의학, 교육학, 사회학 등 과학적이고 전문적인 지식을 활용하여야 한다는 원칙 |
| 교육주의 | 교육적 관점에서 소년에 대한 처벌보다는 교화 · 개선에 중점을 두고 보호처분 등을 통하여 소년을 건전하게 육성하자는 원칙 |
| 협력주의 | 소년의 보호를 위하여 국가뿐만 아니라, 보호자, 시민단체 등 사회 전체가 협력하여야 한다는 원칙 |
| 밀행주의 | 소년범에 대한 사회적 비난 또는 낙인의 결과를 초래하는 것을 방지하기 위하여 소년범의 처리과정을 외부에 노출시켜서는 안 된다는 원칙 |

## 13 Answer ②

**해설** | 소년법은 만 10세 이상의 소년을 대상으로 한다.

**소년법 제4조【보호의 대상과 송치 및 통고】** ① 다음 각 호의 어느 하나에 해당하는 소년은 소년부의 보호사건으로 심리한다.
1. 죄를 범한 소년
2. 형벌 법령에 저촉되는 행위를 한 10세 이상 14세 미만인 소년
3. 다음 각 목에 해당하는 사유가 있고 그의 성격이나 환경에 비추어 앞으로 형벌 법령에 저촉되는 행위를 할 우려가 있는 10세 이상인 소년
   가. 집단적으로 몰려다니며 주위 사람들에게 불안감을 조성하는 성벽(性癖)이 있는 것
   나. 정당한 이유 없이 가출하는 것
   다. 술을 마시고 소란을 피우거나 유해환경에 접하는 성벽이 있는 것

## 14 Answer ③

**해설** | ③ 즉결심판은 범증이 명백하고 죄질이 경미한 범죄사건, 즉 20만 원 이하의 벌금, 구류 또는 과료에 처할 수 있는 범죄사건에 대해 경찰서장의 청구로 지방법원, 지원 또는 시 · 군법원의 판사가 「즉결심판에 관한 절차법」에 의해 심판하는 재판절차로, 검사의 기소독점주의의 예외로서 경찰서장에게 그 청구권이 있다.
① 소년법 제49조의2 제1항
② 검사는 소년에 대한 피의사건을 수사한 결과 보호처분에 해당하는 사유가 있다고 인정한 경우에는

사건을 관할 소년부에 송치하여야 한다(동법 제49조 제1항).

④ 검사는 형사소추의 필요성이 인정된다고 판단하면 공소를 제기하여야 한다.

## 15    Answer    ①

**해설** | ① 청소년 보호법 제2조 【정의】 이 법에서 사용하는 용어의 뜻은 다음과 같다.

1. "청소년"이란 만 19세 미만인 사람을 말한다. 다만, 만 19세가 되는 해의 1월 1일을 맞이한 사람은 제외한다.

**아동 · 청소년의 성보호에 관한 법률 제2조 【정의】** 이 법에서 사용하는 용어의 뜻은 다음과 같다.

1. "아동 · 청소년"이란 19세 미만의 자를 말한다. 다만, 19세에 도달하는 연도의 1월 1일을 맞이한 자는 제외한다.

② 청소년 보호법 제26조는 삭제되었다.

③ 동법 제23조는 위헌이 아니다.

④ 신상공개제도는 헌법 제13조의 이중처벌금지원칙에 위배되지 않는다(헌법재판소 2003.6.26. 2002헌가14).

## 16    Answer    ③

**해설** | ㄷ. (×) 임의적 사항이다.

**소년법 제11조 【조사명령】** ① 소년부 판사는 조사관에게 사건 본인, 보호자 또는 참고인의 심문이나 그 밖에 필요한 사항을 조사하도록 명할 수 있다.

ㅂ. (×) 보도금지의 강화이다.

**동법 제68조 【보도금지】** ① 이 법에 따라 조사 또는 심리 중에 있는 보호사건이나 형사사건에 대하여는 성명 · 연령 · 직업 · 용모 등으로 비추어 볼 때 그 자가 당해 사건의 당사자라고 미루어 짐작할 수 있는 정도의 사실이나 사진을 신문이나 그 밖의 출판물에 싣거나 방송할 수 없다.

ㅅ. (×) 징역형을 우선집행한다.

**동법 제64조 【보호처분과 형의 집행】** 보호처분이 계속 중일 때에 징역, 금고 또는 구류를 선고받은 소년에 대하여는 먼저 그 형을 집행한다.

ㄱ. (○) 소년에 대한 구속영장은 부득이한 경우가 아니면 발부하지 못한다(동법 제55조 제1항).

ㄴ. (○) 소년을 구속하는 경우에는 특별한 사정이 없으면 다른 피의자나 피고인과 분리하여 수용하여야 한다(동법 제55조 제2항).

ㄹ. (○) 징역 또는 금고를 선고받은 소년에 대하여는 무기형의 경우에는 5년, 15년 유기형의 경우에는 3년, 부정기형의 경우에는 단기의 3분의 1의 기간이 지나면 가석방을 허가할 수 있다(동법 제65조).

ㅁ. (○) 제18조 제1항 제3호(소년분류심사원에 위탁)의 조치가 있었을 때에는 그 위탁기간은 「형법」 제57조 제1항의 판결선고 전 구금일수로 본다(동법 제61조).

## 17    Answer    ②

**해설** | ㄱ. 글래이저의 차별적 동일화이론으로, 범죄학습은 직접적인 접촉에 한정되지 않고, 대중매체를 통한 간접적인 접촉으로도 이루어질 수 있음을 설명한다.

ㄹ. 버제스와 에이커스의 차별적 강화이론으로, 범죄행위의 결과로서 보상을 얻고 처벌을 피하면 그

행위가 강화되는 반면, 보상을 잃고 처벌이 강화되면 그 행위는 약화된다고 설명한다.

ㄴ, ㄷ, ㅁ는 차별적 접촉이론에 대한 비판이다.

## 18 Answer ③

해설 | ㄷ. 화이트칼라 범죄는 폭력성이 전혀 없다기보다는 그 정도가 약하다는 특성이 있다.

ㅅ. 화이트칼라 범죄는 분명히 드러나는 피해자 없이 그 피해가 크고 광범위하게 나타난다는 특성이 있다.

ㅇ. 화이트칼라 범죄는 전문적 지식이나 기법을 기반으로 행해지기 때문에 대체로 위법성의 인식이 불분명하다는 특성이 있다.

## 19 Answer ②

해설 | ㄱ. (×) 형법 제62조의2 제1항은 "형의 집행을 유예하는 경우에는 보호관찰을 받을 것을 명하거나 사회봉사 또는 수강을 명할 수 있다."고 규정하고 있다. 그 문리에 따르면 보호관찰과 사회봉사는 각각 독립하여 명할 수 있다는 것이지, 반드시 그 양자를 동시에 명할 수 없다는 취지로 해석되지는 않는다. 형법 제62조에 의하여 집행유예를 선고할 경우에는 형법 제62조의2 제1항에 규정된 보호관찰과 사회봉사 또는 수강을 동시에 명할 수 있다고 해석함이 상당하다(대판 1998.4.24. 98도98).

ㄷ. (×) 사회봉사명령 또는 수강명령은 집행유예기간 내에 이를 집행한다(형법 제62조의2 제3항).

ㅁ. (×) 우리나라에서는 1987년 소년법 및 보호관찰법의 개정·제정에 따라 먼저 비행소년을 대상으로 도입되었고, 1995년 형법에 도입되어 모든 범죄자에게 확대시행하였다.

ㄴ. (○) 형법 제62조의2 제2항

ㄹ. (○) 소년법 제32조

## 20 Answer ④

해설 | ㄱ. 억제이론: B

ㄴ. 차별접촉이론: D

ㄷ. 사회유대이론: C

ㄹ. 낙인이론: E

ㅁ. 사회해체이론: A

# 2012년 보호7급 형사정책 정답 및 해설

| 01 ③ | 02 ③ | 03 ④ | 04 ① | 05 ② | 06 ② | 07 ③ | 08 ③ | 09 ① | 10 ② |
|---|---|---|---|---|---|---|---|---|---|
| 11 ④ | 12 ② | 13 ③ | 14 ① | 15 ② | 16 ③ | 17 ④ | 18 ① | 19 ④ | 20 ④ |

## 01 Answer ③

해설 | 맛차와 사이크스에 따르면, 비행자의 규범의식이나 가치관이 중화(마비)됨으로써 비행을 하게 되는데, 다시 말해 자신의 비행에 대한 타인의 비난을 의식적으로 합리화(정당화·중화)시키면 죄책감이나 수치심 등이 없어지고, 이로써 비행을 하게 된다. 이는 교육과 불법적 기회를 제한하면 범죄가 통제될 수 있다는 상황적 결정론에 입각한 것이다.
설문은 비난자에 대한 비난으로, 자신을 비난하는 사람을 비난함으로써 본인의 행위를 정당화하는 중화기술이다.

**[중화기술 유형]**
- 책임의 부정 : 의도한 것이 아니었다거나, 주변인 또는 환경 등에 책임을 전가하거나, 자신도 외부세력의 피해자라고 여기는 것을 말한다(외부로 책임전가).
- 가해(손상)의 부정 : 훔친 것을 빌린 것이라고 하는 등 자신의 행위가 위법할지라도 실제로 피해를 입은 사람은 없다며 합리화하는 것을 말한다(범죄사실의 부정).
- 피해자의 부정 : 자신의 행위가 피해를 유발한 것은 인정하나, 그 피해는 피해자에 대한 정의로운 응징이라고 주장하거나(도덕적 복수자), 피해자가 노출되지 않은 경우에는 그 피해자의 권리를 무시하는 것을 말한다(범죄원인을 피해자가 제공).
- 비난자에 대한 비난 : 자신을 비난하는 사람, 즉 경찰이나 선생님, 부모, 기성세대 등을 나쁜 사람으로 규정하고, 그들은 자신의 잘못을 비난할 자격이 없다고 비난하는 것을 말한다.
- 상위가치에 대한 호소(고도의 충성심에의 호소) : 비록 자신의 행위가 옳지는 않지만, 가족이나 친구 등 중요한 개인적 집단에 대한 충성심이나 의리를 위해서 어쩔 수 없었다고 호소하는 것을 말한다.

## 02 Answer ③

해설 | 낙인이론은 1차적인 일탈에 대한 사회의 반응을 강조하면서 이러한 반응에 대한 반작용이 2차적인 일탈의 원인이 된다고 보았다.

## 03 Answer ④

해설 | 양형에서는 법적 구성요건의 표지에 해당하는 사정은 다시 고려되어서는 안 된다는 이중평가 금지의 원칙이 적용된다.

## 04   Answer   ①

**해설** | 직관적 관찰방법은 판단자의 주관적 입장, 지식, 경험 등에 의존하므로 신뢰성이 낮다.

**[예측방법의 분류]**

| 구분 | 의의 | 검토 |
|------|------|------|
| 직관적 관찰방법 | 예측자의 직관적 예측능력을 토대로 예측하는 방법으로, 인간의 보편적 예측능력이나 판사·검사·교도관 등 범죄자를 대상으로 한 직업경험이 중요한 역할을 한다. | 판단자의 주관적 입장, 지식, 경험 등에 의존하므로 신뢰성이 낮고, 주관적 자의와 한계, 합리적 판단기준의 결여를 극복하기 어렵다. |
| 임상적 예측방법 | 정신과의사나 범죄심리학자가 범죄자의 성격분석을 위한 조사, 관찰, 임상실험 등의 도움으로 예측하는 방법 | 판단자의 주관적 평가의 개입가능성이나 자료해석의 오류가능성뿐만 아니라, 비용이 많이 소요된다는 단점이 있다. |
| 통계적 예측방법 | 범죄자의 특징을 계량화하여 그 점수의 많고 적음에 따라 장래의 범죄행위를 예측하는 방법으로, 예측표를 작성하여 활용한다. | 누구나 쉽게 사용할 수 있고, 객관적 기준으로 실효성과 공정성이 높으며, 비용도 절감되지만, 예측표의 목록이 연구자에 따라 상이하여 보편타당성이 부족하다. |
| 통합적 예측방법 | 직관적 관찰방법과 통계적 예측방법을 조합하여 각각의 단점을 보완함으로써 예측하는 방법 | 각각의 결함을 어느 정도 줄일 수 있으나 완전히 제거하는 것은 불가능하다. |

## 05   Answer   ②

**해설** | 민간경비는 일반 국민이 아닌 특정 의뢰자와의 계약에 따라 받은 보수만큼의 특별한 서비스를 제공하므로, 사회형평성을 저해한다는 비판이 있다.

## 06   Answer   ②

**해설** | (가) – 참여관찰, (나) – 실험연구, (다) – 조사연구, (라) – 사례연구

## 07   Answer   ③

**해설** | ⓛ (○) 리스트(F. V. Liszt)는 사회정책과 형사정책의 연관성을 중시하여 최선의 사회정책이 최상의 형사정책이라고 보았고, 광의의 형사정책을 강조하였다.

ⓒ (○) 형사정책은 종합과학적인 성질을 가진다. 형사정책의 이러한 성질에 대해 레클리스(Reckless)는 "범죄학자는 학문계의 영원한 손님이다"라고 표현하였고, 셀린(Sellin)은 "범죄학은 영토를 가지지 않은 제왕의 학문이다"라고 표현하였다.

ⓙ (×) 광의의 형사정책에 대한 설명이다. 협의의 형사정책은 범죄자에 대한 형사법상 강제시책으로, 형벌과 이와 유사한 수단으로써 범죄자 및 잠재적 범죄자를 방지하기 위한 국가의 입법·사법·행정상 활동을 의미한다.

ⓔ (×) 형사정책학과 형법학은 상호의존성과 상호제한성을 가진다(형법의 보장적 기능).

**08** Answer ③

해설 | 민영교도소의 본질은 법률이 위임하는 범위 안에서 그 운영을 위탁하는 것일 뿐, 국가의 형벌권을 위임받는 것은 아니다.

**09** Answer ①

해설 | 경찰과 지역사회의 연대로 이루어지는 지역사회경찰활동은 대응활동보다는 예방활동에 중점을 둔 경찰활동을 말한다.

**10** Answer ②

해설 | [윌슨과 켈링(Wilson & Kelling)의 깨진 유리창 이론]
심리학자 짐바르도(Zimbardo)가 실시한 실험(유리창이 깨진 차를 거리에 방치한 결과 사람들에 의해 차가 완파됨) 결과를 토대로 하는 깨진 유리창 이론은 지역사회 환경의 퇴락이 범죄의 증가를 초래하므로, 범죄예방을 위해서는 지역사회 환경의 퇴락을 방지하는 것이 중요함을 주장하였고, 이에 직접적인 피해가 없는 사소한 무질서 행위에 대한 경찰의 강경한 대응(zero tolerance)을 강조하였다(무관용의 원칙).

**11** Answer ④

해설 | 셉테드(CPTED)는 도시공간의 물리적 환경을 범죄방어적 구조로 설계·변경함으로써 범죄와 그로 인한 피해에 대한 일반의 공포를 차단·감소시키는 범죄예방모델이다.
참고로, 제프리(C.R. Jeffery)의 범죄대책모델 중 사회복귀모델은 범죄인의 재사회화와 재범방지에 중점을 둔 임상적 개선방법이자 오늘날 실증주의의 특별예방 관점에서 주요한 모델로, 사회환경 개선을 통한 범죄예방모델인 셉테드와는 관련이 없다 할 것이다.

**12** Answer ②

해설 | ② 직접적인 근거법은 「소년법」이다.
① 검사는 피의자에 대하여 범죄예방자원봉사위원의 선도, 소년의 선도·교육과 관련된 단체·시설에서의 상담·교육·활동 등을 받게 하고, 피의사건에 대한 공소를 제기하지 아니할 수 있다(소년법 제49조의3 본문).
③ 소년의 보호처분은 그 소년의 장래 신상에 어떠한 영향도 미치지 아니한다(동법 제32조 제6항).
④ 제18조 제1항 제3호(소년분류심사원에 위탁)의 조치가 있었을 때에는 그 위탁기간은 「형법」 제57조 제1항의 판결선고 전 구금일수로 본다(동법 제61조).

**13** Answer ③

해설 | ③ 한 지역에서의 범죄예방이 다른 지역의 범죄예방에도 긍정적인 영향을 미침으로써 범죄자들에게 체포 등의 두려움을 증가시키고, 이러한 두려움의 지속이 범죄의지를 약화시켜 범죄를 포기하게

하는 범죄통제이익의 확산효과는 혜택의 확산으로서 긍정적인 측면이다.

④ 범죄발생의 전이효과란 어느 한 지역의 범죄기회를 차단한다 해도 그 범죄행위는 다른 장소, 다른 시간으로 이전될 뿐이므로, 전체적으로 보면 범죄감소의 효과가 없음을 말한다.

## 14 Answer ①

**해설** | 비행적 하위문화이론은 부정적인 자기관념에 입각하여 심리적인 차원에서 범죄원인을 분석하는 것이 아닌, 사회학적 범죄이론 중 사회구조적 이론에 속하는 것으로, 하위문화란 일반문화와는 구별되는 문화 안의 문화로서 비행집단에 공통적으로 나타나는 가치관이나 신념, 지식 등을 포함하는 사고나 그에 기한 행동양식을 말한다.

## 15 Answer ②

**해설** | ② 인도주의적 비판범죄학의 견해이다.
  ① 범죄행위의 개별적 원인을 규명하기보다는 어떤 행위가 범죄로 규정되는 과정에 더 관심을 가졌다.
  ③ 이념적·사변적·이념지향적으로, 형사사법체계의 개선을 위한 현실적이고 구체적인 대책을 제시하지 못한다.
  ④ 다수의 이익보다는 권력과 지위를 차지하고 있는 소수의 이익을 위해 차별적으로 법을 집행한다는 것을 전제하고, 법의 내용은 그 소수의 이익을 도모하는 방향으로 정해진다고 한다.

## 16 Answer ③

**해설** | 유엔은 회복적 사법의 개념을 내용적으로 다음 세 가지로 분류한다.
  • 대면(encounter)개념 : 피해자와 가해자가 함께 만나 범죄에 대해 이야기하고, 이를 시정하기 위해 무엇을 해야 하는가에 대해 토론하는 것
  • 배상(reparative)개념 : 피해자의 공판절차 참여, 피해자에 대한 지원, 법원에 의한 회복적 조치를 통한 범죄피해 회복 등 범죄로부터 받은 피해를 회복하는 데에 초점을 맞춘 것
    ※「소년법」에서 화해·권고규정을 두어 피해배상 등 피해자와의 화해를 권고할 수 있도록 한 것은 이에 해당
  • 변환(transformative)개념 : 가장 넓은 의미의 개념으로, 범죄원인의 구조적·개인적 불의(빈곤이나 차별적 교육제도 등)를 시정하여 변화시킴으로써 회복적 사법의 목표를 달성하려는 것

## 17 Answer ④

**해설** | 일반이론(자기통제이론)은 비행의 욕구를 통제할 수 있는 내적 자기통제력을 비행의 가장 중요한 원인이라고 본다.
  • 자기통제력은 이른 나이에 형성되어 성인이 될 때까지 비교적 안정적인 성향을 지니고, 어릴 때 부모의 양육방식에 의해 결정되므로, 가정에서 부모의 역할이 중요하다고 주장
  • 어린 시절 부모로부터 적절한 행동통제, 애정 및 처벌을 받으며 자란 아이들은 자기통제력이 형성되어 비행가능성이 낮지만, 그렇지 않은 아이들은 어려서부터 문제행동을 하게 되고, 청소년기 이후에도 비행가능성이 높다고 주장

- 비행을 예측하는 주요 척도는 자기통제력, 과거의 문제나 비행행위로, 비행친구와의 접촉을 비행 이후에 나타나는 현상으로 간주하므로, 그 비행은 비행친구와의 접촉에 있어 원인이지 결과가 아니라고 주장

## 18 Answer ①

해설 │ 범죄성향이 높은 친구와의 애착이 강할수록 청소년 범죄의 발생가능성이 높아진다고 본다(차별적 접촉이론).

## 19 Answer ④

해설 │ 옳은 것은 ㉡, ㉢, ㉣이다.
　　　㉠ 동조형 : 문화적 목표와 제도화된 수단을 모두 수용하는 적응방식
　　　㉣ 은둔형 : 문화적 목표와 제도화된 수단을 거부하고 사회로부터 도피하는 적응방식

## 20 Answer ④

해설 │ 옳지 않은 것은 ㉢, ㉣이다.
　　　㉢ 18세 미만인 소년에게는 노역장 유치선고를 하지 못한다(소년법 제62조 본문).
　　　㉣ 소년부 판사는 사건을 조사 또는 심리하는 데에 필요하다고 인정하면 소년의 감호에 관하여 결정으로써 소년분류심사원에 위탁하는 조치를 할 수 있다(동법 제18조 제1항 제3호). 임시조치는 전환이라고 볼 수 없다.

# 2011년 보호7급 형사정책 정답 및 해설

| 01 | ① | 02 | ② | 03 | ④ | 04 | ① | 05 | ④ | 06 | ④ | 07 | ② | 08 | ① | 09 | ① | 10 | ③ |
|----|---|----|---|----|---|----|---|----|---|----|---|----|---|----|---|----|---|----|---|
| 11 | ③ | 12 | ③ | 13 | ② | 14 | ② | 15 | ③ | 16 | ④ | 17 | ③ | 18 | ① | 19 | ③ | 20 | ② |

## 01 Answer ①

**해설** | ① 죄를 범할 당시 18세 미만인 소년에 대하여 사형 또는 무기형으로 처할 경우에는 <u>15년</u>의 유기징역으로 한다(소년법 제59조).

② 동법 제63조

③ 부정기형의 경우에는 단기의 3분의 1이 지나면 가석방을 허가할 수 있다(동법 제65조 제3호). 따라서 장기 6년 단기 3년의 부정기형을 선고받은 소년에 대하여는 최소 1년이 지나면 가석방을 허가할 수 있다.

④ 동법 제64조

## 02 Answer ②

**해설** | ㉠ (○) 판결 전 조사제도는 소송절차가 이분된 영미법계의 나라에서 보호관찰과 밀접한 관련을 가지고 발전한 제도로, 1911년 미국의 일리노이주 시카고시에서 처음 실시되었다.

㉡ (○) 보호관찰 등에 관한 법률 제19조 제1항

㉢ (×) 판결 전 조사는 형을 선고하기 전에 실시하므로 상고심에서는 실시하지 않는다.

㉣ (○) 판결 전 조사제도의 유용성이다.

㉤ (×) 경찰서장이 아니라 보호관찰소의 장이다(보호관찰 등에 관한 법률 제19조 제1항).

## 03 Answer ④

**해설** | ④ **보호관찰 등에 관한 법률 제63조【사회봉사·수강의 종료】** ① 사회봉사·수강은 사회봉사·수강명령 대상자가 다음 각 호의 어느 하나에 해당하는 때에 종료한다.

1. 사회봉사명령 또는 수강명령의 집행을 완료한 때

2. 형의 집행유예기간이 지난 때

3. 「형법」 제63조 또는 제64조에 따라 사회봉사·수강명령을 조건으로 한 집행유예의 선고가 실효되거나 취소된 때

4. 다른 법률에 따라 사회봉사·수강명령이 변경되거나 취소·종료된 때

② 사회봉사·수강명령 대상자가 사회봉사·수강명령 집행 중 금고 이상의 형의 집행을 받게 된 때에는 해당 형의 집행이 종료·면제·가석방된 경우 잔여 사회봉사·수강명령을 집행한다(잔여기간 집행).

① 형의 선고를 유예하는 경우에는 보호관찰을 받을 것을 명할 수 있으며(형법 제59조의2 제1항), 형의

집행을 유예하는 경우에는 보호관찰을 받을 것을 명하거나 사회봉사 또는 수강을 명할 수 있다(형법 제62조의2 제1항).

② 보호관찰 등에 관한 법률 제59조 제1항

③ 소년법 제32조 제1항 제2호

## 04 Answer ①

**해설** | **[임시조치(소년법 제18조)]**
- 소년부 판사의 결정 : 소년부 판사는 사건을 조사 또는 심리하는 데에 필요하다고 인정하면 소년의 감호에 관하여 결정으로써 다음의 어느 하나에 해당하는 조치를 할 수 있다.

| 구분 | 위탁기간 |
|---|---|
| 보호자, 소년을 보호할 수 있는 적당한 자 또는 시설에 위탁 | 3개월 + 1회에 한하여 3개월 연장 가능 |
| 병원이나 그 밖의 요양소에 위탁 | |
| 소년분류심사원에 위탁 | 1개월 + 1회에 한하여 1개월 연장 가능 |

- 동행된 소년 또는 소년부 송치결정에 따라 소년구금시설의 장에 의해 인도된 소년에 대하여는 도착한 때로부터 24시간 이내에 임시조치를 하여야 한다.
- 임시조치는 언제든지 결정으로써 취소하거나 변경할 수 있다.

## 05 Answer ④

**해설** | 전체주의사회에서는 개인의 다양성을 인정하지 않아서 다수집단이 소수집단을 공격하는 양상을 가지게 되므로, 전체 범죄는 감소하지 않는다. 무엇보다도 무자비한 통제 자체가 범죄이다.

## 06 Answer ④

**해설** |
ⓔ (×) 통계적 예측법(점수법)은 범죄자의 특징을 계량화하여 그 점수의 다소에 따라 장래의 범죄가능성을 예측하는 방법으로, 누구나 쉽게 이용할 수 있고 객관적이며 비용이 절감되지만, 개별 범죄자의 고유한 특성이나 편차를 충분히 반영할 수 없다는 단점이 있다.

ⓜ (×) 전체적 관찰법(임상적 예측법)은 연구자의 주관적 평가의 개입가능성과 자료해석의 오류가능성뿐만 아니라, 비용이 많이 소요된다는 단점이 있다.

㉠ (O) 워너는 1923년 점수법을 기초로, 메사추세츠주 수용자 가운데서 가석방 대상을 가려내기 위해 수용 중의 교정 여부 등 약 60개 항목을 가지고 재범가능성을 점수화하여 범죄예측을 시행하였다.

ⓛ (O) 글룩 부부는 1940년대 메사추세츠주의 비행소년 500명과 보스턴의 일반소년 500명을 약 300개의 인자를 가지고 비교연구하였는데, 아버지의 훈육, 어머니의 감독, 아버지의 애정, 어머니의 애정, 가족의 결집력 등 다섯 가지 요인을 이용한 가중실점방식의 조기예측법을 소개하였다.

ⓒ (O) 우리나라에서는 소년비행과 관련하여 MMPI 비행성예측법을 이용하고 있다.

## 07   Answer   ②

해설 | 헨티히는 피해자 유형을 <u>일반적 피해자와 심리적 피해자</u>로 분류하고, 일반적 피해자를 생래적 피해자와 사회적 피해자로 세분하였다. 생래적 피해자에는 육체적 · 정신적으로 약한 청소년, 노인, 여성, 정신박약자, 정신장애자 등이 속하고, 사회적 피해자에는 사회적으로 약한 이민자, 소수민족 등이 속한다. 심리적 피해자에는 의기소침한 자, 무관심한 자, 탐욕스러운 자, 방종 · 호색가, 고독과 비탄에 젖은 자, 학대한 자, 파멸된 자 등이 속하므로, <u>심신장애자는 일반적 피해자로</u> 분류된다.

## 08   Answer   ①

해설 | 차별적 접촉이론 − 비행하위문화론 − 차별적 기회구조론 − 억제(봉쇄)이론
- ㉠ 서덜랜드의 차별적 접촉이론
- ㉡ 코헨의 비행하위문화론
- ㉢ 클로워드와 올린의 차별적 기회구조론은 성공을 이루기 위한 수단에는 합법적 수단과 비합법적 수단 두 가지 기회구조가 있음을 전제하는데, 범죄는 개인의 심리적 결단의 문제가 아닌 어떠한 하위문화에 속해 있는지의 문제라고 주장하였다.
- ㉣ 레클리스의 억제(봉쇄)이론 또는 견제이론에 따르면, 범죄유발요인(압력 · 유인 · 배출요인)과 범죄통제요인(내적 · 외적 통제)이 존재하는데, 만약 범죄로 이끄는 힘이 통제하는 힘보다 크면 범죄를 저지르게 되고, 반대로 통제하는 힘이 크면 범죄로 이끄는 힘이 있더라도 범죄를 자제하게 된다.

## 09   Answer   ①

해설 | ① "청소년"이란 만 19세 미만인 사람을 말한다. 다만, 만 19세가 되는 해의 1월 1일을 맞이한 사람은 제외한다(청소년보호법 제2조 제1호).
② 가정폭력방지 및 피해자보호 등에 관한 법률 제2조 제4호
③ 아동 · 청소년의 성보호에 관한 법률 제2조 제1호
④ 청소년기본법 제3조 제1호

## 10   Answer   ③

해설 | ㉡ ( ○ ) 자기보고조사의 단점이다.
㉢ ( ○ ) 범죄피해자조사는 실제 범죄피해자로 하여금 범죄피해경험을 보고하게 하는 방법으로, 현재 암수범죄의 조사방법으로 가장 많이 활용되고 있다.
㉣ ( ○ ) 정보제공자조사는 범죄피해자조사로도 확인할 수 없는 범죄를 밝히기 위한 보조수단이다.
㉠ ( × ) 케틀레는 암수범죄와 관련하여 정비례의 법칙을 주장하면서 명역범죄(공식적으로 인지된 범죄)와 암역범죄 사이에는 변함없는 고정관계가 존재하고, 이로 인해 명역범죄가 크면 그만큼 암역범죄도 크고, 명역범죄가 작으면 그만큼 암역범죄도 작다고 하였다.
참고로, 서덜랜드는 정비례의 법칙을 부정하였다.

**11** Answer ③

해설 | 표본집단조사는 일반적으로 범죄인군에 해당하는 실험집단과 정상인군에 해당하는 대조집단을 선정하여 양 집단을 비교하는 방법을 취한다.

**12** Answer ③

해설 | 소년부 판사는 위탁받은 자나 보호처분을 집행하는 자의 신청에 따라 결정으로써 제32조의 보호처분과 제32조의2의 부가처분을 변경할 수 있다. 다만, 제32조 제1항 제1호(보호자 또는 보호자를 대신하여 소년을 보호할 수 있는 자에게 감호위탁)·제6호(「아동복지법」에 따른 아동복지시설이나 그 밖의 소년보호시설에 감호위탁)·제7호(병원, 요양소 또는 「보호소년 등의 처우에 관한 법률」에 따른 의료재활소년원에 위탁)의 보호처분과 제32조의2 제1항(「보호소년 등의 처우에 관한 법률」에 따른 대안교육 또는 소년의 상담·선도·교화와 관련된 단체나 시설에서의 상담·교육)의 부가처분은 직권으로 변경할 수 있다.

**13** Answer ②

해설 | ㉠-B : 표류이론
맛차는 사회적 통제가 약화되었을 때 청소년이 합법적인 규범이나 가치에 전념하지 못하고 위법적인 행위양식에도 몰입하지 못하는, 합법과 위법의 중간단계에서 방황하는 상태를 표류(drift)라고 하였다.
㉡-D : 정화가설(매스컴의 순기능)
카타르시스가설에 따르면, 폭력물 시청이 감정정화 혹은 대리만족을 유도하여 공격성향을 감소시킨다.
㉢-A : 차별적(분화적) 동일화이론
사람은 누구나 자신을 다른 누군가와 동일화하려는 경향이 있는데, 자신의 범죄행위를 수용할 수 있다고 믿는 실재의 인간이나 관념상의 인간에게 자신을 동일화하는 과정을 통해 자기 자신을 합리화함으로써 범죄행위를 저지른다.
㉣-C : 습관성가설(매스컴의 역기능, 장기효과이론)
습관성가설에 따르면, 매스컴의 폭력장면 등을 장기적으로 접하게 되면 범죄행위에 대해 무감각하게 되고, 범죄를 미화하는 가치관이 형성되어 범죄가 유발될 가능성이 높아진다.

**14** Answer ②

해설 | ② 소년부는 사건이 그 관할에 속하지 아니한다고 인정하면 결정으로써 그 사건을 관할 소년부에 이송하여야 한다(소년법 제6조 제2항).
① 동법 제3조 제3항
③ 동법 제10조
④ 동법 제49조 제2항

**15** Answer ③

해설 | 봉거는 마르크스주의의 입장에서 범죄원인론을 처음으로 체계화한 학자로, 그의 급진적 갈등론에 따르

면, 범죄의 주요 원인은 부의 불평등한 분배인데, 자본주의체제는 경제영역에서 소수가 다수를 지배하므로, 범죄가 하위계층에 집중될 수밖에 없다. 따라서 부의 평등한 분배를 통해 궁극적으로 범죄를 없애기 위해서는 사회주의체제로 전환하여야 한다고 주장하였다.

## 16 Answer ④

해설 | ㉠ ( ○ ) 치료감호 등에 관한 법률 제2조 제1항
　　　㉡ ( ○ ) 동법 제3조 제2항
　　　㉢ ( ○ ) 동법 제7조
　　　㉣ ( ○ ) 동법 제32조 제1항 제1호
　　　㉤ ( × ) 치료감호와 형(刑)이 병과(倂科)된 경우에는 치료감호를 먼저 집행한다. 이 경우 치료감호의 집행기간은 형집행기간에 포함한다(동법 제18조).

**치료감호 등에 관한 법률 제2조 【치료감호대상자】** ① 이 법에서 "치료감호대상자"란 다음 각 호의 어느 하나에 해당하는 자로서 치료감호시설에서 치료를 받을 필요가 있고 재범의 위험성이 있는 자를 말한다.
1. 「형법」 제10조 제1항에 따라 벌하지 아니하거나 같은 조 제2항에 따라 형을 감경할 수 있는 심신장애인으로서 금고 이상의 형에 해당하는 죄를 지은 자
2. 마약·향정신성의약품·대마, 그 밖에 남용되거나 해독(害毒)을 끼칠 우려가 있는 물질이나 알코올을 식음(食飮)·섭취·흡입·흡연 또는 주입받는 습벽이 있거나 그에 중독된 자로서 금고 이상의 형에 해당하는 죄를 지은 자
3. 소아성기호증(小兒性嗜好症), 성적 가학증(性的加虐症) 등 성적 성벽(性癖)이 있는 정신성적 장애인으로서 금고 이상의 형에 해당하는 성폭력범죄를 지은 자

## 17 Answer ③

해설 | **소년법 제43조 【항고】** ① 제32조에 따른 보호처분의 결정 및 제32조의2에 따른 부가처분 등의 결정 또는 제37조의 보호처분·부가처분 변경결정이 다음 각 호의 어느 하나에 해당하면 사건 본인·보호자·보조인 또는 그 법정대리인은 관할 가정법원 또는 지방법원 본원 합의부에 항고할 수 있다.
　　1. 해당 결정에 영향을 미칠 법령위반이 있거나 중대한 사실오인(誤認)이 있는 경우
　　2. 처분이 현저히 부당한 경우

## 18 Answer ①

해설 | 옳지 않은 것은 ㉠, ㉢, ㉣, ㉤이다.
　　　㉠ 크레취머(E. Kretschmer)의 체격형 중 세장형은 사기범이나 절도범이 많고, 누범률이 높다.
　　　㉢ 비판범죄학은 사회적 반응이 일탈을 초래한다는 낙인이론의 기본전제를 수용하면서도, 형법의 징당성 자체를 의문시하고 범죄통계에 관한 공식통계의 신빙성을 문제 삼아 암수에 대한 인식의 중요성을 강조하였다.
　　　㉣ 코헨은 하위문화의 성격을 중상층의 지배문화에 대한 반발문화로 본 반면, 밀러는 고유문화로 보았다.
　　　㉤ 중화기술의 유형은 책임의 부정, 피해의 부정, 피해자의 부정, 비난자에 대한 비난, 상위가치에 대한 호소(고도의 충성심에의 호소)가 있다.

**19** Answer ③

해설 | **[정의모델(Justice Model) : 강경책 – 고전주의의 시각]**
1980년대 미국을 중심으로 범죄에 대한 강력한 대응을 요구하면서 발전한 모델로, 형벌균형주의에 입각한 응보사상을 내세웠는데, 고전학파의 응보적 일반예방주의와는 개념범위에서 약간의 차이가 있으나, 형벌의 목적을 응분의 대가로 보는 점은 같다. 다만, 국가의 강력한 사법통제에 의한 범죄해결을 주장함으로써 교정주의의 쇠퇴현상을 낳았다.

**20** Answer ②

해설 | ㉢ (×) 낙인이론은 최초의 일탈에 대한 원인설명이 부족하고, 범죄피해자에 대한 관심이 적다는 비판이 있다.

memo

**memo**

**memo**